王
潇

小晨
田

著

星级饭店员工管理

知识产权出版社

全国百佳图书出版单位

图书在版编目(CIP)数据

星级饭店员工管理 / 孙晨阳,王潇著.—北京:知识产权出版社,2016.6

ISBN 978-7-5130-3555-2

Ⅰ.①星… Ⅱ.①孙… ②王… Ⅲ.①饭店—企业管理—人力资源管理 Ⅳ.①F719.2

中国版本图书馆CIP数据核字(2015)第129293号

内容提要

本书是饭店管理集团或者管理公司以及实体饭店内部做好员工管理的实用手册。针对饭店管理中如何做好员工管理工作,本书提供了比较务实的管理经验,即如何从管理层的角度认知员工的价值和作用是本书的核心;如何人性化地管理员工,将员工管理理念上升为"点亮员工智慧的灯"是本书的亮点。此外本书通过对正反面案例的剖析,对于一些饭店感到棘手的员工管理难题,提出了有效解决的技术手段和措施。本书既可作为星级饭店员工管理的运行手册,也可作为大专院校旅游管理专业、饭店管理专业的教学参考用书。

责任编辑:许 波　　　　　　　　　　责任出版:刘译文

星级饭店员工管理

XINGJI FANDIAN YUANGONG GUANLI

孙晨阳 王 潇 著

出版发行:**知识产权出版社**有限责任公司	网　址:http://www.ipph.cn
电　话:010-82004826	http://www.laichushu.com
社　址:北京市海淀区西外太平庄55号	邮　编:100081
责编电话:010-82000860转8380	责编邮箱:xbsun@163.com
发行电话:010-82000860转8101/8029	发行传真:010-82000893/82003279
印　刷:北京中献拓方科技发展有限公司	经　销:各大网上书店、新华书店及相关专业书店
开　本:720mm×1000mm　1/16	印　张:19.25
版　次:2016年6月第1版	印　次:2016年6月第1次印刷
字　数:273千字	定　价:48.00元

ISBN978-7-5130-3555-2

序

Preface

欣喜地看到锦江（北方）管理有限公司原管理部孙晨阳老师在离开饭店管理一线岗位之后，笔耕不辍，将多年管理工作的实践经验进行了回顾、总结、提炼、加工，编写了"星级饭店高级管理丛书"，将星级饭店管理经验传授给业界同仁，以此丰富、扩展中国人管理高星级饭店的模式和经验。真是值得称"赞"。

孙晨阳老师在锦江国际集团地区公司（北方）任职多年，历经锦江国际最大的地区性酒店管理公司从成立到发展的重要阶段：在不到20年的时间里，从开始的3家酒店发展到现在的近40家酒店，管理规模扩大10倍之多。在这期间，孙老师参与了地区公司建章立制及战略实施的过程，在公司管理软件——质量管理体系、培训体系和企业文化体系的建设中，与团队一起参与起草质量管理体系文件、培训体系文件并参与编写企业文化手册等工作。孙老师组织编写了《质量管理工作标准操作手册》，并凭借在管理部主持工作的平台，将质量管理手册落实到具体的对客服务检查和监控工作中，极大地提升了公司所属饭店的品牌意识。为了规范和提升培训工作，组织编写了十几本内部教材，使得公司的专业化管理有了坚实的理论基础和操作规则。为了贯彻落实公司"像军队、像学校、像家庭"的企业文化宗旨，提升饭店对员工管理的理念，孙老师参与了公司企业文化的梳理工作，编辑了《企业文化手册》，并制作宣讲教材，使企业文化鲜活、生动地渗透到管理者和员工的灵魂之中，成为强大的凝聚力。在这一系列软件及制度的建设中，孙老师与团队鼎力合作，亲力亲为地做了许多给力的工作。

锦江北方公司品牌发展的过程也是我国改革开放以来旅游饭店业迅速发展并逐步成熟的重要阶段。这个阶段也正是中国饭店业迅速走上集团化发展道路，并与国际饭店管理模式接轨的重要时期。在锦江北方公司快速与国际接轨的过程中，孙老师参与了公司战略升级的具体操作工作，将高层设定的"模仿、创新"战略转化为具体的运作实操步骤，并推行到具体的管理工作中去。特别是在捕捉饭店管理新动向，学习考察国际饭店业最新理念方面，孙老师具有敏锐的觉察能力，并将学习到的新理念转化为高星级酒店员工管理资源，在促进高星级饭店品牌化建设方面成为"助推力"。

基于以上经历，在孙老师近期出版的系列丛书中，归纳总结了多年在锦江平台积累的管理经验和实战案例，细腻地介绍了饭店管理软件的三大基石：质量管理、培训管理、员工管理。值得推荐的是孙老师所阐述的质量管理体系、培训管理体系和员工管理体系均带有中国人成功管理高星级饭店的特色。十分可贵的是这几本书中摈弃了从理论到理论的空泛写法，以平实、直白的书面语言，道出了管理的真经，可谓"接地气"。

我曾做中国旅游饭店业协会会长十二年，深知在近年来外资酒店管理集团大举进军中国，并以10%的酒店占有90%经营利润的严峻形势下，中国人需要奋起直追。看到有人能够总结提炼管理高星级饭店的经验并加以推广，确是难能可贵的。

实事求是地讲，我们中国人管理高星级饭店与世界级品牌还有不小的差距，需要业界朋友积极探索，不断总结自己创造的独特的管理经验，以促进中国高星级饭店在具有中国特色的管理中进一步与国际接轨。相信孙老师近80万字的"星级饭店高级管理丛书"会在中国人管理高星级饭店的探索进程中起到一定的参考作用。

期盼孙老师"星级饭店高级管理丛书"成功出版，愿业界同仁共同分享！

二〇一三年十一月

目　录
Contents

下篇 员工较高层次的需求管理

导　论

1. 员工在管理者眼中应该是客人

现代饭店管理者在谈到员工在饭店的定位时，经常有这样一种说法，叫作：员工也是客人（内部客人）。既然是"客人"，就要受到客人的"待遇"。这就引出了如何关心和关爱内部"客人"这个话题。

应该说，如何关爱员工，如何给员工"客人般的待遇"，是饭店管理方面需要不断研讨的一个重要话题。可目前全面谈及或者详细论述员工管理的专题还见之不多。如果我们想找如何做饭店服务管理的书籍，即宾客服务和饭店制度管理等书籍，还是比较容易找到的。在中外饭店管理书籍里都有一些相关的文献资料，但是关于员工（内部客人）管理方面完整版的论述，还比较少见于专著。在饭店业似乎有这样一种现象，即管理者的眼光和专注力更多地着眼在经营方面、客人方面，即着眼于如何经营，如何取得最大收益，如何接待和服务好宾客。在服务方面，有很多业界同仁奉献了非常实用的服务理念、服务方法、服务技巧、操作标准、操作程序等经验和做法，特别是各个专业的操作程序和实战经验更是多有著书立说。如果我们到书店去浏览饭店管理书籍，不论是外资饭店管理还是内资饭店管理，其中关于服务宾客管理的书籍并不难找到。但是要想找些如何管理内部客人（员工）的专著，笔者似乎还少有发现。

特别是中国人管理本土高星级饭店的经验和做法，包括内部员工管理的书籍，也是所见不多。这似乎是目前饭店管理专著方面的一个空缺领域。

笔者在企业工作了44年，在管理岗位工作了38年，深知企业内部管理的一二三，其中特别感受到了员工管理对于企业的发展和员工个人成长的重要作用；特别感受到了企业管理者的理念与员工管理之间的重要关系。深感在这方面有很多需要总结和归纳的内容，同时深感员工管理是一个非常需要专门谈及的管理专题。笔者在工业企业的26年里，从一个小小学徒工开始做起，深刻体会了基层员工的酸甜苦辣。转入饭店管理行业所经历的18年中，主要从事内部管理工作，在管理的平台上，再俯下身来看员工的心态、员工的需求，不仅体会了饭店员工的酸甜苦辣，更知道饭店员工需要什么，而管理者能够给予什么，这之间往往有着巨大的落差。好在，笔者所在的管理平台，是一家非常知名的国内饭店管理集团，其中，所接触的高层管理者，是非常现代、非常开明的高管人士，并且非常善于模仿创新地吸纳先进的饭店管理经验并有取舍地运用到中国人自己管理的本土饭店之中。笔者置于其中，积累了一些高星级饭店管理的心得和体会。这些心得和体会是中国人自己摸索和积累的难能可贵的管理经验和做法，特别实用，特别能解决实际问题。笔者将其整理并总结出来，形成文字性的内容，希望其对国人自己管理高星级饭店，特别是对员工的管理具有一定的启示性。

关于星级饭店员工管理的做法和经验的积累，笔者主要得益于锦江——中国最大的饭店管理集团所属的北方公司，特别是在海岩董事长身边工作多年，深切感受到海岩董事长的做人做事风格，亲身感受了他高超的管理艺术和创新的管理思维，真的是受益匪浅。

笔者所从事的管理，主要是内部系统的管理，包括饭店培训管理、质量管理、企业文化管理和员工管理，等等。这些管理是所有企业内部管理的重要课题，具有普遍性和共通性。而在星级饭店的管理中则更为突出，可以称为软件管理或者软实力管理。

为提升中国人现有的饭店管理水平，为赶上和超越国际品牌饭店管理水平，笔者觉得总结和提炼国人相对成功的案例和管理经验是一项不可推卸的责任。于是潜心整合多年的管理心得，从饭店管理中软件管理的角度，将星级饭店的内部管理与控制秘诀和实战做法分为：星级饭店培训管理、星级饭店质量管理和星级饭店员工管理三个部分，组成《星级饭店高级管理丛书》。其中《星级饭店培训管理》已于2014年4月初出版发行。

2. 员工就是企业，企业就是员工

2013年10月，正准备写作《星级饭店员工管理》书稿时，基本思路已经理清，只是员工在企业的定位还不知用什么比喻更恰当，此时恰逢六集文献纪录片《习仲勋》在央视第一套节目中播出。当看到纪录片的结尾时，被习老的一句话深深打动："我们永远不要忘记：人民就是江山，江山就是人民"。这句在纪录片结尾时洪钟般响亮的话语，使我茅塞顿开，感觉正是笔者要写此书的初衷。在这里，笔者要借用习老这句话，定义员工的地位：员工就是企业，企业就是员工。

作为管理者，特别是高管人员，在星级饭店中你是占有重要位置的人，你是带领管理人员和员工进行经营的策划者、管理者，是企业战略的制定者，是企业胜败的关键人物。企业的好坏与高管的战略、策略、布局、经营都有着十分密切的关系。但是，饭店里没有员工，则一事无成，这也是"真理"。饭店的战略再好，再超前，没有员工，都是空头支票。饭店的经营目标再宏大，再符合实际，没有员工，谁来实现？只有有了员工的热情，员工的工作动力、工作智慧，才能让企业经营目标得以"落地"，企业高管才能创造理想的业绩。

围绕如何做好"员工管理"这个命题，笔者在管理的岗位上曾经思索了若干年。做饭店管理工作多年，看到在经营管理中，管理者注重的是财务报表及营收数字、营销策略及营销收入、客户群及新老客户关系；在社会服务中更注重对上级的接待和服务；在部门管理中，更注重前厅、客房、餐饮、康乐的经营情况和数据；在内部管理中更注重人力资源、培训、服务质量情况；在二线部门，更注重工程、安保工作，在员工生活方面，比较注重的是吃，即员工的伙食。这些确实是非常重要的管理内容，但是作为饭店管理者，是否还有一些方面的管理没有引起足够的重视呢？这就是如何做好对员工身心的管理，包括对员工情感的管理。

通常当提到员工管理时，很多人习惯地认为就是人力资源部门的事，只不过是招聘、培训、薪酬、福利、入职离职手续，等等，侧重的是对人员进出的管理和人员各项薪酬福利的管理。当然这无疑是员工管理的"核心"内容，这些针对员工切身利益的具体事务是需要人力资源部门投入很大精力进行管理的，但是作为星级饭店的高管人员和中层管理者，千万不可以片面地认为这些是员工管理的全部内容。当然，人力资源管理，是企业管理中一个重要的组成部分，是人员行政管理的一个具体操作部门，但是并未包括员工管理的全部内容。

本书不谈常规的人力资源管理范围内的员工管理内容，因为这些内容是大家非常清楚的工作流程，也是人力资源管理范畴内技术性的操作内容。本书要谈的是管理者如何认知员工的地位和作用，管理者如何满足员工的各项需求，管理者如何在星级饭店内培养员工的优良品质、如何促使员工在满足各项基本需求的情况下，加快成长速度，如何在星级饭店中塑造我们中国人管理饭店的人才，如何将企业氛围营造得更加温馨、融洽，更加利于员工的成长和发展。一句话，或者说一个目标：就是如何通过人性化的管理，给每一位员工一个既舒适又具有发展挑战性的平台，在星级饭店的管理环境中打造有品位、有素养、有追求、有技能的现代饭店员工队伍。

3. 员工的 10 个需求层次

本书将借鉴马斯洛需求层次理论的观点，依据员工的需求层次和需求愿望，从人力资源管理技术性内容之外，来谈如何对员工的管理。

众所周知，在 20 世纪 50 年代，美国著名的心理学家马斯洛提出了"人的动机理论"，并把人的需求分为五个层次：即生理的需求、安全的需求、爱的需求、尊重的需求和自我实现的需求，具体见下图。

关于马斯洛的需求层次论，虽然人们基本认可它的五个层次，但也有争论和不同分层说法。有的人认为，人的需求应该分为四个层次：即温饱的需求、健康与安全的需求、自尊与人尊的需求和自我发展与自我实现的需求。到了1970年，马斯洛在新版书内，将需求层

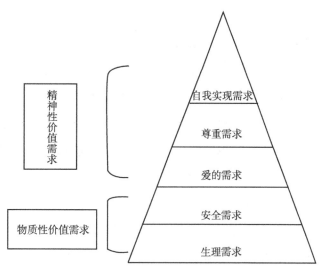

次改为7个层次的需求说法：即生理需求、安全需求、隶属与爱的需求、自尊的需求、知的需求、美的需求、自我实现的需求。并认为前四项是较低层次的需求，后三项是较高层次的需求，只有低层次需求获得满足之后，高一层的需求才会产生（但也有可能出现意外的情况）。

本书借鉴马斯洛的需求五层次论和七层次论的基本理论，按照员工的生理、心理和精神需求的递进关系，从饭店管理的角度，即从组织管理的角度来探讨如何对员工进行管理。

笔者基于在饭店若干年的实践过程和对员工的了解，将从如下10个角度谈谈星级饭店员工需求层次的管理：生活的需求、工作的需求、组织关系的需求、心理建设的需求、文体活动的需求、企业文化的需求、激励的需求、民主意愿的需求、自我发展机遇的需求、品牌意识的需求。这10个层次的需求中，生活、工作、组织、心理、文体是较低层次需求的基本内容；企业文化、激励、民主、自我发展、品牌自豪感的需求是较高层次的需求，特别是品牌自豪感，是员工热爱饭店并与饭店融为一体的最高境界。

这10个需求层次的分层，是笔者个人多年实践体验和思考的路径，除了

参考马斯洛的需求层次论的基本思路之外，没有其他的参考标准。这10个需求层次也是笔者个人曾经尝试如何对星级饭店员工进行管理的途径，并在实践中实施和体验了一些具体的内容。

为什么要参照马斯洛的需求层次论？笔者认为，人的最基本的需求，即生理需求是贯穿每一个人全部生命过程的，每一个人自出生之日开始，到生命的终结，每时每刻都离不开生理需求。那么，在饭店工作和生活的员工也同样如此。而且我们也感受到，一个员工自进入饭店的那一刻起，就无时无刻不把自己的生理需求与饭店的生活相联系。例如，进店办理手续，准备在这里工作的新员工，首先要解决吃住问题，围绕一系列吃住需求，饭店必须设置员工餐厅、员工宿舍、员工浴室、员工理发室、员工更衣室等服务"窗口"，这些服务员工的设备设施能否满足员工的生活需求，是否舒适？恐怕是员工体会最多，感受最深的。管理者如果不深入员工生活区域，不亲自体验的话，是没有资格谈论对员工生活管理得好与不好的。

事实上，很多员工当感受到他（她）来到的这家饭店的生活设施不够人性化时，可能会很快选择离开这家饭店，不是没有这样的事实。也有这样的情况：某员工只是因为感受到了某家饭店的员工餐很好，便愿意留在这里工作的，可见维持人们基本生存的"吃"有多么重要。除了生活的需求之外，其次便是工作环境、工作氛围的舒适度如何，也是员工能否适应这样的环境，能否安心在这里工作的一个重要因素。如果工作氛围不理想，人际关系不理想，每一天都觉得很纠结，再好的员工也会选择离开。除了生活、工作环境还有组织文化、企业文化等是否适合员工的生存和发展，也需要引起管理者的关注。我们要谈员工管理，上述所涉及的需求就是员工管理中基础层面的重要内容，是管理者管理职责范围之内不可回避也不可推卸的责任。作为管理者如何认知这些员工最基础的诉求，如何投入一定的资金和精力打造好员工基础需求的环境氛围，是检验一个管理者或者一个管理团队是否具有现代理念、是否具有人性化管理方式的试金石。笔者有太多的感受和案例可以在本书中与大家分享。

在星级饭店里，除了员工最基础需求的管理内容之外，每一位员工还有精神境界的需求、自我发展的需求、与企业共同发展的需求。这些就是饭店员工高层次的需求，也是目前很多国内饭店管理者有待深刻认识的管理层面和内容。要相信，每一位员工，不管是在哪个岗位，不管年龄多大，也不管他们是否有远大志向的追求，其对精神的需求必定会有，也就是高层次的需求是必然存在的，这是人性的内在需求。在这里，我强调的是每一位员工都有精神的需求。也许有的员工没有表现得很外露，但不表明他没有精神需求，而是隐藏在"冰山"脚下。实际上，人们的精神需求来自每一个人精神内核的深处，是时刻都在发热的一个原动力泵，给予动力，激发它的动能，就会升华到冰山以上的层面，发出巨大的光和热，没有动力或者动力不足，就相对平静着，静待动力的刺激和随时准备转动起来。我们作为管理者，关注员工的内在精神需求，有节奏地给予动力，就会激发员工的高层次需求，调动他们的聪明才智，发现他们的热情和善长，同时他们就会将原动力加助动力组成强大的推动力，其最基本的表现就是付诸于饭店的优质服务中，在提供优质服务和赢得效益、赢得好评的过程中，员工得以自我发展，得以快速成长，得以实现个人追求的目标。这就是员工个体与饭店整体的双赢管理哲学。饭店管理者能够满足员工各个层面的需求，就是管理的真经，就会从中产出最大的效益，让精神变物质。

4. 管理者的管理应落脚在"管需求，理层次"上

饭店虽然是经营单位，但也是社会组织，是有人群的团队，不把员工高层次的需求纳入到管理范围之内，那是工业企业刚刚产生阶段的理念和做法。而现代企业，不能不将人的各种需求考虑在管理范畴之内。这些高层次的需求，理应是饭店管理者十分重要的管理内容，一家饭店的声誉和品牌如何，恐怕就在这里成为分水岭。饭店管理，"管"什么？"理"什么？笔者体会：就是"管"需求，"理"层次。管理人员80%的精力应该用在"管理需求层次"上面来。

因此，本书将重点围绕员工的各项需求、各层次需求，来谈星级饭店的员

工管理内容和具体做法。笔者这种从员工需求层次谈员工管理，算是一种尝试性的写法，自认为是一次创新的思维和大胆的创作，可能会存在诸多不科学、不合理性。即便如此，笔者也愿意抛砖引玉，希望与各位管理专家共同探讨现代星级饭店员工管理的真谛，并希望各位管理专家给出指导和纠正。

　　本书按照需求层级从低级到高级的十个方面铺开论述。写作手法，是以一个需求层次为一章。在每章中，基本手法是提出存在问题，再以案例引导，然后给出管理层面解决问题的方法和手段。主旨在于方便阅读者能够根据自身的需要，找到如何解决本单位或本人工作中存在问题的方法和捷径。笔者认为，这也算是一种尝试和写作的突破吧。

上　篇　员工基本需求层次的管理

1

如何营造"家"的氛围，如何做到"人性化"管理

本章主要谈及员工第一层次的需求：生活环境的管理，即员工在饭店工作期间的生活需求管理，诸如：入职手续（人力资源部）的办理、员工餐厅、员工宿舍、员工浴室、员工卫生间、员工休息室、洗衣房、理发室、医务室、财务报销室、生活用品小卖部、图书借阅室、员工出入口、员工自行车棚和员工停车管理等。

但凡有员工的单位，每一名员工入职后都会在他（她）进入的这家单位中所规定的工作时间范围内生活、工作；进而增加技能，为所供职的单位作出贡献；进而个人成长，职业发展。这是普遍规律。本书所涉及的员工范围主要是星级饭店，这是笔者专业所长。虽然所谈的很多东西是一般规律，适用于有员工的所有企事业单位，但是主旨主要是针对星级饭店这个范围。范围之外，有人感觉有参考价值的话，可以借鉴。

当每一位员工工作生活在一家企业的过程中，十分重要的前提因素是他（她）在企业中生活环境的舒适度如何，这会决定他（她）对企业的感情和忠

诚度、在企业中发展的稳定性，也决定他（她）能否在这家企业中顺利发展、较快成长。

在本章中，作为员工第一层次的需求，我们首先谈谈星级饭店中如何对员工的生活环境进行管理。这里面所涉及的各个方面，是星级饭店的具体生活环境场景，具有普遍性，适用于所有星级饭店内部环境管理的范畴。

1.1　员工进入饭店的第一窗口：入职手续办理过程

如果一名新员工应聘到某星级饭店工作的话，那他（她）的第一"站"，肯定是人力资源部的员工招聘室，并办理相关手续，这里将是他（她）在这家饭店工作的第一感性认识。这第一印象如何？肯定会给他们留下深刻记忆。特别是第一次走入社会，迈进单位大门的年轻人。让我们通过真实的案例来了解星级饭店员工入职的第一站应该怎样管理。

案例一：一名新员工来到一家饭店，从员工出入口进入饭店，然后逢人便问："请问人力资源部在什么地方"？有人回答："地下一层"。问："从哪里过去呢"？回答："从这里走员工通道，顺楼梯走下去"。到了地下一层，又不知道往哪边走。还得寻找人，问："请问人力资源部在哪里"？回答："左手走"。然后看到一排房间的门，不知道进哪个？还得问，"人力资源部招聘室在哪里"？这时才有人告诉他："左边这个门"。进去后，看到了一位女士端坐那里，来者问："我是新来的员工，是在这里办手续吗"？"嗯。证件、照片带来了吗"？"您事先没说呀"？"那回去取吧"。这名新员工路上经过了近2个小时才来到饭店，就这样沮丧地打道回府了。（这是真实的记录）这样的遭遇恐怕许多第一次迈入饭店门的人都会经历过。

案例二：一名新员工带着本人的各种证件、照片等来到一家即将在这里工作的饭店，当进入饭店时，传达室的大爷问："是新来的吧"？"是的，大爷。""那你下地下一层，看电梯旁墙上的指路牌，就知道去哪里了"。新员工来到地下一层，电梯右侧的一个牌子上标着各个部位的名称和走向，而且还有一个卡通笑脸在微笑,似乎是说欢迎你。他顺着指示牌的方向找到人力资源部招聘室,一看门是敞开的,工作人员见到他便热情招呼:"请进"。进来后,看到墙上张贴着办理手续的流程指示图、桌边即是各种需要填写的表格等,旁边还有一个漂亮的小盒,里边盛有各种水果糖,五颜六色的。此时,工作人员请他入座,然后亲切地称呼他的姓名,并像大姐姐一样与他交流,使他很快减弱了恐惧感和陌生感,顺利办理了入职手续。此时,快到"饭点儿"了,工作人员还请他到员工餐厅饱食了美味。之后,工作人员告诉他回家做哪些准备、何时来上班等,并送至饭店出口,指示了回程的路线和方向,并嘱咐还有什么不清楚的打电话给我。路上,他心想,这家饭店的这位大姐真好!

上述案例,就是两个不同的饭店给予员工印象的第一个窗口。就让我们从这里开始,从各种细节入手谈谈星级饭店的员工管理工作。

客观地讲,每一个人进入一个新的地方,首先都会是一头雾水的感觉,此时最需要的是各种程序的帮助,包括人对人的帮助和各种指示标识的帮助。比如客人进入饭店,最为明显的地方就是前台,客人可以一目了然看到办理手续的地方;辅助的帮助就是"大堂经理",随时准备上前解答你的各种疑问;还有各种适时适地的指示牌,会告诉你要去的方向和部位。这是宾客进入饭店后的第一环境。但是员工进入饭店,特别是新员工,却未必这么容易找到想要去的地方。第一不能走饭店的正门,不能穿行客区(客人活动的区域),第二没有人指示的话,真是会找不到(员工通道)"庙门"朝哪边开。而且星级饭店的员工生活区,一般都由专门的员工通道才能进入,多是在地下室。如何进入地下,从哪里进员工梯(客梯和员工梯是有区分的),没有人指路的话,对一个初来乍到的人而言都是盲区。再有一个特点,饭店建筑多是追求创新,其造型各异,由于不规则的楼宇设置,地下室的员工区域各种房型也十分不规则,使很多人第一次走入地下,都像是进入了"迷宫",绕来绕去很难找到要去的地方。

对于新入店的员工而言,需要的是饭店管理者心要细,工作要到位。上述第一个案例,是许多饭店的传统做法。没有各项功能区域的指示牌,办公室门上没有任何标识。每一位新入店的员工都是颇费周折地、东问西找地找到"庙门"。第二个案例，饭店视员工如客人，为了方便新员工入职，对员工生活区作了分区指示牌，设置了各种箭头，并且各个办公室的门上作了标识。招聘室内的墙上张贴了一些企业文化的相关内容，并突出了新入店员工办理手续的流程图，有的还准备了饮用水和糖果等，使得原本冷漠的办公环境一下变得温暖了许多。在办理入职流程方面，这家饭店管理者要求负责接洽的工作人员要热情接待、主动帮助。他们为了不让新员工走冤枉路，事先告知新员工来饭店办理手续时要带齐所需的各种证件等；在填写各种表格时，他们亲自讲解并帮助新员工认清不同的表格，告知如何填写。这样做，不仅是节省了新入职员工办理手续的时间，更为主要的是让新入职员工感受到了被帮助的温暖，使员工很快对饭店产生了好感。

那么，这员工第一个窗口如何管理呢？从上面的案例我们可以感受到，管理的要点是：①标识清楚，便于寻找；②事先告知入职所需携带的物品；③招聘办公室要布置得温馨、有企业文化氛围；④招聘人员要热情、给予帮助。让新来的员工"入门有道""手续便捷"、留下美好的第一印象。其实，这些很容易做到，也并非是技术难题或者程序设计难题，这里要解决的主要问题是："理念"，即"如何对待员工"的理念问题。

饭店的生活区和内部办公区一般都设置在地下，如果没有任何区域的指示标识，对于老员工来说，去哪里都不是问题，他们已经熟悉了环境。然而对于新员工来讲，如果没有指示牌，他们只好通过询问寻找要去的地方。而饭店设置一个路标或分区的指示牌子，也不是什么困难的事情，花费也不多，为什么很多饭店都没有呢？这就是管理者如何服务于员工的理念问题：是把员工当做家人、客人，还是当做纯粹的劳动力？如果能够当做家人、客人，那一定是千方百计为员工着想；如果是当做劳动力，员工方便不方便则不重要了。他们觉得即便没有内部指示牌，不是大家也都能够办事情嘛，何必花费这份心思呢。

理念决定态度。我们为什么把饭店一线客人区域设置得富丽堂皇、豪华舒适呢?不就是为了能有更多的客人光顾,为了饭店生意兴隆嘛。我们为什么对待客人服务会热情、友好,并千方百计让客人满意呢?不也是为了饭店招徕更多的客人,赢得好的经营收益嘛。这里透出的理念就是:"宾客第一"。为了达到"宾客第一",饭店可以在硬件和服务上都做到最好。

在现代饭店理念中,我们的客人有两种,一种是外部客人——饭店的宾客;一种是饭店的内部客人——员工。这两种客人在管理者的秤盘上应该具有同等重量。管理者照顾好内部客人,才能使得内部客人全心全意去照顾好外部客人,饭店的生意才能真正红火。再一个理念就是:饭店应该是员工的"家",既然员工是家里人,当然管理者就是家长,家长通常都是不惜一切照顾好自己的家人的。

由此,我们管理者对待员工的第一层次的需求,一定不能马虎或者粗放,更不能因陋就简,使得前台与后台产生巨大的反差。如果前台与后台反差太大,员工从简陋、破败的二线后台走入一线光鲜的前台时,内心的反差会导致他们产生心理障碍,影响他们服务宾客的心理和态度。

在这里加一个小插曲:笔者带3岁的小孙女到饭店会客,光鲜亮丽的会客区让小孙女格外兴奋。之后,带小孙女从后台经员工通道出去时,小孙女说:这里怎么脏兮兮呢?看来3岁孩童就能够从直觉感受到前台和后台的环境反差。

实践表明,所有员工赖以生存的生活环境,都是他们真实感受的第一现场,这个环境直接影响着每一位员工的工作心情和服务态度。评价一家星级饭店的好与不好,在很大程度上应该考察他们的员工生活环境。再进一步讲,从专业的角度考察星级饭店员工生活环境如何,就能大致了解这家饭店的管理如何。

1.2 员工生理需求的第一要务：员工餐厅

每一个人到了工作单位，都会遇到吃饭的问题。回忆过去的年代里，企业员工都是自带一顿饭上班，在他们上班的路上，都是斜背着一个背包，里面一定装着一个铝饭盒（后来是塑料饭盒），饭盒里是米饭炒菜或者饺子面条等，到了单位通过蒸箱等加热，解决午餐问题。现在的企业里，这一景象不多见了，多数是免费提供一顿午餐。而饭店由于是日夜经营单位，员工白班夜班都有，饭店需要为员工提供两餐或者三餐。员工餐厅就是员工赖以"加油"的站点，如同动力机械，没有动力如何操作呢？同理，员工吃不好，如何服务宾客呢？由此，饭店的员工餐厅如何，会直接影响到员工的工作情绪，这不是夸大事实。

案例一：一家星级饭店，对服务客人的要求很高，对员工的待客礼节礼貌和服务意识都非常重视，并且有着非常到位的培训，但是员工餐厅的状况和伙食一直不能苟同。一位新来的员工工作了一个上午，身体疲惫，肚子咕咕响。来到餐厅，四壁水泥墙，感觉阴冷潮湿，再看伙食：两个素菜、炒得黑灰灰的颜色，一个带点肉末的荤菜，泡在汤里，已经不热的米饭和黑巴巴的馒头。他立即皱起了眉头，减低了食欲。不吃吧，下午还要卖力气；吃吧，没有胃口。再看看周围的伙伴们，也是个个沮丧地低头吃着清汤寡水的饭菜，有的嘴里还带着谩骂，有的相互交流中透露出想离开这家饭店的想法。听到同事们的议论，该员工顿时也产生了离开的念头。

案例二：一家星级饭店，员工餐厅宽敞明亮，座椅和饭桌如同麦当劳的色泽和搭配，餐厅进门处，灯箱字幕播放着当日的菜谱和所有食品名称，不断地滚动着。餐台分区为：凉菜和小吃、各种面食、各种热菜、当日现场制作区、作料区（酱油、醋、辣椒油、咸菜等）、饮料区、回民窗口。各个分区如同客人的自助餐厅，员工可以随意选择食品。就坐进餐时，还可以看到墙上的大屏幕电视播放的各种节目。在这里,员工十分满意地进餐、聊天。很多员工认为这里吃得好,所以安心地在这里工作着,他们甚至会与家人与朋友炫耀自己所在的饭店伙食好,人性化。员工能够吃到称心的饭菜,能够吃得饱吃得好。"吃"这是生理的第一需求。搞得好,很多员工把餐厅视为自己工作之余放松的地方、缓解疲惫的地方。搞得不好,也可能是员工"骂娘"的地方。

上述这两种员工餐厅的情况都是真实存在的,可能程度有所不同而已,笔者都亲历过。对于员工不能够满意的伙食,很多时候,会招来员工极大的不满情绪。曾经有这样的镜头,员工来到餐厅,一看伙食,扭头便走,不是到外边街头的小餐馆用餐就是到员工小卖部买碗方便面泡一泡充饥。

员工餐厅是员工生活需求的第一要务,是员工生理需求的第一要务。按照马斯洛的理论,生理需要是推动人们行动最首要的动力。从这个意义上讲,如何对待员工"吃"的问题,也应该是管理者绝对不可忽视的第一要务。

从管理的角度看,员工餐厅管理得好与不好,有如下几个方面的原因:一是饭店管理者没有认识到员工第一层次需求的重要性,特别是"吃"的重要性;二是员工餐厅直接管理者,没有认真对待自己的职责,不重视内部员工伙食问题;三是为了节省成本,不肯投入;四是业主方的观念存在问题。

第一个原因,是饭店高层管理者和中层管理者的认识问题。星级饭店通常有这样的现象:高管和中层人员一般不在员工餐厅用餐,他们的用餐环境或者是客人区域的餐厅,或者是独立的餐厅环境,伙食品种丰富,本人想吃什么都可以得到满足。因此,他们不能体会员工第一要务的甜酸苦辣。我曾经看到过很多饭店的管理者一到用餐时间,就仨一群俩一伙地来到西餐厅或者某个中餐厅,坐下以后,有服务员前来询问吃什么,然后服务员甚至怠慢客人,而热情地、全身心地照顾好他们的经理们。这样的管理者,他们一定不知道员工餐厅的具体情况如何?也不会体会员工每日吃的是什么?吃的心情是怎样的?这些管理者认为只要有行政部门管理员工餐厅的事就行了。

第二个原因,员工餐厅的直接管理者,也就是后勤管理者。他们往往是由这样的人员组成：自身条件不具备在一线直接指挥和管理的人员，或者年龄较大，或者没有什么业务技能，或者管理能力较差的人员，因而他们被安排在后勤管理岗位。这样的管理者，多数是自身慵懒，态度消极，工作不上心，整天混日子。他们心目中没有把员工餐厅的工作做得好与不好当回事，只要员工餐厅能够正常运转，每日能够按时开饭就是最大的满足。当领导前来视察餐厅时，他们鞍前马后、笑脸相迎；当领导问及伙食等情况时，他们不是含糊地回答就是当即指着旁边的下属人员让人家回答；当领导指出哪里存在问题时，他们会马上大声呵斥在场的下属人员"马上整改"。而平时呢？他们既不走动管理，也不提出如何改进的意见和建议，更不督促和检查每一餐的具体情况。上班坐在办公室里聊天、看电脑打游戏、发微信、看微信，或者溜出去办私事。这样的工作状态如何能够管理好员工餐厅的伙食呢？

第三个原因，饭店为了节省人工成本，不肯对员工餐厅进行投入。很多饭店的员工餐厅，是在地下室内不规则的房间里，或者有大柱子林立，或者像猫耳洞一样，左一个洞口、右一个洞口地穿来穿去，而墙壁是水泥的毛面，没有任何粉饰。其桌椅多是废旧的木桌木凳，简陋得像街边最低档的小餐馆。对于员工伙食标准，他们制定了低于当今社会最低的标准，有的一餐5元，有的一天的餐费标准是10元。员工餐厅管理员只好购买最廉价的食用材料。这种对员工的"吃"吝啬的做法，当然让员工餐只能是清汤寡水了。

第四个原因，许多饭店是聘请管理团队进行管理，而业主方（即饭店的产权人）并不重视饭店员工基本生活设施的建设，在员工餐方面，更是十分"抠门"，不肯给予宽裕的资金。饭店管理方虽然有权制定员工伙食标准，但是必须经过董事长的批准，如若制定了每餐15元的标准，到了董事长那里，一刀砍下，或者只给5元，或者只给8元，管理方当然没有办法提高员工伙食标准了。

那么员工餐厅和伙食问题该如何解决呢？

一是从理念上解决员工"第一要务"需求的认识问题。饭店主要管理者要把员工餐当作重要的管理环节,亲自到员工餐厅吃饭,发现问题,解决问题。而且最好的办法是成立员工伙食委员会,让员工参与管理,定时召开伙委会会议,多方听取员工的意见和建议,并注意收集员工平日提出的意见和建议,在伙委会的高层要定期讨论和解决员工餐厅比较集中的问题,不断改进、不断提高员工伙食的满意度。

二是安排有高度责任感的负责人对员工餐厅进行管理。从饭店领导心目中不能认为员工后勤无关重要,随便安排一个不重要的中层管理者即可。要选择有爱心的、责任心强的中层管理人员担当后勤管理者,并赋予他们一定要让员工"吃好"的重任。这个重任要有考核,考核方法和内容要具体到不亚于对一线经营经济指标的考核。并且要定期检查和督促他们的工作,发现问题,要问责。特别是员工餐厅的采购,也是饭店管理者要十分注意监控的关键点。

三是对员工餐厅做适当的投入。虽然饭店的二线后勤部位可以相对简单一些,但是不能简陋,更不能简陋到无法容忍的地步。标准就是不能与一线环境存在天壤差别。上面第一个案例中,饭店员工餐厅每人只有5元的伙食标准,而且餐厅的四壁都是水泥墙,显得阴冷潮湿,没有生气,使人产生颓废的情绪。如果是这样的餐厅环境,建议引起饭店管理者的重视,考虑做适当的投入。最起码也应该将墙壁粉刷为白色,墙壁上应该有所布置美化,张贴一些反映员工生活的宣传资料、员工生活的照片、饭店企业文化的图片,等等。总之,餐厅的氛围营造是十分重要的,它与人的心情如何有着密切的关系。最好要布置成暖色调,具有凝聚力氛围,具有积极向上的氛围,这样员工在用餐中会有享受的感觉,休整的感觉。其实,员工餐厅的投入,不一定很大,就看管理者的态度。如果换位思考,你自己是一名员工的话,需要什么样的就餐环境,估计这个问题就迎刃而解了。我曾经工作的一家五星级饭店,他们为了改善员工餐厅的环境,投入了一定的资金,将墙壁粉刷,分区域布置环境,有员工生活场景的各种照片,有现代年轻人喜欢的一些文体大腕照片,有企业文化的宣传板,还有提示每天天气、汽车限行尾号等信息的电子显示板。员工桌椅选择了色泽跳跃温暖的红黄搭配色调，使得员工进入餐厅后会产生舒畅、放松的感觉。

四是将人性化管理理念与业主分享。饭店管理者应该尽可能多与业主沟通，将现代理念和如何看待员工的理念与业主分享，将员工的价值和企业的盈利关系与业主分享，使得业主也愿意做适当的投入，提高员工餐的就餐环境和餐标。有一家管理公司，他们十分关心员工生活，特别是将员工后勤保障部分内容和设施作为质量检查的内容，并订立了统一的标准。在每年进行的检查中，对员工生活区域的状况也进行打分评价，列入总经理的年度考核中。公司还要求没有做到统一标准的企业进行整改，尽快达到公司要求。在这种大环境的影响下，某些饭店的业主也被感染，他们转变了以前不重视员工生活的观念，愿意投入资金对员工餐厅进行改造。甚至他们提出了一个非常好的设想，除了改善员工餐厅的大环境之外，还要专门建一个员工就餐的小餐厅，如同社会餐馆的包间。他们说到做到，很快在员工大餐厅的旁边设立了一个小包间，壁纸、吊灯、沙发、带旋转台的餐桌，墙壁上挂了十分讲究的西画，与他们饭店客人区域的餐厅包间没有什么差别。这个包间专门用来为员工过生日，举行小型员工活动等。他们每月一次的员工生日会就在这里举行，到时候，总经理会前来出席，并送上大大的生日蛋糕，还给每一位当月过生日的员工送上贺卡。不仅如此，他们的董事长（业主方领导）只要有时间，也一定出席员工的生日会。这种每月一次其乐融融的氛围，温暖了员工，也温暖了企业，该饭店每年的员工流动率是较低的，该饭店每年的经营收入大大超过预期。

事实告诉管理者，爱员工就是爱饭店，对员工的投入，员工会加倍回报，稳定的员工队伍，是饭店最大的红利，更是业主方最大的红利。

为了这一切，搞好员工餐厅势在必行。

1.3 员工提高战斗力的补给站：员工宿舍

在星级饭店里很多员工都需要住宿。原因是：饭店员工需要倒班工作，再加上很多员工来自外地。因此，饭店如何管理好员工宿舍，也是非常重要的一个课题。还是先来看看案例。

案例一：进入一间女员工宿舍，是一个比较小的三居室，大概50平米的使用面积，分为三个小单间和一个厅。三个单间里都有上下床，感觉很凌乱，墙面和地面也很脏，有的床位挂着一个很脏的床单，像个屏风遮住了床内的一切。在厅里，也有上下床位，也是被床单遮挡住，看来各自以这样的方式，设置了独立的空间。整个房间灯光昏暗，卫生间里更是让人无法下脚，肮脏的墩布池子，肮脏的厕坑，垃圾纸散乱在地上，凌乱的垃圾遍地都是。宿舍里每人配备一个更衣柜，除此之外，没有任何公共区域和活动空间。这是一幅多么另人沮丧的景象。

案例二：一家星级饭店，租了地下室为员工做宿舍，并在管理上下了较大功夫。首先，在地下室的入口处，设置了员工宿舍传达室，有大爷或大妈整日工作在那里为员工服务。传达室又兼有售卖和收发的功能，为员工准备了方便面、各种饮料、小咸菜、日用品等，均以进价售卖给员工。每一位传达室大爷大妈都熟悉进出的员工，并帮助他们收发各种邮包、快件，保存临时用品等等。进入地下室，各个宿舍内整齐划一，被子、褥子、枕头等物品统一配备，房间比较宽敞，灯光明亮，配有个人的小书桌，并配备了台灯，女员工在墙面张贴了各自喜欢的张贴画，床上摆放着个人喜欢的小熊、芭比娃娃等玩具，旁边一个鱼缸里几条小金鱼游来游去，显示了生活情趣。他们的公共卫生间每天定时有人打扫，放置了卫生纸和相关用品，几台洗衣机在转动着。地下室内不但配备了抽湿机，还辟出一个厅室放置了乒乓球桌、电视机、电脑、各种书籍、扑克牌、跳棋、象棋等，供员工娱乐。据传达室大爷大妈说，每逢太阳十足的好天，都会帮助员工晾晒被褥。

两个案例相比较，很明显，同样都是员工宿舍，一个没有任何管理，只是提供了员工睡觉的地方；另一个却是有着非常规范和到位的管理。这说明：管理者如果把员工的休息场所只看作能够休息和睡觉的地方，就可以不必花费心思加以管理，如果看作是员工在饭店中的"家"，而且想给他们一个舒适的"家"，就需要管理者把员工当作自己的孩子一样对待，想他们的所需，给他们舒适和温暖。

现代饭店，特别是大城市的高星级饭店，其用工都发生了很大变化，不再是年轻求职者争抢的好职业，很多饭店雇用的员工多是从外地、甚至是偏僻地方职业学校招聘来的实习生，或者是外地农村来的年轻人，他们到了饭店，一切生活都需要在饭店里解决。除了上面所说的员工餐厅之外，另一个最需要解决的问题，就是提供住宿。

业内都知道，饭店的服务岗位是十分辛苦的岗位，需要付出体力和脑力劳动。我们知道一名前台接待员工每天要在前台岗位站立至少8小时，接待来自各方的宾客，提供宾客的住宿登记服务。在这个岗位的背后，员工要提早到达岗位至少半小时，进行交接班工作；然后整理好衣装和面容，来到前台服务。下班后，还要进行交接班，清理个人工作中的各种账目、物品等。加上中间吃饭等时间，一天至少要有10个小时在饭店。如果遇到需要加班、培训、开会等，就不止10个小时了。几乎一天中的一半时间要在工作岗位上度过。那么，回到宿舍，他们多么需要一个舒适的"窝"来解除一天的疲劳，如果是肮脏杂乱的环境，他们的心情会舒畅吗？他们的身心会放松吗？如果是整齐干净有情趣的环境，恐怕一天的疲劳很快就烟消云散了。

在饭店里，餐饮岗位的员工就更辛苦了，他们除了提早到达岗位作各种准备之外，在客人用餐时间里，他们不停地走来走去，接待客人，安排座位、询问客人用餐需求、上菜、上酒水、餐中服务、餐后送别客人。特别是宴会服务，更是需要周到完善不计时间的服务。他们往往不能准点下班，遇到饭店生意旺季，客人接连不断，需要多次翻台服务时，很多时候都需要加班2~3个小时。每天晚上不到9点以后,他们是不可能停下服务的。这样的岗位员工,每天只有几个小时的睡眠,如果让他们睡在肮脏的宿舍里,他们能安心休息得好吗?我曾经在某一个早上7点钟的时候,在电梯里碰到几个餐饮部的女服务员,她们睡眼惺忪,打着哈欠,头发蓬乱,甚至还有的闭着眼睛,一副无精打采的样子。问及她们怎么这么困呀?她们说,昨天晚上11点才完事,现在又要追早班(员工之间的说法:即从晚班下班之后追加上早班),真困啊!这是常有的现象。还有在饭店生意红火的时候,有的餐饮服务员累得到员工浴室哭泣。如此看来,饭店员工宿舍是员工多么奢望的"家"啊!

要不要管理这个"家"?如何管理好这个"家"?就是摆在饭店管理者面前的一个课题。这个题解有以下三点。

第一,将心比心,了解员工住宿的需求,包括生活需求和心理需求。每一个人的三分之一时间应该在床上度过。对于饭店员工而言,这个"床",就是员工"家"的概念。每一个新来的员工,特别是从外地来的员工,他们拉着沉重的箱子,背着背包,办理了入职手续之后,肯定第一个想法就是赶快找到自己的"家"——宿舍,找到自己睡觉和休息的位置。如同我们外出回来,下了火车或飞机,一定是想着赶快到家。不管路上多么劳顿,只要到了家,就会觉得一切都放松下来。"船到码头车到站,人到家里才安全"。同理,每一个工作了一天的员工,都会觉得"家"是最最需要的地方。每天下班时间路上的车水马龙等景象,不都是人们为了尽快回到家里的心情变奏曲嘛。

相信我们的饭店管理者,都有自己温馨的"港湾",有着宽敞明亮的房间,装修讲究、陈设雅致的客厅,舒适的卧室。你的家可能不算奢华,但是一定温馨舒适。那么,我们是否想过员工需要什么样的宿舍环境?员工需要哪些生活设施和服务呢?笔者在与住宿舍的员工接触中了解到,他们最基本的需求是有一个干净明亮的宿舍环境,有一张相对舒适的床。附带还需要有卫生间、浴室、更衣柜、床头柜、电视机、洗衣机、微波炉等。当然其中的浴室、电视机、洗衣机、微波炉不一定要设置在员工休息的卧室内,可以单辟出一个场地设立洗衣房，同时可以具备洗浴等功能。再有宿舍里夏天需要空调、冬天需要暖气。除这些基本设施之外，他们在业余时间，还需要相互之间的交流场所、文体活动场地。有条件的饭店还应该设有员工活动场所，最好设立员工活动室，包括图书阅览室、上网设施、简单的棋牌等，再有条件的还可以设立乒乓、台球等项目。因此，作为员工宿舍的概念，不能仅仅是一张床，其配套设施应该都在"宿舍"的管理范畴内。

第二，为了提高员工生存质量，要给员工"家"的待遇。当我们了解了上述这些需求之后，接下来就是如何解决这个问题。当然像上述第一个案例中的那个"家"，员工也能生存，但是他们的生存质量就无法恭维了。而第二个案例，不但能够解决员工住宿的基本需求，更是提升了他们业余生活的质量、休息的质量、包括心理需求的质量，使得他们能够在温馨的环境中度过自己每天三分之一的"美好时光"，很好地补充身体和心理的能量，第二天再回到工作岗位上，会有饱满的精神状态、充沛的精力和舒畅的心情为客人服务。这样，他们的对客服务才会体现出优质。因此，作为管理者不要首先头疼员工宿舍好管不好管的问题，而是首先解决一个"理念"问题，即给予员工一个温馨舒适的"家"的理念。这个理念通了，员工宿舍如何设立、如何管理，一定会有很多办法的。

也许有的管理者，会借口饭店没有宽裕的环境，不能解决除了睡觉的宿舍之外的活动室、洗衣房等设施。其实，一切事情都是事在人为，如果想解决，没有解决不了的问题。我所知道的一个宿舍区，原先配有小卖部，员工下班路过时，可以购买一点吃的、用的、饮料、生活日用品，等等。后来管理者感觉麻烦，就撤掉了，员工只能无奈。再后来，饭店上级公司领导提议他们要创造好的宿舍环境，为员工解决生活不方便的问题，他们不但恢复了小卖部，方便了员工生活所需，还辟出了洗衣房、乒乓球室、电脑上网室、电视室，增加了微波炉等设施。本来似乎不可能做到的事情，居然在迫于压力的情况下顺利解决。这些设备设施和方便购买基本必需品的小卖部使员工感到了温暖和便捷。

现在管理者欣喜地看到:小卖部每天的饮料、方便面售卖最受欢迎,员工下班不必再跑老远的商店去购买食品、饮料。洗衣房的洗衣机不停地转动着,其利用率颇高,每天晚间,电视机旁都有员工在收看喜欢的节目,乒乓室里也经常是挥汗如雨的员工在欢笑着、"较量"着。

第三,在创造温馨环境的前提下,要有宿舍管理规章制度。我们管理者为员工创造了温馨舒适的住宿环境,但是不等于没有制度管理。宿舍毕竟不是单纯的个人空间,毕竟无法做到全天候全覆盖监控,因此,有必要设立相关的规章制度。那么,在设立制度方面,要具备哪些因素呢?有如下几个要素应该顾及到。一是硬件设施的管理制度,二是软件方面的管理要求,三是责任到位的管理要求,四是安全管理措施。所有配备的硬件应该有管理措施,所有住宿员工需要有禁忌管理,宿舍中需要设立舍长、清洁员、卫生值班员制度,在安全方面要有全面的防范措施和制度,特别是防火防盗措施。以上制度和规章内容,应该张贴在员工宿舍明显的地方,并且要求员工熟知。还要配有一定的惩罚措施。

下面提示一些相关制度的内容作为参考。

员工住宿须知应包括的内容:

(1)一人一床一柜,只限本人使用,不得私自随意调换床位或多占床位。

(2)自觉节约水电,爱护公物。不得随意在墙上乱钉、乱写、乱画、乱拉绳索;损坏公物要按价赔偿。

(3)自觉整理本人床位,物品摆放整齐。

(4)宿舍区内的走廊、通道及公共场所,不得堆放杂物、养鸟和其他宠物。

(5)不得在宿舍内大声争吵、打架、酗酒。晚间22:30分之后停止娱乐活动,保证所有员工的休息和睡眠。

(6)不得在宿舍内赌博、搞封建迷信和违法乱纪活动。

(7)有探视员工的亲属朋友,须事先向管理人员申请,经批准后方可进入宿舍,但不得在宿舍内留宿。探访时间为8:00~22:00。

（8）各宿舍室内选举舍长一名，负责本室相关事务并安排员工轮流值日，打扫卫生。

（9）所有住宿员工必须服从宿舍管理员的管理，违反规定者，管理员有权处罚，并上报其部门经理。舍长违反规定时，由管理员上报其部门经理，由部门经理做出处罚。

（10）员工离职时，须到宿舍管理办公室办理退床位手续，并交清所使用的物品。

员工住宿卫生须知应包括的内容：

（1）宿舍房间内的清洁卫生，主要由住宿人员负责，实行轮值制度（如遇加班或特殊情况，不能当天清扫卫生者，可与同一房间的另一人轮换）。宿舍管理员主要负责公共区域的环境卫生。

（2）不得乱丢烟蒂、果皮、纸屑、杂物；不得随地吐痰、涂污墙壁、地板。

（3）风扇、空调等设备每周由值班员清洁一次，宿舍人员须自觉保持各项物品的清洁。

（4）经常清理天花板及墙角蜘蛛网等灰尘。

（5）管理员需对员工宿舍清洁卫生进行不定期检查。

员工宿舍安全须知应包括的内容：

（1）自觉遵守各项消防安全制度。

（2）不得私自乱拉乱接电线、插座等。

（3）宿舍内不得使用电热炊具、电熨斗及各种交流电器用具（企业统一装配的除外）。

（4）员工离开宿舍时，熄灯、断电源。

（5）不得在宿舍内吸烟和乱扔烟头、避免火种。

（6）禁止在宿舍区域范围内燃放烟花爆竹。

（7）出入房间随手关门，注意提防盗贼。

（8）严禁将危险违禁物品带入宿舍内。

（9）发现可疑人员须及时上报并采取防范措施。

上面这些内容仅供参考，还可以附有相关罚则。制定相关的违规处罚条例。

有制度、有关怀、有配套的设备设施，有人性化的管理，相信员工宿舍能够给予住宿员工身心安宁和调整的需求，使他们在舒适安宁的休息中恢复体力和精力。特别是外地员工需要享受到"家"一般的待遇，才能安心地在饭店里做好服务工作。

1.4 员工保持自身清洁卫生的重要场所：员工浴室

星级饭店之主要功能是为了接待高层次宾客，需要打造有素养的文明员工。从人的自身素养来讲，保持自身洁净是首要的素养。在星级饭店对员工上岗要求中，我们看到第一条就是礼仪要求，礼仪要求之首则是"仪表"。有饭店解释仪表：衣履整齐洁净，发型规范，胸牌端正完好，展示自己最佳的仪表仪容。饭店规定员工每日进入服务岗位之前，要洗澡、更衣、梳理发型，女员工化淡妆，并且要到镜子面前检查衣装并给自己一个微笑。

员工浴室就是员工每日必进必出的场所。对于这个场所，很多时候没有引起管理者更多的关注，他们认为设置了男女浴室，大家可以洁身即可，还有什么可再关注的呢。其实不然，在员工浴室也有许多细节是需要我们管理者及时发现问题并给予解决的。

先看一些真实存在的问题：

潮湿：员工浴室一般设在地下室，甚至在地下二层、三层，整日不见自然光线，浴室内潮湿是普遍存在的现象。潮湿到什么程度呢？有这样的事实：员工更衣柜内存放的毛巾从来没有真正"干"过，总是潮湿的。挂衣服的竹制衣架上面长着厚厚的绿苔，在更衣柜内存放稍微长一点时间的内衣，都要长绿苔。员工使用的铁制更衣柜边角被腐蚀，锈迹斑斑。铁制更衣柜使用一两年就会损毁、破败。

异味：由于员工浴室设置在较为封闭的地下室，通风很差，常年潮湿，如果没有很好的排风设备，浴室内的潮湿气体和被发酵后的混合气体就会成为非常难闻的异味。员工每次洗澡，一般都要15分钟以上的时间，甚至更长，那么，这种异味如同重度污染的雾霾一般侵蚀着员工的呼吸道，这种"被污染"成为损害员工身体的一个因素。

温度较低：有的浴室内温度较低，员工洗浴之前和洗浴之后，穿脱衣服时感到寒冷。如果是这样的话，员工会采取长时间冲洗的措施来解决温度较低带来的不舒适。无形中加大了企业能源成本。

设备设施常年失修：员工浴室的设备设施经常是不完好的。不是地砖损毁，就是某个水龙头破裂；不是浴帘被撕坏，就是冷热水出水口受堵，还有员工更衣柜钥匙打不开等问题。如此这样的问题比比皆是，即使有人报修，饭店维修人员也往往忙于一线的维修工程而顾及不上，甚至一个水龙头的更换也要拖很长时间。

缺少小坐凳：许多饭店虽然配备了员工淋浴间，配备了更衣柜，但是没有想到员工更换衣服时的诸多不便。我们经常看到两排更衣柜之间，没有任何物品，一些员工在自己的更衣柜前站立着穿脱衣服，整理衣装。他们没有小坐凳可以辅助穿脱，有的饭店虽然配备了小坐凳，但是数量极少，一排更衣柜之间只有一个小凳，如果有若干个员工在更衣的话，还是有不少人等于没有辅助设施。有的是塑料制品的坐凳，时间一长即老化，有随时摔倒人的可能。

这些存在的问题很多是长年得不到解决的，原因是：我们的管理者很少想起到员工浴室去走一走，看一看。

员工浴室是最最后台的地方，是非常不被人关注的地方。我们要求员工在客人面前个个光鲜，形象靓丽，但是其需要打理的场所却是污浊的空气、潮湿的空间、破败的设备、总是站立更衣。这是我们管理者在细节管理上的缺失。

如果我们的管理者也经常到员工浴室洗个澡，体验体验，这些非常隐蔽的员工生活场所中存在的问题就会一目了然，恐怕长期得不到解决的问题就会迎刃而解了。

上述存在的五大问题，其实并不难解决。第一，可以安装除湿机，解决潮湿的问题。同时也就解决了异味过重的问题。第二，直接管理者要经常检查浴室内的设备设施，对损坏的设备设施给予及时的维修与保养，保持其完好性能，提高员工使用的质量和舒适度。第三，保持浴室内最低24~25℃的温度标准，可以减少员工长时间冲水的过程。第四，制作一些小木凳，放置在员工更衣柜旁，解决员工穿脱衣服不便的问题。

除了上述措施之外，如果能够更加人性化的话，可以在洗手池边放置肥皂，方便员工清洗小的物品或洗手之用。为了节约成本，可以将客房使用过的半块肥皂进行再利用。如果再周到的话，还可以放置吹风机，让员工特别是女员工吹干头发再出去，防止感冒。放置鞋刷和鞋油，方便员工清洁自己的鞋子。特别是在员工进出的浴室门口处，应该设立一块镜子，放置梳子、擦手油等小物品，这样员工自己形象端正完好之后，他们会带着好心情走出浴室，来到自己的服务岗位。

从这个角度来看，我们要求员工有好的形象展示在客人面前，其清洁卫生的地方也不可小视，我们必须创造好的条件，让员工保持洁净的面容、清洁的身体、舒畅的心情和待客的自信。

1.5 员工自身吐故纳新的第一需要：卫生间

每一个人每日须大小便，这是常理。在饭店里，员工不能到客人区域解决大小便问题，那么，员工内部的卫生间重不重要呢？

案例一：一个员工卫生间，其坑位全部是蹲式。对于正常人来讲，坑位并不麻烦，也没有任何不方便。但是有这样一位女员工，由于腿部曾经受过伤害，恢复不佳，一条腿是不能下蹲的，她需要坐式便位，可是，又不能去客人区域的卫生间，怎么办？每次上厕所，成为非常头疼的事情。本来不是问题的问题，在她这里每天都要遇到。吃喝拉撒是每个人本能的需要，每天的上班时间里她都要头疼拉撒不便的问题。

这虽然是个例，但是说明了一个问题，我们的管理者还是不够关注员工的小事。对于每日员工大小便的问题没有放到心上。当然了，也许有管理者会说，每天的大事还干不过来呢？我能够整天去看员工厕所吗？不然。请看下面的案例。

案例二：员工卫生间的一进门处，有一位管理员和一张旧的三屉桌，桌子的抽屉里放着卫生纸，并且处于打开的状态，员工进门便可以随手取拿。厕坑分为坐便器式和蹲式两种，便于员工选择。坐便器和蹲坑旁边有便于员工随手放小物件或手机的架子，厕所门的上方有挂钩，便于员工悬挂衣服或背包等物品，厕所内随时有管理员打扫，保持了干净、无异味。洗手池边放有洗手液、润肤露、梳子等物件，墙上是一面镜子，这些都方便了员工洗手和整理衣装、发型等，为员工方便后继续在前台工作创造了良好的条件。这家饭店的管理者，在检查服务质量的同时，总是一并检查员工区域各个场所的质量，包括员工卫生间、员工浴室等处于角落的地方。

事实上，员工厕所也如同员工餐厅、宿舍一样重要，应该成为管理者眼光顾及到的地方。从某种意义上讲，员工洗手间也是员工工作期间稍事休息的地方，应该创造相对温馨方便舒适的小环境。那么，主要应该关注哪几个要素呢？

第一，清洁的环境。有个饭店的员工洗手间处，当你还没有进门时，便知道这是卫生间了。为什么？因为当你走到附近时，就会有一股臭味溢出，很多人甚至掩鼻而过。这标志着该卫生间内的通风肯定很差，清洁肯定不及时。走进去一看，果然如此。厕坑内粪便没有及时冲洗，卫生纸碎屑随地都是，卫生间的地砖破损严重，墙上乱写乱画有之。这样的环境可能我们在偏僻的农村有过印象，不可思议的是竟然出现在星级饭店员工区域里。显然，我们的管理者从来没有关注过这样的地方。星级饭店，特别是高星级饭店，我们首先应该打造高素质的员工，有一句经典的说法，是这样来形容员工：我们是为绅士服务的绅士，为淑女服务的淑女。这句话的意思就是，我们既然是高星级饭店的服务人员,其仪表、气质就应该与客人的身份相匹配,我们也应该从自身做起,培养良好的服务品质和个人素养。从这个意义上讲,饭店管理者必须为员工创造良好的二线环境,创造良好的员工生活场所,包括卫生间这样的清除自身垃圾的地方。所以,员工卫生间的第一个要素就是保持清洁的环境。

第二,完善的设施。员工卫生间的档次不一定要多么高,不需要豪华、奢侈,但是需要完整、完善。不能像上面所提到的那个卫生间,地砖破损严重,墙壁乱写乱画。还有的卫生间内的洗手池,瓷盆上面有很大的裂缝、瓷盆内污浊一片;再有,经常看到冲水的塑料桶和墩布等脏兮兮地摆在墙角,给人极不舒服的感觉。我们的管理者,特别是直接管理后勤二线工作的管理者,应该经常到这些地方走一走、看一看,及时解决这些小小不言的,但是影响雅观的问题,及时给员工解决这些他们似乎不会当做问题的问题,应该让每一个角落都靓丽起来,员工才会感到舒适。

第三,配备相对完备的卫生用品。我们常说员工是饭店的主人。那么,在卫生间里多增加一点服务设施和必备用品也是不为过的。例如,卫生纸、洗手液、润肤露、小梳子、镜子、单个厕位内的挂衣钩、存放小物件的小托架等等。当然没有这些用品,员工也可以如厕,但是,为了打造为绅士服务的绅士和为淑女服务的淑女们,我们就需要在任何一个员工生活场所的细节上下功夫,想得周到一点,做得完善一点。员工更舒服地如厕、更便捷地使用提供的设备设施,是他们能够更加心情舒畅地为绅士和淑女服务的前提,这也是我们真正把内部员工当做饭店客人对待的体现。

1.6 内部员工享受服务的第一窗口:员工洗衣房

老的星级饭店内部都设有洗衣厂(或叫洗衣房),现在为了环保,很多饭店的洗衣厂已经取缔,外包到社会的洗衣店去做,但是饭店内肯定要保留员工更换衣服的洗衣窗口，有负责洗衣的员工为他们服务。这个窗口是每一名员工都必须打交道的地方，员工或者两天、或者三天就要更换一次工服，炎热的夏天，甚至要每日更换衬衣。那么，这里需要解决的有哪些管理问题呢？

案例：一家星级饭店的洗衣厂内，有一个员工更换工服的窗口，所有员工都要通过这个窗口送进要洗涤的工服，取回洗好的工服，然后换上干净的工服到岗位上去为宾客服务。然而，这个窗口似乎是权力的象征，很多员工来到这个窗口，看到的是没有任何表情的面孔，员工十分小心地称呼着：大姐，请帮我换一套工服。对方连看也不看一眼，就说：等会吧，忙着呢。员工站在那里，要等上几分钟甚至更长时间，才有人漫不经心地走过来拿走送来的工服，递上需要更换的工服。员工说声"谢谢!"窗口员工似乎没有听见地走开了。员工也只好拿着工服自己找个地方去更换。

从上述案例中，我们可以看到员工更换工服中要解决的管理问题。

（1）要切实解决员工对员工的态度问题。这里是员工为员工服务的窗口，很多时候，普通员工会遇到冷面孔、慢待遇。所谓的"冷面孔"是指，当员工来到更换服装的窗口时，负责接待的员工一脸的不高兴，没有笑脸，没有和善的话语。所谓"慢待遇"是指，经常看到前来换洗工服的员工几次呼叫窗口服务的员工，却没有人应答，或者远远地传来：等会儿，这忙着呢。还有的时候，头一次来到饭店的员工，取到自己岗位的工服时，不是宽大就是瘦小，提出要求更换合适的工服时，接待人员会很不耐烦地说："事多"！或者说，没有可以更换的了，使得员工无可奈何地离开。甚至有的窗口员工非但没有好的态度，还经常要"数落"（指责）前来更换工服的员工，让他们产生一种不敢或者尽可能少来这个窗口的惧怕心理。根据上述问题，饭店管理者要从强调二线为一线服务的理念入手，对二线员工进行服务理念的灌输，要求他们要把一线员工和所有前来更换工服的员工当作客人，要像一线员工服务宾客一样地来对待内部员工，为他们提供良好的服务。这个理念必须实实在在地灌输到每一位二线员工的头脑中，并强化培训，要求二线岗位的员工严格按照这个理念执行。不仅是洗衣房的服务,其他各个二线服务岗位都应执行这个理念。当然,光是强调服务理念,还是不够的,还必须采取措施保证这个理念的真正实施。最好的办法,就是定期对二线的服务进行满意度打分,让所有被服务的员工进行背对背的打分,从服务态度、服务质量、服务的便捷性等方面设定打分表,或半年或一年评价一次。饭店管理方要根据打分表的综合分析,有针对性地提出岗位整改要求和措施,对于态度恶劣、傲慢、服务很差的二线员工,要进行有力度的说服教育,甚至采取适当的惩罚措施。当然在满意度调查中发现服务非常好的二线员工也应该给予表彰和奖励,在二线服务中树立典型,宣传他们的服务做法。这样可以以点带面,推动二线服务窗口提升服务质量。

(2)要解决服务的设施问题。如果饭店只设立了一个小小的取送工服的窗口的话,员工取到工服后,没有就近更换的地方只能找另外的地方去更换,然后再拿回需要洗涤的工服递进窗口,这很麻烦。如果没有设立在窗口附近就地更换衣服的空间,还是建议饭店从方便员工的角度考虑,开辟两个狭小一点的空间即可,解决男女员工就近更换工服的问题。

(3)提倡附加值服务,以解决员工的难处。洗衣房窗口除了帮助员工接收需要换洗的工服、给予干净工服之外,能否再有一些附加值的服务呢?例如,员工递进来的工服,有的扣子已经松动,或马上就要脱落的,是否可以主动帮助加固一下呢?有的工服裤脚或者袖口处有比较严重的磨损,是否可以主动帮助缝补好呢?有的特殊情况,需要加急洗衣,是否可以主动帮助联系洗衣店,尽可能快地解决这个问题呢?等等。这些都可以罗列在附加值服务的范围之内。管理者,特别是直接管理者,应该深入洗衣房,了解上述各种情况,并归纳在一起,提出有针对性的服务措施,并张贴在墙上,作为对员工的服务承诺。

要解决上述三个方面的问题,关键是直接管理者,即负责后勤的部门经理要树立二线为一线服务的理念,并把这种理念贯彻在自己的管理工作中。

首先，部门经理要关注员工更换工服这个窗口，观察这个窗口的服务动态，及时了解服务员工的员工态度好不好，服务欠佳时，要当作工作职责中的问题进行整顿，平时要对内部员工进行态度管理，要求他们对前来更换工服的员工不得冷面孔、慢待遇。要求他们要有内部服务意识，要将前来接受服务的员工当做内部客人，要笑脸相迎，笑脸相送，言语亲切，服务周到。

其次，解决员工就近更换工服的更衣间问题，应该不算难事。在洗衣窗口的附近开辟一个类似商场内的试衣间，要设立男、女两个更衣间。要做到在更衣间内的墙上配有挂衣钩，方便员工更换工服使用，要配有小凳子或者椅子，方便员工穿脱衣服时借助使用。

最后，关于增加附加值的服务内容，我们的管理者不但要求二线员工在平时要有优质服务和超前服务意识，同时还要有制度规定来保障服务质量，诸如：洗衣房要保证每一件工服的完好使用（接收洗衣的员工，对每一件送来的工服都要进行认真的检查，在遇到工服衣扣脱落或者衣服边角等处需要缝补时，要当做本职内的服务项目，进行即时缝补，不得推辞不管），这些服务内容要作为工作规定张贴在工作环境的墙壁上，使二线员工随时能够按照制度操作。还应该规定：如果遇到特殊情况，需要加班洗涤或者需要对外联络时，要做到及时满足员工的特殊需求，即使加班加点，也要为一线的需求服务好。

一个小小的洗涤工服的窗口，如果能够管理好上述三个方面的问题，就能做好内部员工的工服换洗服务工作，就能让每一位员工舒心地来到窗口，高兴地离开窗口，不看冷脸子，不受慢待遇。有一家饭店的管理者针对诸如此类的问题，提出了"宁可自己千辛万苦，不让一线一时为难"的口号，简要精辟地解决了二线服务一线的理念问题，同时也解决了二线服务好一线的方法问题。

1.7 员工在饭店小憩时的最佳场所:员工活动室

每个星级饭店的餐饮员工一般都是两头班的工作制度。什么是 "两头班"呢?即餐厅的员工上午晚些时候上班,开始打理中午前来用餐客人的场所,准备餐具、摆台、迎接客人、服务客人;到了下午1:30~2:00,中午用餐的客人逐渐离开后,在下午2:00~4:30的时间内,餐饮员工是可以休息的。到了下午4:30以后,他们又要上岗,开始准备迎接晚餐客人了。这中间的2~3个小时,将一天的工作时间分为两段,形成了"两头班"的概念。

两头班的员工在中午的时间段里,他们第一不能在工作岗位滞留,第二回不了家或者宿舍,第三不能离开饭店到外面溜达。怎么办呢?我看到不少饭店没有为员工设立休息、娱乐的场所,他们的员工只好采取关闭餐厅的灯光,躺在几把椅子搭拼的临时"休息床"上睡午觉或玩手机或者小声聊天。这种休息的方法似乎是不"合法"的,一旦管理者突然走进来,打开灯看到他们的状态,不用管理者训斥,员工自己就尴尬得不知如何是好了。

为了很好解决员工中间休息时间段无处可去的问题,有的饭店管理者非常人性化地开辟了员工活动场所,不但两头班的员工中午有了休息、娱乐的场地,也使得所有饭店内的员工都有一个自己可以娱乐休息、搞各种活动的地方。

如何建立员工活动室呢?先来了解一个饭店员工活动室的真实情况。

案例:一家四星级饭店的地下室,是防空设施结构。饭店管理者充分利用这个空间,为员工开辟了一个设施全面、功能到位的活动室。顺着一个洞(防空洞)一个洞的空间,将员工活动室分隔成为若干个活动场所。进门处是一个较为开阔的房间,这里摆放了跑步机、动感单车、力量训练器等健身器械。第二个房间是员工图书室兼荣誉室,我们看到一排排书柜内,有中外名著、各种小说、杂志等,也有一些与饭店业务有关的图书;在书柜上方,是饭店在北京市内、旅游行业内、本集团内各项活动中所获得的奖杯、奖状、证书等。员工在这里活动的同时，随时可以看到本饭店的各种荣誉，可以引以自豪和骄傲。再向里边走，是一个通道形成的空间，左边设立了员工吸烟室（室内禁烟之前），有通风设备；接着是员工棋牌室，有小桌子和小凳子，上面有象棋、跳棋、扑克牌等。右边较大的地方，设立了一个乒乓球台。再向里边走的一个空间，摆放了台球桌。再往里走，是员工的语音兼电脑教室，可以在这里做教学培训。最里边的房间里，设立了多功能视听间，员工可以在这里欣赏影视节目，也可以组织K歌活动。在这家饭店的员工活动室内集健身房、图书室、棋牌室、乒乓球室、台球室、音像室、教学室、娱乐室、电脑室、吸烟室等十大功能。

上面的员工活动室算是较为宽大、分区较多的比较豪华的活动室。一般情况下，饭店做不到有这样大的空间辟为活动室，也做不到有这么多的分区和活动项目。但是最起码可以辟出一个30~50平方米的空间，作为员工活动室，即便设立最简单的项目，也应该有棋牌、图书、上网等内容，提供员工休息、娱乐。

我们之所以要提倡设立员工活动室，就是要使"两头班"的员工在中午到下午的2~3个小时内，有一个休息、活动的地方。他们可以在这里上网、对弈，翻看图书、资料、当天的报纸等，或者在这里坐一坐，放松地休息，舒缓一下劳累的身体。有了这样的活动室，就有了名正言顺的活动场所，员工不必像"躲猫猫"一样寻找休息的地方了。

像上面介绍的这个活动室，为员工在业余时间提供了健身、读书、打球、下棋、学习等方便条件，同时，该饭店各个部门充分利用这里的空间，组织员工开展业余活动，如乒乓球比赛、台球比赛、棋类比赛、卡拉OK比赛等，饭店的培训部门几乎每天在这里组织外语教学、各项培训活动。遇到饭店员工过生日，他们在这里举行小型生日Party联欢活动，等等。总之，饭店给员工创造了业余活动的场所，不仅使员工有了休息的地方，更使得员工在业余时间到这里来玩一些自己喜欢的项目，充分发挥自己的特长，展示自己的业余爱好。

所以,星级饭店无论地方如何狭小,也应该为员工设立一个活动室。让"两头班"的员工有休息的地方,让饭店员工有娱乐的地方。

1.8 员工整理容颜的第一需要:员工理发室

在星级饭店里,对员工的发型要求是极为严格的,每位员工上岗前的第一件事就是整理衣装,整理发型,检查自己的仪容仪表是否符合饭店规定。因为员工的仪表、发型等是纳入服务质量范围的内容,如果仪表、发型不符合规范,也是违反了饭店服务质量要求的。很多时候,饭店的质检人员在进行服务质量检查时,要同时检查员工的发型是否符合规范,不符合规范的,当即提出让其到职工理发室去理发。有的时候,饭店还会在某段时间里,针对员工的发型进行专题检查。例如,在饭店中午开餐的时候,负责服务质量检查的人员站立在员工餐厅门口,逐一检查男女员工的发型是否符合要求,一般都会查出5~10人头发不符合要求,多数是男员工的头发过长,需要理发。

案例一:一家星级饭店,有一支服务质量检查队伍,他们每周定期不定期地走动检查,在某一个岗位上,看到某个男员工头发过长,提出了质疑,并且要求该员工马上到员工理发室去理发,否则,罚款50元。该员工随即离开岗位到员工理发室去了。

有时质检人员针对某个员工提出了马上剪发的要求,第二天,看到该员工仍旧留着长发,就会施行罚款并责令马上去理发。可见,星级饭店对男女员工发型的重视程度。

案例二:一次,上级公司的人员正在某饭店检查工作,发现一群小伙子头发不整地走过大堂,检查人员马上提出了批评,该饭店总经理辩驳说:年轻人喜欢长发。公司检查人员十分不悦,说:公司和饭店对员工的仪容仪表都有规定,你们这里为什么不认真执行?总经理自知理亏,立即要求这些员工去理发。

上述情况告诉我们，饭店为什么非常重视员工的发型是否整齐规范呢？因为人的精神面貌在一定程度上是与你留什么样的发型发式、是否整洁有关系的。高星级饭店提倡成为服务绅士的绅士、服务淑女的淑女，服务者本身就要从"头"做起，没有干净整洁符合要求的发型发式，就不能达到上岗的要求，就无法站在服务岗位上出现在客人面前。因此，饭店员工生活区必须设立员工理发室，随时为员工的发型进行整理。

员工理发室，是饭店员工经常光顾的地方，也是饭店二线服务一线的另一个窗口，其设施设备及服务人员的工作态度等，都需要管理者关注并提出一定的要求，使之达到饭店的标准。既然设立员工理发室，就要达到如下标准。

（1）创造舒适的理发环境。在理发室内，首先要做到清洁卫生达标。所有理发工具必须做到一客一消毒，即一个员工理发之后，不能使用同一套理发工具给第二个员工理发，以避免传染各种疾病。这样，就需要配备消毒柜，配备多份理发工具。除此之外，理发室内的地面最好是防滑地砖，保证即使有水在地上，也能够不被滑倒，且方便打扫。四壁应是白色墙壁，给人洁净的视觉感受。放置理发工具的台子应该浅色调，椅子要能够旋转360°，便于理发师操作。墙壁上最好张贴有关发型发式的标准头像，作为员工规范发型发式的标准展示。

（2）制定严格的消毒操作程序。在一般理发店内，都有严格的卫生制度和检查标准。那么，在员工理发室内也同样要做到严格消毒，保证基本的清洁卫生程度。特别是所有的理发工具要做到一客一消毒，每天工作完毕，理发工具要统一再做消毒处理，保证严格阻断相互传染各种疾病的途径。有时，我们会看到在员工理发室繁忙的时候，理发员顾及不了消毒的操作程序，在前一个员工理发之后，随即接手第二个员工，所使用的工具还是那一套。这样，前一个员工头上若有传染性质的疾病的话，第二个人就很有可能被传染上，这样做是对员工的健康不负责任的。因此，员工理发室内的理发工具要多准备一些，做到不管多忙，也能保证一人一套消过毒的理发工具，不重复使用。这一条应该作为硬性规定,而不是可做可不做的。对员工理发室的质量检查时,这应该算作硬指标,每次都要查。

(3) 要培养服务热情的理发师。如同前面提到的员工更换工服窗口一样,服务员工的内部员工,不要因为别人有求于你,就态度傲慢,待人苛刻,或者刁难前来理发的员工,这是个态度问题,也是素养问题。因此,作为管理者要教育和培养内部员工的服务意识,要把服务态度、服务意识和服务质量捆绑在一起,对内部服务员工的员工进行教育和要求。培养他们具备服务客人的热忱,做到在岗位上面带微笑迎接每一位前来的内部客人,同时要保证员工随时前来随时能够心情愉快地理发。

(4) 要有纯熟的理发技能。员工理发室虽然只作为饭店的一个附属功能,但是也不是随便凑合就可以,需要理发师具有较好的技能。为什么呢?因为"爱美之心,人皆有之"。不仅如此,在现代社会,特别是在酒店里,我们的员工基本都是年轻的生力军,80后、90后成为员工主力,他们是改革开放后的新生代,具有较高的现代审美眼光,具有较为时尚的审美标准,他们要求所理的发型也必须是时尚的、符合潮流的。为了饭店员工的良好形象,为了满足员工自我审美的需求,我们也要挑选技能超强的理发师来为员工服务。事实上,当前在员工理发室内,也不是只负责理成标准的发式即可,很多女员工要将头发染成流行的颜色,包括挑染几缕不同颜色的头发,以达到审美的需要。个别男员工也喜欢烫发,一头小卷发,也是小男生的特色形象。洗、剪、染、烫、焗油、整理头发刘海等都是理发师应该具备的技能,只有这样才能满足员工理发的需要。

(5) 制定合理的收费标准。在内部员工理发室,由于各种理发材料都是有一定成本价格的,因此,合理收费是需要的。既然是内部理发,不是商业行为,就要求做到合理适当收费。如何做呢?一般来讲,所有理发的材料,包括理发工具在内,基本按照成本价计费,理发员的劳动也应该有计费标准。过去,在饭店内的理发,一人一次标准的理发,一般以1~5元收费。现在随着市场经济的发展，物价的提升，一般男员工的单理，至少需要4~5元，女员工理发，一次应5~10元为宜。如果是染或者烫发的话，要将材料成本和基本手工费合成计算。当然如果有实力的饭店也可以为员工免费理发，而美发的项目可以收费。

1.9 员工日常健康保健的第一窗口：员工医务室

在星级饭店内一般都设有医务室，可能规模不大，人手也不多。通常情况下，即便是规模较小的星级饭店，也应配备1~2名医生，随时为员工提供服务。

医务室的作用大致有三：①为员工提供头疼脑热等小疾病的医药服务；②在员工遇到工伤等情况时，能够及时采取措施，保证员工的生命安全和及时救治；③每年定期对员工进行健康体检，保证员工是在健康状态下进行工作。

医务室的日常工作流程有：

（1）对新招聘的员工，进行视力检查，办理体检手续等事宜。

（2）员工日常有头疼、感冒、胃痛等不适时，医生提供诊断并给予非处方药品治疗。

（3）员工在岗位上如果有小的工伤时，如厨师的手被划破、工程人员手脚被轻微砸伤等，可以及时到医务室进行适当的处置。

（4）在每年冬季到来之前或者严重的社会传染病流行等情况下，医务室可以做一些预防知识的宣传，并负责为员工做防疫性的处置，如打预防针、发放预防流感药物等。

（5）员工每年一次的体检工作，医务室帮助联系体检部门，设定体检项目、组织员工进行体检等工作。

（6）在员工突然遇到比较重大的工伤、比较重大疾病的时候，医务室人员及时帮助联系医院或者组织救护，迅速将病人送至医疗机构，以便得到及时的诊治。

（7）在住店客人发生特殊情况时，及时帮助联系医疗部门，及时帮助救治客人。

鉴于上述功能，作为星级饭店的医务室其作用是不可小视的。如何做好星级饭店日常医务工作，总结多年经验，有如下几点是必须要管理好的。

（1）医务室的清洁卫生必须达标。在星级饭店医务室内，其卫生状况和卫生标准是需要管理者时刻关注的，不能认为是单位自己的医务室，不是医院，就放松卫生标准。我们经常看到医务室内的桌椅等物品不够清洁，沾满灰尘，诊疗室内，床单褶皱不洁、多日不更换、大夫坐诊的办公桌周围堆放着报纸、各种书本杂志，甚至各种日常生活用品等。如果常年这样，得不到改善，一定是我们的管理者疏于管理，或者要求不高。从常识上讲，医务室必须是洁净的地方，基本无菌的地方。首先，从基本要求来说，墙壁要洁净无尘、药品柜要洁净无尘、洗手池要洁净、检查疾病的床要洁净、床单要随时更换、所有医疗用具要及时消毒，医疗人员的操作要做到无菌。再有，一个细节必须关注到：医务室进出的门，很多时候，我们看到进入医务室内，是较为干净的，但是进出医务室的门上却是点点污迹，门把手上带有黑渍。很多人可能不太注意门把手这个地方，这个地方是所有进出人员必须接触的"点"，这个"点"通常会带有各种细菌，进出的人员也会通过这个"点"传染各种疾病。所以，这是一个必须关注的"点"，应该要求医务人员每天定时进行消毒处理。也就是说，医务室的清洁至关重要，包括从门开始，不能有任何的污物和不洁存在。

（2）药品要保证在保质期内。作为医务室，不是正规的医院，很多时候，购买的一些药品会长期无人领用，以至于超过了保质期还摆在药品柜内，在员工需要时，大夫可能没有检查保质期就发给员工使用。这样不仅不能医治员工的病症，甚至会导致员工服用后发生各种问题。因此，医务室内的药品要做到定期检查，及时清除过期药品。曾经有这样的案例：医务室保存的药品中，很多已经过了保质期，一次，检查人员随便抽取几盒感冒药品查看其保质期，都是已经过期一年以上的，如果不是检查人员提醒，恐怕他们还是照旧在发放呢。

（3）医生要做到热情、周到地服务员工。医务室的大夫不一定有多么高明的医术，但是应该有热情服务的态度和救死扶伤的精神。医务室对于员工，就是处置一般的小病小疾，发放一般的药品，安抚生病的员工，给予及时的判断和诊疗。因此，需要医务人员要有热忱的态度。当员工发烧头痛走进医务室时，要热情接待，安抚员工情绪，然后诊断员工病情，给予适当的治疗。如果将自己的岗位视为权力的象征，"看人下菜碟"的话，势必对待员工有亲有疏，使得员工得不到温暖和安抚。特别是现在的星级饭店里，多数一线服务员是外地实习生或者外地员工，他们常年不能回家，有了头疼脑热，十分依赖饭店医务室的药品和诊治，如果我们的医务室大夫冷眼相对、糊弄敷衍的话，这些年轻人的内心在疾病的基础上会增加更多的痛苦，身边没有父母的照顾，没有亲人的关心，会使他们感到孤独无助。因此，要求医务室大夫要有良好的医德医风，一视同仁的态度，热忱的服务精神。医务人员要换位思考，将员工视为亲人，给予他们精神的抚慰和适当的诊疗，帮助他们尽早克服疾病，保持健康的身体状态。

（4）医务室大夫要管理好员工的健康档案。员工每年的体检，都有体检表，上面记录着员工的健康状况。医务室应将员工体检表按照人员姓名、工作岗位等信息进行年度分类存档，并能够做到随时填充最新的健康信息，随时提供利用。

（5）积极组织好每年的员工体检工作。员工的体检包括所有员工一年一度的常规体检，以保证服务宾客的员工身体是健康的，特别要保证没有任何传染源。还包括女员工的妇科体检工作，保障女员工每年能够进行妇科疾病的筛查和及时治疗。再有，如果饭店内有常年生病的员工，应该组织定期看望和给予适当的关怀，帮助他们早日康复。

（6）医务室还应该适时组织健康讲座咨询等活动。包括员工牙齿的健康保健讲座、早餐营养搭配等知识的健康讲座等。每年组织1~2次或者每季度一次均可。

（7）饭店对医务室的工作要列入检查和监控的范围。作为饭店的管理者，即便在百忙之中，也要将医务室列为关注的地方，随时检查他们的工作环境、工作态度、清洁卫生状况、药品质量情况等。以保证员工医务室的服务达标，达到员工的满意度。

（8）医务室的另一项工作就是附带帮助生病的住店客人及时得到医疗机构的救治。管理者要了解的常识是：作为医务室，不具备对宾客进行诊断和治疗的功能。但是住店客人会有突然疾病发作的可能，对于这样的宾客，医务室不能擅自处置。如果需要帮助宾客的话，就是快速及时地联系医疗机构，请医疗机构及时接诊，所有的帮助联系工作可以迅速操作，但是绝对不能诊断和给药。

1.10　员工各种财务费用报销的第一窗口：财务报销室

在星级饭店里，我们对员工除了日常薪酬的管理之外，还经常发生员工医疗费用的报销、差旅费用的报销、冬季供暖费用的报销等情况。对于这些员工经费的管理，一般都设在财务部门的出纳岗位，有的星级饭店会设立一个窗口，规定时间为员工报销各种费用。

财务报销工作，并不是十分繁重的工作，随着市场化的进程，员工发生的个人费用已经越来越少需要在饭店内报销。但是，这毕竟也是一项员工管理工作，还是值得提及的。

员工发生个人费用，又需要报销时，他们往往会感到十分麻烦，首先要整理发生费用的账单，然后找各级领导审核签字，再到财务报销室去。他们经常遇到的麻烦都有哪些呢？最大的麻烦就是一般情况下，要来回跑几趟才能顺利报销一笔费用。例如，员工拿着相关的账单来到主管领导那里，主管领导一看，说：你把这些都按顺序整理好，这么乱怎么审核？员工回去询问有经验的员工如何整理，然后再去主管领导那里请求审核。主管领导多忙于各种事务，这些单据迟迟得不到审核，一旦审核完毕，员工还得到财务总监室，请求财务总监给予审核和批准，然后再按照程序上报到总经理那里，由总经理签字同意，然后才能到财务报销部门去报销。但是到了财务报销部门，不是时间不对，就是人不在现场，有时虽然跑了好几趟，也未能顺利报销一笔小小的费用。

这种情况如同社会上的政府办事机构，虽然算不上"吃拿卡要"，但是员工经常是盖一个章需要跑很多次，历时若干天数。在一个小小的饭店里，一笔员工的财务报销费用也不免遇到这种官僚作风。我们经常发现，坐在财务报销桌前的员工，似乎他（她）的岗位十分神圣，似乎他（她）的权利非常特殊，大有想刁难谁就刁难谁的权限，看到一个不顺眼的员工进来，不是说你的单据有问题，就是说，还差什么手续。总之，不能让你一次完成报销。再有，他们虽然没有什么繁重的工作压得喘不过气来，但是，却规定一、三、五报销，或者某天上午或下午报销，其他时间一律不接待。即便是在聊天，也不接待前来报销的员工。

这些遭遇，往往使我们的员工深受其害，苦不堪言。但是主管领导并不知情，因为如果是领导前来报销，恐怕无论怎样，也会尽快得到解决，从来不用自己来回跑，也不用等待某个时日。因此，员工刁难员工的情况，管理者很难了解得到，也就不会认为这里还存在什么问题。

如同前面所提及的二线服务岗位一样，我们的管理者需要关注并注意解决这些"关口"存在的问题，让员工在解决个人事宜中得到很好的服务。我们应该体谅一线员工服务宾客的辛苦，他们日夜倒班、经常加班，饭店效益中凝结着他们的辛苦和汗水。二线员工相对舒服很多，工作也轻松很多，不管哪个窗口，对于员工都应该热情服务。管理者也不能只是提倡而已，而是要切切实实管理好这些服务员工的窗口。

员工的财务报销,虽然事情不大,但是遇到了阻碍和态度冷淡,都会伤害他们的心灵,因此,饭店要对财务报销窗口进行管理,管好如下四个方面。

(1)态度问题。管理者要要求做这项工作的员工,必须本着热心服务的态度对待每一位前来光顾的员工。如果单凭一般的要求不能保证他们良好的工作态度的话,不防明确要求他们做到16个字:微笑、问候、热情、亲情、周到、完善、微笑、道别。即:对待前来报销的员工,要按照这16个字的步骤进行接待。

微笑:首先要对前来报销的员工给予一个微笑。

问候:同时要说:你好!(问候)。

热情:热情招呼请员工就坐。

亲情:要充满亲情般地接待员工,对他们所提供的报销单据在严格审查的同时,一定不得有所刁难和为难,能够帮助就地解决的问题,不要让其再来一次。

周到:要周到地服务员工。例如,需要复印,就不要让员工再到处去找复印的地方复印,需要按照财务规定进行单据整理,就告诉员工如何整理,并当场帮助完成即可。我们都有这样的感受:整理单据的先后顺序,对于没有专业知识的员工来说,是一件比较头疼的事,不知道哪张在前,哪张在后,而我们的财务人员则手到擒来,不妨帮助他们按顺序整理,或者教会他们如何整理单据,不要让员工自己回去整理好了再来。

完善:在办理每一笔报销手续时,都要在认真核对的同时,提醒员工需要注意的地方,解释财务法规和财务制度内容,让员工能够通过每一次报销手续,了解财务知识,避免今后发生类似问题。在给予员工报销费用时,要做到常收常付。

微笑:在办理完手续后,再一次微笑。

道别:在员工离开报销室(窗口)时,一定要有道别语:再见!

这十六个字中,两次提到"微笑"。要求服务窗口的员工要在见到前来报销的员工时，第一时间给予微笑，在办理完毕报销手续之后，服务员工还要再次微笑。也就是说要热情相迎热情相送。

（2）工作岗位的秩序问题。在二线办公室，我们的管理者也要要求他们做到日常办公讲秩序，要做到：洁净、整齐、无杂乱物品。办公桌要整洁无灰尘，办公用品要摆放整齐，办公室和办公桌前不得有无关的杂物。个人物品不得摆放在桌面。

（3）工作岗位纪律问题。星级饭店的管理者往往对一线员工的管理非常严格，而对二线办公室的管理比较放松，检查和监控相对较少。二线员工在劳动纪律等方面比较松懈：上班时间在电脑里玩游戏、通过电脑聊天，或者随意吃东西、长时间电话聊天等。这些问题，如果当员工前来报销时看到他们的随意性和违反劳动纪律时，会非常敏感，会有对比心理：我们一线劳动纪律严格，动不动就要罚款，而二线办公室却如此随意。他们由此会产生不公平的心理。因此，所有二线岗位，都必须纳入严格的管理之中，不得有违反劳动纪律的现象存在，特别是像财务报销这样经常接待员工的岗位，更要严格纪律。

（4）监管问题。财务总监在做好饭店各项财务管理工作的同时，要拿出一定的精力和时间，做好内部财务各个岗位的管理工作，包括劳动纪律，业务知识提升、服务一线员工，也包括日常的检查和监控。作为财务管理部门，其专业性是比较强的一个岗位，在保证财务账目符合管理章程的同时，也要严格内部管理，有责任监管好每一个岗位的工作和秩序。对于财务报销窗口的管理，主要的是环境整洁、态度热情友好，报销手续简便，让员工感到便捷和舒适，不要感到麻烦和无奈。

1.11 员工自身日常补给的窗口：生活用品小卖部

星级饭店虽然管吃管住，设立了生活起居必要的设施，但是也不可能解决员工生活所需的每一个细节问题，如果想方便员工生活基本所需，最好的办法是设立一个员工生活用品小卖部,可以使员工轻松地购买到日常基本生活用品,不必跑到外面的商店去了。

案例:一家星级饭店,在员工餐厅的旁边开设了员工小卖部,一个10平方米大小的单间里,设有长条柜台,后面是几个立式物品柜。上面摆放了各种小食品、饮料、生活用品、方便面、书籍、杂志、文具、纸张、香烟、糖果、洗发水、沐浴液等。每天都有前来光顾的员工,他们或者买包饼干,或者买点饮料,或者购买纸巾,或者购买香烟。小卖部不求赚钱,只是方便员工而已。

这个小卖部给员工提供了生活的方便,很多员工在工作之余,来这里买一碗方便面补充午餐的不足,更多的员工来这里购买饮料,补充身体的需要。夏天到了,不少员工会来这里购买冰激凌、冰棍等冷饮食品。看到这些员工吃着小食品、打开饮料瓶即饮的时候,我每每感觉到这个小卖部的重要性,也感觉到饭店的人性化。虽然这个岗位占据了一定的人工成本,但这是非常需要的。它的服务方便了上千名员工的日常基本所需。因此星级饭店设立员工生活用品小卖部也是员工管理的一个窗口。

开辟小卖部的基本要点是:

(1)小卖部选址。小卖部最好设立在员工生活区集中的地方,方便员工随时购买物品和食品,如设置在员工餐厅附近,这样的话,员工在前来就餐的同时就可以随时进出小卖部购买生活用品或食品。

(2)小卖部的物品。小卖部的初衷是为员工日常生活服务,因此,要根据员工的需要购买相关的货品,以满足员工的基本需要。例如,上面案例中的所有食品和物品,都是员工经常需要的。大致分类,可以分为:食品,各种饼干、小零食、方便面等;饮料,矿泉水、可乐、雪碧、橙汁及各种瓶装饮料等;生活用品,文具、纸张、洗发液、沐浴液、卫生巾等;读物,畅销小说、畅销杂志、男员工喜爱的兵器杂志等。

(3)设有管理员。小卖部应设立一名管理员进行日常管理。该管理员既负责添置物品（进货），又负责日常出售、每日盘点、月结账等全部工作。管理员需要有热情和负责任的态度。每日上货、值班、接待员工。还要根据员工的需求调整货品品种等。这个岗位每日一个班次（早8点到晚5点）即可。

（4）制定售卖价格。员工小卖部是内部为员工服务的窗口，不是商场，不应该以赚钱为目的。因此，最好能够做到卖价即进价。如果有的物品有消耗损失的话，可以将消耗损失的成本加入再定价，原则是一定不能为了赚钱而售卖。

（5）达到卫生标准。内部员工小卖部，不是社会上的零售店，只是自己开设的服务窗口，可能没有必要办理卫生许可证申领，但是要按照卫生许可的范围售卖，也要做好内部的卫生防疫、卫生清洁等工作，为了员工的健康，做好日常清洁卫生工作。如果有条件，最好设有洗手水池，方便员工购买食品后洗手再食用。

（6）做到超值服务。如果这个岗位的服务人员在日常服务的基础上，再为内部员工做一些超值的服务则最好。例如，准备一些季节性的用品，如夏天防治蚊虫叮咬的清凉油、蚊香、驱蚊器等；冬季使用的暖手宝、手套、帽子等用品。如果还能够做到"定制"服务则更好。例如，员工需要某种商品，其本人由于在班上，不能去外边购买，我们的管理员可以代为购买，及时解决员工的需求。再有，还可以增加一些辅助的服务手段，如准备一个微波炉，可以帮助员工加热食品；准备几个充电插座，有的员工没有方便充电的地方，可以到这里来请管理员帮助看管充电设备（手机、iPad、电脑、照相机等）。

（7）做到文明守法。管理者必须要求在小卖部内一定要做到文明守法，不得经营任何违禁物品，包括音像制品、毒品等。饭店管理者要制定严格的管理制度，要定期不定期地进行检查并有监控措施。

1.12 员工每日必经之要地:员工通道

说到员工通道,有人会认为这不过是一个走路的地方,有什么好管理的?如果是细心的管理者,一定认为星级饭店内的员工通道,也应该是不可忽视的一个管理部位。如何管理员工通道?管些什么?从某种意义来看,也是饭店管理者管理理念的体现。如果是一般水平的管理,恐怕达到清洁卫生标准,能够使员工顺利通过,不必穿行大堂即可。如果是高水平的管理,员工通道则是体现企业文化的一块尚佳的阵地。

案例一:一家星级饭店,待客部位经过装修,提升了品味和档次,由三星级晋升为五星级饭店。但是二线很多地方没有投入改造,两相对比,反差较大。特别是员工通道,比较破败的水泥地坑坑洼洼,两侧墙壁光秃秃,白灰时有脱落,顶棚离地面只有一人多高,上面横竖布满了生锈的管道,不但使人感觉压抑,也被各种破旧的管道所威胁,似乎随时都有泄漏或破损的可能,隐患时时存在。而且整个通道内没有一个洗手间,很多员工需要方便时还得再下到B2的卫生间去解决问题,造成很多不方便。当时管理方并没有意识到这个部位需要改造。

后来饭店管理方的理念发生了变化,开始重视员工活动区域的细节管理,其员工通道也随之发生了根本性的改变,这家饭店投入一定资金作了彻底改造。在通道两侧粉刷了墙壁,订制了各种宣传企业文化的板块,并附有艺术性地张贴在两侧墙壁;天花板进行了吊顶,再也看不到锈蚀的管道;开辟出了男女卫生间,虽然狭小一点,但是B1的员工不必再内急时跑向B2了。员工每天再经过这个通道时,心情变得清爽了,舒畅了。

案例二:一家五星级饭店内,在崎岖的员工通道里,两侧的墙壁上半部分是柠檬黄色,下半部分是浅蓝色,这两种颜色的搭配柔和舒适养眼,员工走在其中不会感觉疲劳。两种颜色中间的部位,设置了防撞护栏,方便员工推车行走时避免撞到两侧的墙壁。在通道墙壁适当部位，开辟出了若干块宣传栏，有员工文化生活宣传内容、有饭店企业文化内容、有饭店优秀员工展示栏、有饭店各项荣誉展示栏、有安全消防宣传栏、有内部事务告示栏，等等，在与这些展示栏交叉的部位，还有一些文明礼貌用语的卡通画，既活跃了氛围，又是一种巧妙的宣传。在通道适当的位置还摆放着几盆绿植，营造了生机勃勃的氛围。这些精心布置，使得整个通道虽然拐弯抹角（楼体整体设计所致），但是形成了一道美丽的风景线。很多陌生人初次走入这家饭店的员工通道时，都会驻足良久，被这道美丽的风景线所迷倒并赞不绝口。他们认为：这个通道显示了饭店管理者的文化水平、文明程度，也显示了管理者的良苦用心和人性化理念。

上面两个真实案例告诉我们，管理员工通道既是管理责任也是管理艺术。管理者不能把员工通道只看成是员工每日必经的道路，而要看作员工在饭店生活的要素之一，每日与员工陪伴的这个通道，是与他们的生活息息相关的，为了员工的身心健康，对员工通道的管理要点有如下几个方面可作参考。

（1）通道的整体色调。很多饭店的员工通道并不讲究，多是白色墙壁，有的多年不作维护，不粉刷，任其墙皮脱落、破败。员工走在这样的通道里，从心理学的角度看，他们会产生压抑感、沉闷情绪、灰色心态等不适感觉。我们为了提高员工的工作热情、使他们保持阳光心态，应该在通道的整体色调上做些考究的处理。像上面案例中的员工通道色调，就是做了精心的设计。他们从视觉角度，选择了较为明亮而不刺眼、较为舒适而不疲劳的明黄色和淡蓝色，上下搭配并衔接，既不显得单调，又不眼花缭乱。这样的色调会使员工心情愉悦、心态平和、思维敏捷、心胸敞亮，有益于员工眼部疲劳的舒缓，有益于提高员工的工作热情。这就是色调选择和搭配的讲究。

（2）通道的地面设计。员工通道的地面不仅是为了走路，更多的时候，也是一条运输线，每日运输酒店各种物品，包括棉织品、酒水、食品、用品等，甚至各种装修改造的材料也是需要从这个通道运上运下。从这个角度来看，也是一条十分繁忙的运输线。那么，地面的铺设用材也需讲究一下。我们看到有的地面是低档次的地砖铺就，质地比较坚硬，运送物品的车辆推过来时，发出非常刺耳的响声，整个楼道听不清楚对面人的讲话声。这种由地面带来的噪声，极为不环保，对人的健康也十分有害。所以，在考虑铺设员工通道地面材料时，最好选择防震的地砖、地板，以免推车震动声响过大。再有选择推车时也要选择车轮防震型的，尽量让推车发出的响声小一些。每天员工通道的推车要有N次往来，这是一个不得不考虑的实际因素。

（3）通道的宣传作用。通道的墙壁是天然的宣传阵地，我们要充分利用两侧的墙壁，用以宣传企业文化，将企业提倡的精神、理念、口号等都要变成各种形式的宣传内容，营造积极向上的文化氛围。还要通过这个阵地，使员工互动起来，如员工旅游照片、生日聚会照片、员工文化生活照片、员工摄影作品等，都是员工非常关注的，也是员工充分展示自己特长的窗口。特别是每年的六一儿童节之前，可以组织员工收集其子女的各种照片、图画、作文、小制作等，组成特定的板块，专题展示。当员工看到自己小孩子的笑脸或作品时，他们会感到自豪和骄傲，也是激励员工更好地安心在本饭店工作的一种方式。

（4）通道的凝聚力。员工通道也会产生凝聚力吗？当然可以。我们的企业文化宣传板块、员工生活写真板块、员工子女生活板块等都是提升饭店员工凝聚力的最好方式。除此之外，饭店还可以分部门地组织员工书画展、摄影展等活动，在员工通道开辟展区，每年组织1~2次，请观者评价打分，评比出优秀作品，给予一定的奖励，这些都是提升员工凝聚力的手段和方法，百试百灵。

（5）通道的警示和环保作用。在通道这个宣传阵地中还有两个内容应该是必不可少的，一是可以成为安全警示站：在员工通道里，一定不能忘记要有安全消防的宣传，做到让员工熟知安全消防常识、通晓消防设备的标识和使用常识，了解紧急情况下人人都能采取的措施；二是绿色环保宣传站：通道内要有绿色环保的宣传图画、卡通图画等，要有提倡节约意识，提倡环保节能的窍门和做法。这是当下提倡社会责任感和自觉维护社会环境的大局意识。特别是垃圾分类，在国人还没有养成自觉习惯的情况下，最好在员工通道里适当的地方摆放两个垃圾箱，区分可回收和不可回收字样，让员工自觉养成垃圾分类的习惯。

1.13　员工每日进出饭店的通道：员工出入口

大家知道，所有星级饭店的员工是不能随意穿行大堂，不能随意行走在宾客区域的，员工上下班都要走专设的员工出入口。饭店通常的做法是，在员工出入口处，安排了值班的员工（一般昵称为大爷或大妈），他们的职责是看管好这个出入口，其中一项职责是检查员工的提包或背包，以防员工私自携带饭店内的物品出去。当然这个员工出入口的作用不仅仅是为了检查员工是否携带饭店物品，更重要的是应该成为方便员工进出的通道。

如何做到方便员工，在这里又有哪些可以方便员工的内容呢？如果是细心的并善于人性化管理员工的管理者，大致有如下几点是可以在员工出入口做到的。

（1）员工物品寄存处。在饭店里，宾客的物品都设有物品寄存处，宾客在住店期间，可以将自己的某个物品暂时寄存在饭店。但是，员工是不能使用这个物品寄存处的，他们也经常会遇到在上班来的时候，随手购买了家庭生活用品，如日化用品、食品等，员工在进入此口准备上班的时候，需要将随手提取的物品暂时存放，不能带进工作区域，以免与饭店的物品混淆。例如，员工在上班路上购买了晚上需要的食品（不是鲜活的），一方面不方便带入工作岗位，另一方面也没有必要提到楼上，下班时再提下来，因此，员工很希望能够在出入口处暂时存放。有的饭店管理者观察到了这个需求，他们认为应该给予员工方便，于是作出规定允许在这里值班的大爷大妈帮助员工寄存小件物品

(当然是在允许范围内的物品),并做好相关的记录,在交接班时一并交接寄存记录。这个做法受到员工的欢迎,大大方便了员工。

(2)员工重要物品存放处。除了上述一般的物品之外,员工还有一些比较贵重的物品也需要暂时存放,有的饭店管理者考虑到员工一些重要物品的安全性,又考虑到不方便携带至工作岗位时,他们专门在员工出入口设立了一个保险箱。这个保险箱分为若干个小格子,每个格子一把钥匙,有员工需要将自己的钥匙、钱包或其他贵重物品寄存时,看门的大爷大妈就会主动帮助打开保险箱,将员工的贵重物品存放进去,并帮助锁好,一把钥匙由员工自己保存,一把钥匙在寄存处寄存。当员工取物品时,两把钥匙必须核对无误时,才能将物品取出。这个做法也是多年经验的总结。通常员工会在更衣室更衣的时候,将自己的钱包等物品放置在更衣柜内,但是员工的更衣柜并不保险,经常会发生被盗的情况。因此,如若在员工出入口安置一个保险箱,每时每刻都有人看管,那就保险多了。

(3)员工等候区。很多时候,员工下班了,会约自己的家人或朋友来接,经常会在出入口处等候一下;或者想约上同事一起去逛街、购物等,他们可能不在同一个部门,下班时,有的先出来,有的后出来,先出来的员工就要在门口处等候同事。为了在这个环节上能够给员工方便,可以在出入口适当的地方摆放一个圆桌和几把椅子(最好是室内),方便员工在这里稍坐,特别是雨雪天气,这个等候区就显得更有必要了。

(4)员工雨伞借用处。在员工出入口应当放置一些雨伞,当遇到下雨下雪的天气,员工可以登记借用。这虽然是小小的一个举动,但是却是人性化的做法,是关心员工,为员工解决临时困难的举措,非常值得提倡。

(5)员工衣装整理区。在员工出入口,还应该找个适当的地方安放一面镜子,这个镜子应该是立式的,能够照到人的全身。这个镜子是为了方便员工在出入时检查自己的衣装、容貌使用的。员工可以顺便看看自己是否穿戴整齐?衣服是否整理好边角?帽子是否戴得合适?头发是否凌乱?等等。

（6）员工缴费方便区。有的饭店还为方便员工生活中的一些缴费事项，与银行取得联系，在员工出入口设立了银行缴费机，员工可以在上下班的同时，方便地缴纳水电、燃气、电话费等，避免员工为了缴费而提前下班或者匆忙赶往银行。

员工出入口，是员工的必经之路，饭店管理者关心员工，也需从这里做起。这个窗口也是列为员工第一层次需求的一个"点"，如上面所说，有很多可以为员工做的事情可以在这里体现。管理得好，也是达到服务员工，方便员工，使员工高兴而来，满意而归的贴心窗口。

1.14 员工简便交通工具存放地：员工自行车棚

在星级饭店上班的员工，有不少骑自行车或电动车作为自己交通工具的。那么，我们就要关心一下员工自行车、电动车存放的问题了。

案例一：一家星级饭店的员工出入口外，有一条不宽的路边，我们看到许多自行车横着、竖着、躺倒的、叠加的。在夏天太阳当头的正午，自行车暴晒着，在大雨滂沱的时候，自行车淋浴着，在寒冬的季节里，自行车被狂风横扫着。这些员工的自行车似乎都在感叹：我们的命运好惨啊！

案例二：一家星级饭店的侧面，专门修建了员工自行车棚，分上下两层楼，在车棚内左侧是电动车存放处，右侧存放着一排排整齐的自行车。在进门处的上方有一条横幅：高高兴兴上班来，平平安安回家去。进门处还有一个小台子，上面不仅有自行车、电动车打气设施，还准备了擦拭自行车、电动车的擦布、刷子；有维修车子的小工具、需要更换的气门芯等零件。看管自行车的大爷大妈昼夜倒班，每天早上，会看到值班的大爷大妈热情地招呼着员工的姓名或者昵称，亲手接过员工手中的车，高兴地与员工道别，让他们愉快地走入工作岗位。下班时，他们见到前来的员工，亲自推出车来交到员工手中，并且告诉员工：你的自行车气不足，已经打好气了。甚至他们知道某位员工即将下班,事先将自行车推到了门口处,等待员工前来取车。我们还经常看到,值班的大爷大妈拎着大水桶,将水均匀地洒在车棚内的地上,并随时除尘、打扫地面,保持洁净的环境。

上述正反两种做法,都是真实的案例。一个案例告诉我们,员工的交通工具并没有引起管理者的重视,也没有采取任何措施进行管理,显然这是一块管理缺失的地方。第二个案例显示了管理者的细心和周到,为员工的自行车创造了舒适、平安的"家"。

若是细心的管理者,出于爱护员工的理念,是不会忽视对员工上下班的交通工具的管理的。当然,有的饭店管理者会说,我们饭店地方较小,没有办法为员工存放自行车啊。这样的理由并不充分,任何事情都可以想办法解决,只有不去想办法的懒惰思想才会事事都遇障碍。笔者所知道的情况是:有的饭店以前也没有员工自行车存放地点,他们为了解决员工存放自行车的困难,专门开辟了地下室的专区,地方虽然不大,但是为了管理好员工的"绿色"交通工具,他们进行了简单的维修,粉刷,并分区设立了自行车、电动车存放标识,做到了井然有序地存放和管理。有的饭店在多年没有车棚的情况下,下决心投入资金进行改善,加盖了车棚,使得露天存放的自行车进入到了风吹不着雨打不着的空间。

通过上面的案例,我们可以总结一下,员工存放自行车的地方应该有哪些人性化的管理措施。

(1)避雨遮风。员工的自行车如果长期风吹雨打日晒,肯定要缩短其寿命,并且当员工上班累了一天,下班时看到自行车淋在雨中,会是什么样的心情呢?可想而知。之所以要解决员工存放自行车的地方,就是要搭建一个避雨遮风的场所,让自行车不暴露在光天化日之下,让员工放心地上班,安全地回家。因此,管理者无论如何也要开辟出一块地方,搭建车棚。

(2)提供方便。员工自行车或者电动车是经常需要打气或充电的,如果下班时看到自己的交通工具车胎是瘪的，而车棚内也没有打气设备的话，他们或者另找地方去打气，或者只好弃车而去，另找其他交通工具。因此，管理者既然修建了自行车棚，就要再人性化一步，准备打气和充电的设备和一些小零部件，方便员工小修小补。有的时候，充气充电设备也会老化，发生故障，管理者要经常检查这个岗位的工作质量和服务质量，当发现设备出现问题不能使用时，建议指示相关部门及时予以更换，不要让员工等待时日过久。

（3）安排有责任心、有服务热情的人员在这里值班。自行车棚虽然是小小的一块阵地，但是它关联着许多员工的交通问题，需要有责任心的人员在这里值守。为员工服务需要有工作热情的人员，星级饭店员工在这里也应该享受到星级服务。像上面案例中的大爷大妈们，就是具有高度服务热情的值守人员，他们具有主动精神，他们的工作像家长一样使员工得到温暖，他们的服务贴近员工的心，让员工享受"家"的感觉。确实，我们星级饭店需要这样的员工为员工服务的岗位。

（4）保持自行车棚的洁净卫生。虽然自行车棚只是附属的员工生活场所，作为星级饭店也应该做到始终保持其洁净的环境。平日要有人看管，并且有人定时清扫，不要认为这个地方，能存车就不错了，不必那么细致地管理。

（5）员工自行车棚也应该是饭店企业文化的阵地。自行车存放地也可以适度地进行美化，墙壁应该洁净并刷成白色或者其他适合的颜色，并将企业文化的主要内容点睛地悬挂或者张贴，让员工一进入饭店的领地，就能感受到企业文化的氛围和企业品牌的力量。

（6）可以设置一个白板作为晴雨表。自行车棚值班人员要将每日天气情况写在白板上，让员工一目了然地知道每日天气，使员工有所准备，以便下班时携带雨具或增减衣服。

除了上述自行车棚管理的内容之外，不同饭店还可以根据不同情况增加内容或减少内容。总之，任何一个小小的员工窗口，都应该方便员工，为员工提供服务。

1.15 员工现代化交通工具存放地:员工停车场

在现代中国进入汽车时代的情况下,很多员工加入了有车族,越来越多的员工每日开车上下班。这就引出了员工停车需要管理者予以关注的问题。有的饭店并没有将这个问题当作自己份内的事情,饭店只有公务用车停车的地方,而没有私家车的停车位子,员工怎么办呢?他们只好到处寻找可以停车的地方,有的停在较远的胡同里,有的停在路边。停在这些没有人管理的地方,一方面汽车的安全没有保障,随时都有被剐蹭的可能;另一方面由于不是指定的停车位,经常会被交通管理员"贴条子",存在被罚款的风险。员工每每遇到这样的情况,情绪就会沮丧,哀叹"没有办法"。

当然解决自行车棚比起解决停汽车问题,算是小巫见大巫了。那么,如何人性化地解决员工停放私家汽车的问题呢?这个问题需要管理者颇费心思,找到解决的方法。有如下几个途径可以参考。

(1)饭店自身解决停车难的问题。饭店在有条件的情况下,自己开辟场地,使员工能够每天停车,可以让员工少交一些停车管理费,规定内部停车费标准。只要员工能够承受的标准,就是合理的。

(2)要有人进行管理。如果本饭店设有停车场,就要有管理。制定停车管理规章制度,设有专人管理,要严格按照交通安全管理的标识,划定停车线、停车位等。停车标识要符合国际标准。

(3)与相关单位协商解决停车问题。如果本单位实在没有地方解决停车问题的话,管理者也可以与相关的单位进行协商,帮助员工解决停车位的问题。例如,饭店靠近立交桥,那么,能否与管理这个地方的单位协商,帮助员工解决若干个立交桥下停车的车位。例如,靠近某个小区,是否与小区负责人协商,在白天停车位比较空的时候,允许饭店员工停车。

总之,既然现代生活遇到了这些问题,我们的饭店管理者就应该积极应对,想办法解决员工停车难的问题。

　　上述15项内容，都属于员工自身需求的最最基础的内容，可以算是员工在饭店里需求层次的第一层。我们上面所谈及的做法和经验，其主旨就是启发管理者要树立一个"人性化"理念来管理员工生活。如何做到人性化？上百年来在国内外饭店管理者的不断探索中，首先是国际品牌饭店集团的管理者发现了：员工也是客人的道理。早在一百年前，著名的里兹-卡尔顿公司的创始人凯撒·里兹首先提出：要强烈地关注客人。其含义不仅包括外部购买产品和服务的住店客人，还包括内部员工。他的理念是：做饭店管理的，面对着两种客人，一种是上门来住宿、餐饮等消费的客人，即外部客人；一种是员工，服务客人的客人，即内部客人。作为管理者，能够提出：强烈地关注客人，这个"强烈"代表了他的心声，是一种真心地把两种客人都视作自己经营的重要砝码，缺一不可。笔者理解，这个对内部客人也"强烈地关注"的理念，就是我们现在所经常说到的"人性化"管理。

　　如果管理者真正接受了上述"强烈地关注客人"的理念，发自内心地要关注内部客人，就一定会在员工第一层次需求上尽量做得温馨、舒适，创造"家"的氛围。我们管理者如果真心将员工当作自己的家人，当作自己的兄弟姐妹的话，恐怕就能够给予员工"家"的温暖和方便，就会使员工的第一层次需求得到基本满足。

　　因此，本章的关键词就是家、人性化。

2

如何管理"后台环境"，如何营造"二线氛围"

本章主要谈及员工第二层次的需求：工作氛围的管理，即员工工作岗位之后台环境的管理，包括后台区域环境氛围的营造；环境卫生、个人物品的管理；室内空气质量、温度适宜性的管理；工作环境的秩序和纪律原则；管理者的处事原则；团队沟通和协调等原则的管理。

每一位员工在饭店里都有具体的工作岗位。除了上一章涉及的饭店提供的衣食住行环境和条件之外，员工在岗位中还有一个内部环境需要引起管理者关注并进行有效管理的问题。特别是一线员工，在岗位的后台区域还有一个小环境，他们需要在这里做上岗前的准备工作或者做业务培训或者工间休息调整等。这个环境虽小，却也与员工的工作情绪、工作状态具有紧密联系。如果管理得好，员工心情舒畅，情绪高昂，他们的服务就能热情有加地体现在具体的待客服务当中；如果员工感觉这个环境不舒适，工作情绪受到一定影响的话，他们的服务态度和服务质量就要受到不同程度的影响。为此，管理者若要提高员工待客服务质量，首先要提高对员工的管理质量，这就不得不涉及员工工作岗位之后台的一些管理细节问题。那么，后台的主要管理内容有哪些呢？经多年实践经验，大致有如下一些可供参考：

一线岗位环境、二线岗位环境、岗位同事关系、直接上级、部门经理、岗位之间、员工之间关系等。归纳起来，有设施、环境、人文三个方面的问题需进行人性化管理。这些方面的细节往往没有引起管理者特别的关注，甚至有的管理者认为这些都是小事，微不足道，不需要管理者费心思管理。但是笔者从员工实际感受的角度了解，这些地方的环境和氛围对员工而言，甚为重要。这个氛围对员工的影响也是非同小可的。

2.1 一线岗位环境之生活区管理

除了在饭店的日常生活环境需要之外，对员工而言，还有一个环境可能是容易被忽视的，但也是比较重要的地方，那就是员工在岗位上的"生活区"，即一线服务岗位之后台区域。

在星级饭店里，我们通常把直接服务于客人的岗位称作一线岗位，一线岗位是最为核心的经营和服务区域。前厅、客房、餐饮、康乐，这四大部门为主的所有岗位，统称一线岗位。其中又分为若干个具体的岗位，如前厅部包括前台接待、大堂经理、礼宾员、客户关系代表等。也许有人认为只要服务员有熟练的专业技能，就能做好服务工作。但在具体操作中，并不是每个服务员只要具有专业技能就能服务好客人的。在上岗前和岗位中会有诸多的环节成为影响员工服务质量好坏的构成因素。因为每一个岗位不是单个人的工作操作，而是一个团队共同协作，在每天的工作中，员工与员工之间，员工与直接管理者之间，员工与相关的岗位之间都是有着相互联系和合作关系的。如果员工与员工之间、员工与其他岗位之间的氛围不够好，员工的心情就会受影响，必然导致员工的工作情绪、工作质量受到影响。这些影响员工工作情绪和服务热情的因素，往往发生在后台区域。所以后台区域的环境也应该列入员工基本需求的范围之内，需要我们管理者给予关注。先来谈谈一线岗位的环境氛围。首先从一个部门的一线岗位构成谈起。

前厅部的服务岗位有：前台接待、大堂经理、客户关系代表、行李服务、门童服务、商务中心、电话总机等。

前台接待：走进星级饭店，宾客视线首先要搜寻的是办理入住的前台。这个岗位的专业名词就是前台接待（Reception）。每天会有员工24小时值守在前台，随时接待前来的宾客，并为宾客办理入住手续、离店手续、随时回答宾客的各种问题。这是一个直接面对客人的窗口岗位。前台的员工每日倒班，他们通常的班次叫做："白、夜、休、休"。即一个白班、一个夜班、两个休班。当然白班要上两个8小时。他们担负着接待前来住店的宾客入住登记手续，办理宾客离店手续，同时传输宾客的相关信息。在前台员工直接服务宾客的同时，其一墙之隔的后台，还会有一个繁忙而紧张的后台操作区域，员工在作输账程序操作、传输户籍工作等，还有员工在对新来员工做岗位培训，有部门秘书在处理部门日常杂项事务等。其次，有主管在随时督导日常工作、有部门经理在随时做上下沟通、联络和处理部门之间的协调工作等。这是基本的前台接待岗位之前后区域的团队运作情况。

大堂经理：与前台接待相呼应的是大堂经理(Assistant Manager）岗位。大堂经理一般是附属在前台附近的一个岗位，严格说也是前台岗位的一个组成部分。通常是设立一张接待台，上面有电脑显示屏，与前台接待信息联网，接待台前面是接待宾客询问的座椅，后面是大堂经理的座椅。大堂经理负责随时处理宾客的各种询问、帮助宾客解决在前台或者其他部门遇到的各种问题，包括接待前来投诉的客人、或处理在前台接待中发生的纠纷，等等。大堂经理还负有饭店接待重要宾客的协同工作，如饭店VIP客人即将到店时，大堂经理要协同前厅部经理等人到事先准备好的客房进行再次确认，对客房内的一切准备情况进行再次检查。当重要客人到店时，大堂经理要配合接待团队进行辅助性的工作。接待团队是指饭店主要领导、饭店保安部相关保安人员、前厅部总监或经理、饭店行政办公室负责接待的人员等。大堂经理要协同这个接待团队一起将重要客人安全地送达入住的房间。在重要客人入住期间，大堂经理要日夜守候，并配合做好所有工作，直至重要客人安全地离开饭店。

客户关系代表：也称客户关系经理（Customer Manager）。近些年来，许多高星级饭店设置了客户关系经理这个岗位，通常要挑选酒店业务熟练、本人素质较好、形象气质俱佳，并具有善于交流沟通能力的员工作为客户关系经理，其中女员工承担这个岗位工作的较多。他们具有大堂经理的职能，但是要比大堂经理职能宽泛，主要的职责是与宾客联络沟通。他们多在饭店大堂进门处站立，随时关注每一位进出的宾客，看到宾客欲有需求，会立即走上前去与之交流，主动帮助解决所需求的问题。在与宾客交往中，主动建立与宾客的联系，甚至帮助宾客办理在店期间各种所需的事情。这个岗位的设立，方便了宾客随时的需求，给予宾客特别的关注，使宾客享受到高星级饭店的热情友好和超值服务，维系了宾客与饭店的长期关系，赢得很多回头客。

礼宾岗位：礼宾员（Concierge）岗位也是前厅岗位的一个组成部分。礼宾岗位分为在饭店正门前站立服务的礼宾员，通常称为：门童。他们的职责是迎接前来饭店的车辆，为宾客拉门服务，引导宾客进入饭店大堂。另外在饭店入门处附近或与前台相连的地方，设有礼宾柜台，该柜台的员工称为：行李员或礼宾员，负责接待每一位进店宾客的行李运送服务、接机服务、行李寄存服务等。同时这个岗位也负有问询功能，宾客很多时候会到这个柜台询问相关事项。这个岗位的员工熟知飞机航班信息、火车时刻表信息、饭店周边旅游、购物、商店、药店等信息，能够准确及时地回复宾客的询问并帮助指引去处。

商务中心：前厅部的另一个岗位是商务中心（Business Center），负责客人的网上文件传输、打字、复印、扫描、手机临时充电等服务事项。虽然现在这块功能有弱化的倾向，但是很多客人还是离不开上述服务的项目，特别是在饭店承接了大型会议和会展期间，很多宾客需要不断光顾商务中心，随时解决打字、复印、传真、上网等需求。

电话总机：前厅部还有一块功能虽然在后台区域，但也属于一线岗位，这就是：电话总机（Switchboard）服务岗位。电话总机虽然在后台区域，可他们每天接听宾客的电话无数，回答宾客的询问无数，也是直接服务于宾客的岗位。

电脑机房：如果规模比较大一点的星级饭店，还有一个功能一般设置在前厅部，那就是电脑机房(Computer Room)，负责全饭店的电脑系统操作、维护、检修等工作。

上面描述的只是前厅部的主要服务岗位和工作职能，饭店其他一线部门也同样，都有一套完整的机构和人员组成的团队，才能满足部门运作之需要。比如客房服务岗位包括清洁员、服务员、楼层主管、洗衣厂、绿植养护、插花服务等；餐饮服务岗位包括各个餐厅的服务员、餐厅经理、备餐人员、厨师和管事部人员等。从每个部门的岗位拆开了来看，都是一个独立的机器部件，但却都离不开机器的主体。这里就不一一介绍了。之所以详细描述前厅的每一个岗位设置和功能是为了阐述管理者如何关注和管理好员工一线岗位之附属的后台区域。

一线岗位环境之附属的后台区域需要做哪些管理呢？

先来看几个案例。

案例一：在前厅部一间不大的后台区域里，有电脑、复印机、纸张、员工的背包、塑料袋、鞋子、手机充电设备等。由于屋子狭小，这些东西横七竖八，没有秩序，员工没地方下脚，想找什么东西，就将这些东西翻来翻去，也未必能找到。

案例二：一个厨房的后台区域里，应该是厨师稍事休息的地方。厨师们的衣服、帽子凌乱放置，水杯东一个西一个，手套、鞋子也没有秩序地东躺西歪着，笤帚墩布等清洁用品堆放在墙角里。有个员工还在一个角落里熟睡着。

案例三：一个保安部的中控室，门上挂着"非公莫入"的牌子，这个地方严格说是闲人免进的岗位工作区域。由于处于后台部位，员工在这里既工作也同时兼做休息区域。饭店内设有定点巡逻的保安员，每次巡逻回来，也会在这里休息。我们看到一进门处，很多快件堆积如山，管理人员询问怎么放这里？他们说这里靠近大楼的门口，员工们每日网上订购的快件堆放这里是为了取着方便，看来是可以随便进入了。

案例四：一个设置在地下室的后台区域内，电脑、复印机、打印机等都与在这里工作的员工在同一个室内。员工感到空气较差，经常头晕、浑身无力，他们只好在中午吃饭后到外边走走，算作透透气。有个在这里工作了几十年的老员工，经常抱怨自己小环境之差，甚至认为自己腰腿疼、心脏不好都与这个工作环境有关系。

上述真实的后台区域描述，使我们了解到后台区域环境与一线前台部位反差较大，表面整洁的星级饭店，可是后台却不一定能够做到整洁有序。站在前台很光鲜的员工，却经常要在混乱的环境中调整身心，或者在空气不清新的小空间里做后台准备工作。长此以往，不仅对员工的身体造成伤害，也对员工的心态、精神状态十分不利。作为管理者，为了你的员工身心，也为了员工有好的服务表现，不能不关注这些后台区域的管理工作，不能任凌乱不洁甚至空气糟糕的后台区域长此得不到解决。如何解决和改善这些小环境呢？

后台环境总体包括两部分内容，一部分是员工工作和休息的后台区域；另一部分是人文环境，即相互之间的关系和氛围。此处先谈环境和设备设施。

1. 如何创造整洁有序的后台工作环境

毋庸置疑，星级饭店内一线直接面客的环境都是整洁的，这是星级饭店最最基本的外在条件。为此，星级饭店专门配有清洁员岗位，通常称为"PA"（PA是 public area 的缩写），就是公共区域的保洁员。PA每日的主要工作职能就是保证公共区域的清洁卫生达标，他们的操作有规则、有程序、有标准。因此，公共区域的环境卫生不用管理者担心发生什么问题。我们要关注的是后台工作环境是否也能够做到干净整洁？这个后台工作环境是指一些员工需要在后台做辅助工作，还包括员工在上班时间内需要休息、调整的地方。例如，前台岗位是直接面客的，但在前台后面有一个地方是员工提前做好上岗准备、交接工作、暂时休息、接受培训、召开班前会等活动的功能区，我们称之为后台区域。前台员工在前面站立服务1~2个小时之后，就要到后台来休息一下（不可能8个小时一直站立在前台），由其他同事到前台服务，这样轮流服务于前台。这个后台就具有员工暂时休息的功能。再有，在后台区域，几乎每天都有新来的员工在接受业务技能培训，需要模拟操作的设备由老员工手把手地培训他们。所以这个区域的作用是一线的保障和供给地，是前台和后台的连接区域，是员工服务岗位的补充地。通常这个后台区域一般都比较狭小（更大的区域肯定用作经营使用），有简单的桌椅或柜子，员工稍事休息时有个座位，仅此而已。在这里，员工也有一些个人用品暂时存放，如随身携带的个人背包、简单的外衣、水杯等，如果这些用品随意乱放，会给这个小环境中增添不雅、不整的感觉。如果房间再比较封闭，卫生再差一些的话，室内空气质量也会较差，虽然不能算"蜗居"，但也够"蜗"的。很多时候，管理者只注意了前台的整洁，宽敞、明亮，而后台却截然相反，员工的水杯、简单的生活用品没有规矩地随意放置，复印纸、各种表格用纸等横七竖八地摊放在桌子上，电脑连接的各种数据线很凌乱，遍地都是。这种前台与后台的反差之大，是常见的。员工一步迈出，是光鲜明亮的大堂；一步迈入，是狭小凌乱的后区。

我们都知道，环境对人的情绪是有影响的。人在整洁的环境中，心态会是安静的、平和的，而在凌乱的环境中，心态容易浮躁、焦急。我们的管理者往往只注意公共区域的环境要整洁，而忽视了员工所在的后台区域的每一个角落也需要整洁。我们的管理者在关注一线大环境的同时，不要忘记多到员工内部的小环境里走一走，看一看，体验体验。如果发现后台区域环境与前台差距太大，不能麻木不仁，这里可是一线岗位员工的身心健康和工作质量的保障基地。饭店管理者，特别是高层管理者，应腾出时间，将后台区域的小环境作为员工管理的一个分支，进行检查，并不定时地再次或多次复查，就像检查待客岗位质量一样，认真对待员工的小环境质量。也就是说，后台区域的管理也要纳入服务质量考量的范围之中。

一线后台小环境如何管理呢？

（1）干净整洁的后台秩序。后台虽然不面客，但是其环境和秩序是管理水平的体现。就像家庭里，可能外表地面和桌面是干净整洁的，但是柜子或抽屉里却不一定也很有秩序。有人说，要看某个人的家里究竟是否整洁有序，不要光看表面，要打开柜子和抽屉看一看。如果是有秩序的家庭，其柜子和抽屉里也是整洁有序的。但是往往很多人的家里做不到里儿、面儿都光鲜，有的大衣柜很漂亮，一打开，其中的衣物乱作一团，甚至有随时要往外掉的感觉。饭店后台的管理同家里的管理是一个道理，管理者要从个人物品摆放习惯要求员工。员工个人携带的简单生活用品和工作中使用的用品等，都应养成摆放有序的良好习惯。管理者在要求员工的同时，首先要创造如何做到整洁有序的条件，如为员工准备简单的箱子或柜子，让员工在上岗之前将一些自身携带的物品如衣服、背包、鞋子等分类存放在箱子、柜子或抽屉里，每一个员工都有一个独立的空间，不能任其随意乱放。如果没有足够的空间分区的话，也应该在靠墙的地方设立一排简单的格子，让员工整齐地放置衣物。总之，为了不让桌面和地面物品杂乱、无序，就要解决员工衣物存放的空间问题。然后再作出不得乱放各种物品的相关规定，要做到每一间后台区域的办公室内在桌面上除了电脑、相关的纸、笔、工作文件之外，不应该再有个人用品和杂物。

（2）水杯要统一管理。为什么又单独提出水杯的问题，这就是管理细节是否到位的问题。小小的水杯可以折射出饭店的管理水平。员工在工作期间喝水是无可非议的事情，在员工休息的后台小环境里，水杯如何摆放，特别能体现员工的基本素质和饭店的管理水平。有的后台区域里员工水杯随意乱放，东一个西一个，在哪喝完水就随手放哪里，让有管理意识的人一看，就知道这家饭店的内部管理一塌糊涂。那么应该如何做呢？很简单，水杯要统一摆放在指定地点，并且要有秩序地摆放，最好统一水杯的样式、大小。为了有区分，可以在水杯上艺术地张贴个人的姓名或标记。每一位员工使用完毕，都要放置在固定的地方，使员工的水杯成为一道整洁有序的风景线。这样做，不论是员工自己还是别人感觉，都会是心清气爽。如果定了规矩，还有人随意乱放的话，有的饭店是以罚款作为下不为例的手段。当然我们不一定使用罚款手段，但是完全可以用纪律手段约束。

（3）保证良好的空气质量。在后台区域，员工的小环境往往是比较封闭的，甚至是没有窗户的小屋。这就需要考虑空气质量问题。空气质量不好，员工会产生压抑、头昏、心率加速等不适感。因此，如果员工后台区域是在空气不流通的小屋的话，需要饭店拿出资金改善通风条件，或者加装通风口，让外面的新风吹得进来，或者提供换气设备，随时调节室内空气，若能够做到的话，最好开辟一扇窗户，能够随时敞开通风。

（4）创造温度适宜的后台条件。在星级饭店里，宾客区域的环境一般都能够做到符合人体舒适度的需要，无论冬夏，都基本保持在22~25℃之间。但是员工后台休息的场所却不一定做得到。在冬季，一线女员工着装如果是裙装的话，在服务宾客的岗位没有问题，当她们回到后台小环境里，往往温度较低，甚至低于18℃，员工紧缩着双手抱着肩。有的员工长期受冻，甚至引起腿部关节疼痛等疾病。在夏季，如果员工休息的后台小环境内没有空调，也没有其他降温措施的话，员工感觉闷热难耐，或者潮湿压抑，有的员工对潮湿的环境过敏，全身出现红斑疹。因此后台环境温度也是需要考虑是否改善的一个因素。但是有些管理者往往很少过问后台区域休息场所的情况，除非是有工作的需要，他们的脚步很少迈进后台员工休息场所。即便知道后台温度不适宜的情况，有时管理者会认为后台温度高低不是问题，内部环境嘛，凑合凑合没有什么不可以。

作为管理者，最重要的是能否把员工当作客人看待、当作家人看待。要经常怀着一颗关爱的心，钻一钻犄角旮旯，看一看员工后台，身临其境地体验一下他们的小环境。如果有低于正常温度或者闷热高湿的情况，必须列为整改的项目，投入资金进行改造。例如，地下室内的后台区域，通常会有潮湿、不通风的问题，如果潮湿严重的话，就要加装抽湿机，排除空气中的水分。如果密闭不通风的话，需要加装新风设施，解决常年密闭、空气质量差的问题。如果温度不适宜，夏天需要加装电风扇或空调，冬季需要想办法将温度提高到20℃以上。管理者不能小视员工生存环境的温湿度问题，没有合适的温湿度环境，对员工的身体是有损伤的。为了对员工的健康负责，我们必须调整好员工后台小环境的温度和湿度。

2.如何创造严而有序的后台工作氛围

上面谈的是后台硬件环境问题，下面谈谈后台软件环境的问题。

（1）在工作时间里要有禁忌。员工在工作时间里，根据工作性质和劳动强度情况，可以到后台区域稍事休息，但是不得嬉笑打闹、高声呼喊，也不得在后台吃零食，不得将废纸、废物等随意丢弃在地面。这是个人习惯问题，也是素养问题，饭店除了作出相关规定，还要经常教育和培养员工良好的习惯。

（2）要时常提醒员工遵守工作纪律和个人自律规定。饭店都有严格的工作纪律和规定，并且一般都张贴在后台区域的墙壁上，但是仅仅作出规定，张贴在墙上，并不能保证执行力的强度有多大。很多时候制度和规定与实际情况是两张皮，员工可以有章不循，有制度不受约束。作为管理者，当然最不愿意看到制度做得很好，很实用，但是员工视而不见听而不闻。因此，需要培养执行力。对于工作制度和工作纪律的执行情况，要经常提醒并进行检查，避免员工过一段时间就会放松或不执行。如何提醒呢？总是在大会小会上唠叨，并不是好办法。最佳方法是：管理者定期或者不定期地出一些有关规章制度的考试题目，让员工笔答或者口头回答，并作为培训成绩记录在案。或者当发现员工对管理制度比较麻木、不认真遵守的时候，随时拿出一份答卷，请员工作答。要通过这些方法，提醒员工在工作环境里是有规矩的。饭店管理方应为员工创造尽可能好的生活条件，这是靠员工自觉维护饭店劳动纪律和制度规定为前提的，而不是员工可以为所欲为的。往往管理者要求越严格，员工倒越理解并佩服管理者。如果制度和行动是两回事，时间久了，员工感觉没有权威、没有约束，反而会看低管理者的威信。"严是爱，松是害"，严格管理是爱护员工的真谛。

（3）管理者自身要有威严。要让员工养成良好的办公习惯，养成自觉维护工作环境的习惯，还需要管理者自身有威严。俗话说"上梁不正下梁歪"，管理者让员工自觉有序，而自己逍遥在制度之外的话，你的下属是不可能严肃纪律、严格制度、井然有序的。管理者在工作场所首先要以身作则，带头按照制度规定的内容去执行。在工作岗位上要体现"严"字当头，管理者自身要具有真正的威严，这个威严就是"身正不怕影子斜"，自身清廉，办事公允，而不是整日绷着脸才算威严。管理者自身的一举一动是最好的榜样，管理者本身要具有良好的工作作风、良好的个人形象。自身穿戴要符合星级饭店要求，言谈举止要做到彬彬有礼，管理员工要有公平、公正的态度和做法。相信一个自身严谨的管理者，其手下的员工一定会是不争的强者。

3. 如何营造良好的人文环境

除了后台区域办公环境的整洁、适宜的温度和强调工作纪律严谨有序之外，更为重要的后台管理就是人际关系氛围的营造问题。人们生活在社会环境中，都会形成一定的人际关系，家庭成员有家庭氛围的人际关系，政府机关单位有政府机关单位的人际关系，企业有企业的人际关系氛围。这些圈子的人际关系氛围虽然都带有不同色彩，但是有很多特点是大同小异的。人文环境就是相互之间的氛围是否融洽，每个人在其中是否感觉到心情舒畅。说白了，如果每天有个舒畅的心情去上班，到了小团队中感觉心清气爽的，他们的人际关系氛围基本是和谐的，适宜的。反之，每天很不愿意走进工作单位的小环境，甚至看到其他同事就心情不舒服的，这样的人际关系氛围，一定是紧张的，不适宜的。人际关系如何，是员工工作氛围如何、个人心情如何的关键因素之一。我们经常遇到一个好好的员工突然提出辞职，或者不辞而别的情况，这是为什么呢？有人说员工离职千种理由，其最为关键的就是两条：一是薪资不到位，二是心里委屈了。这里谈人文环境，主要是指员工所在的人文环境是否舒适。我们往往看到员工纠结在复杂、争斗、被委屈的环境中。由于小环境的氛围不协调，员工感觉心情不舒适，为此辞职的情况是多见的，例子可以举不胜举。相反，如果人文环境好，员工依赖于小环境中相互关系的融洽，即便工作压力较大，工作付出较多，也还是十分愿意在这里与同事合作的。因此，创造良好的人际关系氛围也是管理者的重要责任。我们经常说："事在人为"，良好的人际关系就在于管理者如何去"为"。

如何创造好的氛围呢？有几个原则是必须掌握的。

（1）管理者要有一视同仁的态度和善于平衡的手段。员工之间组成的班组或岗位，是饭店里最小的单位，即便小，也要靠管理者组织和平衡关系，除了日常分工和随时对工作任务的匹配之外，还有如何协调人际关系的责任。要让一个班组或岗位中的人员相安无事，处得融洽，很多时候管理者的平衡手段就是管理水平的体现。员工都有一个脆弱点，就是受到"不公"待遇后的心态会非常炎凉。对于大多数人来说，在工作环境中可以吃苦耐劳，可以加倍付出，但是如果人格受到"鄙视"，别人看不起自己，或者领导不"待见"自己，那他的这个生存环境会十分窘态，甚至感到无地自容。在各种薪酬、待遇、奖励、激励等个人利益面前受到不公待遇时，员工心理也是极为不舒服的。客观地讲，人又往往很难做到一视同仁。在有人群的地方，人与人之间总有相对的亲疏、远近、好坏之分，通常所说的"三六九等""受待见"或"受歧视"是非常常态的人文环境。特别是有的管理者，自身修养较差，管理素质不高，他们本身很难做到对下属一视同仁，总是表现得有亲有疏，有远有近。受其影响，这个小团队里，就要分成几个派别，相互之间亲疏不一，远近不同，他们的人际关系必定是紧张的，大家必定互相猜忌，有的员工趾高气扬,有的员工卑微压抑,大家又得每天在一起工作,却都感觉不舒服。在现实生活中,很多团队里都会有这样的氛围,只不过不到万不得已,不到矛盾激化时,没有人愿意表述出来而已。因此,我们必须重视人文环境的建设。作为一个部门或者管区的管理者,首先要提升管理修养,不断学习管理艺术,学习管理方法。有人说,管理就是搞平衡,颇有一些道理在其中。不管你管辖下的员工有多少,员工素质如何,你都要做到一视同仁,一碗水端平。从管理者的角度而言,不但不能制造相互看不起、相互贬低的风气,更要压制善于"闹事"的个别员工。要带头创造友谊和亲善的氛围。当有的同事自身存在某些不足时,非但不能歧视,更要亲近他,温暖他,融化他才可以。大家应该以家庭的氛围温暖集体,帮助他人,而决不能有歧视态度。例如,一个刚从农村来的服务员,对饭店还不熟悉,遇到问题还不知道如何处理时,我们作为他的同事和管理者,绝不能带头笑话他,讥讽他。而是应该更加关爱他,耐心地给他讲解他所不了解的东西,帮助他熟悉相关事宜,让他尽快融入进来,要制止有的员工笑话他脸上还没有退去的"农村红",要约束有的员工学他说话的方言口音。有时有的员工专爱议论同事长相俊丑、胖瘦或有什么先天缺陷,拿这些作为谈资,作为管理者必须扭转这种风气。再有,在员工中,有的比较外向,善于沟通,赢得大家的喜欢,有的比较内向,不善于沟通,甚至做事很蹩脚。作为管理者,都要善于平衡,要让自身感觉有不足的员工没有内疚感,让自身感觉良好的员工不趾高气扬,这是维护小团队(班组)氛围的基本做法。另一方面,在小团队里,可能有的员工喜欢说三道四,挑起事端,生怕风平浪静,这样的员工往往是祸水的制造者,必须压制下去,不得让这样的员工占先,更不要给这样员工有可以发挥的市场。所谓树立正风,就是这个意思。没有正风,就没有舒适温馨的小环境。所谓平衡,就是大家感觉管理者的态度是公正的,对所有员工是一视同仁的,个别人的不正之风是没有市场的。

(2)管理者要有一个公平处事的原则。在善于平衡的基础上,我们还要做到公平处事。特别是当遇到处理员工个人利益时，更要摆平关系，公平处理每一项利益，不管是大利益还是小利益，都要做到公正合理。例如，年终奖的发放标准，可能部门管理者有一定的决策权，根据饭店给予部门的奖金额度，部门经理拿出分配方案。此时，你的权利一定要在公平的角度上使用，不得与你关系好的同事，就多分配一些，相反，你觉得关系不好的同事，就少分配一些。你这样做，在不透明的操作下可能是奏效的。但是要知道，员工之间私下也会相互打听的，也会有渠道了解到真相。一旦他们知道了不公平的分配做法，一定损伤员工个人的感情，损伤同事之间的感情，损伤你的领导力。这是比较大的利益分配问题，即便是月度奖金，也应该根据员工的具体表现、业绩如何，进行合理的分配。这样才有说服力，才有真正的领导力。在实际工作当中，除了金钱利益之外，还有方方面面的事务都是考验一位管理者是否公平处事的试金石。例如，在日常分配工作任务时，你把比较难做的工作分配给你不喜欢的员工，把比较容易和能够出成绩的工作分配给你喜欢的员工，时间长了，大家都会心中有数。因此，作为管理者，一定要有公允的态度和处事方法，做到公平、公开、公正地处理各种事务，让你的下属从内心里佩服你，欣赏你，他们才能有一个宽松、舒适的人文环境。

（3）管理者要能够调节情绪和氛围，做到有张有弛，张弛有度。除了上述两个方面之外，管理者在日常的管理中，还应该做到有张有弛，张弛有度。所谓的"张"和"弛"，是指工作的节奏和精神的紧张度。也就是说，不能没有紧张有序的工作节奏，也不能总是让员工紧张地绷着神经工作，有紧张的气氛，也要有轻松舒缓的节奏，并且要合理交织和交错。在一个组织里，作为管理者，不论是分配工作，还是调动情绪，都要张弛有度，把握好节奏。让你的下属感到即严肃紧张又有放松的节律。在相对工作任务紧张的阶段，你可以要求下属主动加班加点，多做奉献，与下属一起减少休息时间。例如，在饭店每年的生意旺季或某个阶段里，客人较多，特别是餐饮的旺季，可能每天的午餐、晚餐要连续翻台（即一张桌子一个进餐时间段里，连续有两拨以上的客人前来用餐),员工工作节奏十分紧张,甚至要加班加点,特别是晚上,一般要到21∶00~22∶00,客人用餐才会结束,此时员工还得收拾"残局"(餐具等),准备第二天的早餐用具等。之后,才能休息。第二天早上,员工又要早早上班,迎接早餐客人。如果这样连续工作了若干天后,我们的员工就会"吃不消"了。作为管理者,不能等员工累倒了才调整节奏,一定要在适当的时候想办法调节员工的工作节奏。既做到不耽误生意又能保证员工有充足的精力和体力做好服务。否则员工承受不了,会因为身体的原因请假,或者因为精神压力辞职。

如何调节呢?办法有很多。可以在生意稍微清淡一点的时候,安排员工轮流倒休,这是常用的方法。还有,待忙过了最紧张的阶段,可以分批组织员工到郊外旅游放松。例如,你的下属有20人,不可能一次性都拉到郊外活动的话,可以分为两批,第一次组织10人利用周末到郊外活动,第二次再利用一个周末组织另外的10人到郊外活动。或者组织员工到歌厅去唱歌,饭店里的员工多数是年轻人,他们活泼好动,很多人特别喜欢唱歌,他们也非常希望在自己的团队中,与兄弟姐妹一起一展歌喉。如果从组织管理者的角度组织他们参加他们喜爱的活动,他们会乐此不疲。员工得到了身心的放松,前一阵的苦和累会得到适度的释放,再继续工作的话,他们会以百倍的精神投入新的工作中,不仅增强了组织的战斗力,同时也增强了员工与员工之间的凝聚力,员工与管理者之间的亲和力。如果管理者一味地为了饭店的生意,让员工连续作战,不给员工喘息机会,势必拉垮你的团队士气,其结果是得不偿失。

4. 如何创建顺畅的团队沟通环境

在团队里,还有一个方面也是管理者不可忽视的,即沟通问题。沟通能力是一个人生存与发展的必备能力,沟通也是人与人之间交往的必备功能。每一个人与其他人的相处和交往,都离不开沟通。在一个团队里,团队成员之间离不开沟通、上下级之间离不开沟通。所以,我们的管理者,首先要具备有效沟通的知识和技巧,并且要在管理工作中教给你的下属学会有效沟通。

为什么强调有效沟通呢?因为很多时候,沟通者的本意是好的,但是如果方法不当，也会变成相互之间误会和矛盾产生的根源。当然关于有效沟通的知识，在社会上是有很多书籍可以阅读的，大家可以从中学习沟通的方法。在这里，笔者主要是从管理者的角度，探讨在自己的团队内如何做到自身掌握沟通技巧并在实践中运用有效沟通的方法和技巧；探讨如何教会你的下属做到有效沟通，顺畅沟通；如何让有效沟通使得团队的氛围融洽，团队的工作效率提升。从实践中，笔者摸索到了一些比较实用的在团队内的沟通技巧。可能能够补充我们对沟通的理解和认识，并帮助我们做好日常的沟通工作。简单介绍几项有效的沟通原则，供管理者参考。

（1）应该善于讲出自己内心的感受，哪怕是痛苦和无奈。我们大多数人有这样的心理障碍：很多时候，内心有一些纠结的思绪，但是不愿意对别人讲出，特别是作为管理者，在员工面前大小是个领导身份，似乎更不能对下属倾诉。再有很多人觉得"想法"是内心的隐私，没有必要告诉别人，甚至还千方百计掩盖，生怕别人了解到自己的内心感受。其实，当你生活在一个团队中的时候，你的言行和情态，别人都是可以解读的。不愿意与别人沟通，往往会给自己造成更多的痛苦，或者，给别人更多的猜测余地，这样，并不能解除自己内心的纠结，也不能有效解决需要解决的问题。反之，如果你待别人如知己，别人也会待你如知己，你能够说出自己内心的"秘密"，别人也会将自己的内心暴露给你，特别是倾诉出内心的痛苦和无奈，别人会将心比心，给出解决的良方。因此，有效沟通的前提是需要你自己首先怀着一颗真心，以真诚的态度表达内心的感受。举一个案例：一个人力资源经理由于工作中遇到了难题，日夜思索，不得其解，甚至长时间失眠。一次在后半夜，看到一个朋友的微信，马上反馈过去，对方大吃一惊，怎么还没睡？于是她讲出了日夜困扰的内心，对方将心比心，给予宽慰，同时给予解决的良方，使得她的心情马上舒畅了许多，怀着兴奋的心情愉快地入眠了。还有一个案例：一位新上任的管理者，突然挑起了比以前沉重许多的担子，有些不知所措，甚至累病了。他也是无意中跟同事讲了自己的内心纠结，同事真诚地与他探讨管理良方，使之有解，纠结的心情立即舒缓了下来。这两个案例告诉我们,在一个团队里,适时地有选择地大胆说出你的内心纠结和痛苦,是一种有效沟通的方法,其好处在于:这种沟通可以让对方理解你,配合你的工作,特别是在你的团队内部。你也可以做出以下尝试,邀一个平时很不配合你工作的同事坐下来谈谈心,讲讲自己在日常管理中的困难和问题。这样的沟通,似乎无人敢于尝试,其实,更多的时候,你的真诚会打动对方,对方不但不会落井下石,反而感觉你对他如此信任和知心,会怀着同情的心来帮助你。当他真的了解了你的内心和困扰时,也许以前的误会都立即一扫而光,反倒处处配合你了。这,就是沟通的技巧。其关键点在于你的真诚和信任别人的举动。相反,你越讨厌这个不配合的同事,越不愿意跟他沟通,他也会越不理解你,甚至故意捣乱。这就是所谓"气场",即我们如何善于营造良好的"气场"氛围。

(2) 要做到对团队的任何人都不批评、不抱怨。笔者这样说,也许令人费解,作为管理者不可能不批评人的,下属做错了事也不抱怨吗?当然从管理者的常态看,当下属发生问题,或者出现矛盾时,我们更多地是使用批评的手段,认为批评是解决问题的最佳方法。或者当团队中出现问题时,作为管理者惯常使用的思维是抱怨,抱怨客观因素,抱怨下属做得不对等。这两个惯常的思维方式和工作方式,是传统的常态思维,没有什么不对的。但是从沟通技巧的角度和现代理念来看,这种思维方式和做法是相对传统的,其效果也是不佳的。如果你是一个有智慧的管理者、具有现代理念的管理者、早已打破了传统思维和做法的管理者,那么你完全可以不使用批评和抱怨的手段,而是采取头脑风暴式的解决问题的方法,让大家首先了解事情的来龙去脉,找到其中的问题所在,然后找出解决问题的突破点,提出解决问题的最佳方案并实施。这样做,非但没有批评和抱怨,反而使问题顺畅地解决了。即便事情是由某个人的过错引起,如果大家以积极的态度帮助解决问题,也会感动这个人,其效果一定比批评和抱怨好很多,并且往往存在过错的人会因此受触动,主动提出自我批评、自我承担过错的后果。这比管理者当头一棒,批评加抱怨的工作方法奏效得多。

（3）尊重他人，即使对方不尊重你的时候，也要尊重对方。作为管理者，你的气度很重要。有的管理者自视高明、不尊重别人、特别是不尊重下属，似乎才能显出自己的高明和权威。当团队出现问题的时候，管理者往往指责别人，指责下属，甚至当别人作解释的时候，表现得十分不耐烦，不愿意倾听。在工作中经常听到管理者吆喝着：你不要给我解释，我不听解释。甚至还有不少管理者在团队会议上大发雷霆，张口骂人者也不少见。其实这样的管理者，一定得不到下属的尊重。也许下属表面上不敢得罪你，似乎很尊重你，但是，他们的内心可能非常看不起你，认为你没有工作能力，没有气度，甚至在内心里讥笑你的无能。管理者可以静下心来换位思考，若是你被别人辱骂了，你是什么滋味？你会尊重这样的人吗？所以有素养的管理者，首先是尊重别人，这点很重要。即使遇到对方不尊重自己时，也不会表现出傲慢和自视高明，而是仍旧做到尊重对方，感化对方的心灵。最后的结果是对方会真心地尊重你、看得起你、仰慕你。

（4）有情绪的时候不要沟通，尤其是不能够做决定。作为管理者，在工作不顺心的时候，很可能会带着一种情绪出现在下属面前，此时，如果盲目拍板，多数时候会因激动的情绪做出错误的判断和错误的决定。所以，在情绪不稳时，一定要告诫自己，不要亮出自己的观点，不要忙于做决定。首先要解决的是先平复自己不稳定的情绪，或者先将事情节奏放缓，等理智战胜了情绪，能够准确地判断事务，并能够理性地处理问题的时候，再与相关人员沟通，再做决定。

（5）适时说声"对不起"，这是沟通中的软化剂。作为管理者，在下属面前你似乎是强者，似乎不能低下"高贵的头"，其实有些时候，管理者也是外强中干的，内心是空虚的、不自信的，只不过不能表现在外人面前罢了。那么，当你自己作出不理智的决定，或者在别人面前你出现失误或错误的时候，怎么办呢？最好的办法是说声"对不起"，讲句道歉的话，并不损伤你的面子，反而是明智的表现，是有修养和诚实的表现，别人反而会谅解你。因此，适时地说声"对不起"，真诚地道歉，反而是沟通的软化剂，能够收到很好的效果。

（6）当事情陷入僵局时，要耐心等待转机。有的时候，我们会遇到事情变得比较复杂或者比较僵化的情况。此时，作为管理者，不要急于表态或者作出处理，应该耐心静心，应该与同级或者上级理性地分析事态，甚至等待事情出现转机，再做决定，或者再与相关人员沟通。这样做，会使事情变得简单和好处理。

以上六个方面的沟通原则，是我们作为管理者每天都有可能需要使用的方法。如果你在团队中，能够很好地运用这几项沟通原则，并且以自身的做法影响你的下属，你创造的后台氛围就是舒适的，你的团队一定是一个和谐的、沟通顺畅的集体，你的管理会十分轻松有效。

5.如何处理好岗位之间的沟通与协调

在饭店里，在各个部门和岗位之间每天都有许多需要相互联系和沟通的事务。以一个客人入住为例：销售人员与客人预定后，需要通知前厅部，并与前厅部共同做好迎接客人的准备工作，前厅部又要与客房部密切联系，密切关注房态状况，客人入住后，如有问题，还需要销售、前厅、客房等部门密切配合，解决问题。因此，在饭店的每一个环节中，都离不开相互之间的沟通和联系。沟通是否顺畅，不仅是办事效率高低的体现，也关系到饭店的服务能否达到宾客满意的程度。这是部门之间的沟通，还有岗位之间的沟通，如前台服务与大堂经理的沟通、前台服务与行李员的沟通、行李员与礼宾员的沟通、与门童的沟通，大堂经理与商务中心的沟通，等等。那么，岗位与岗位之间需要有哪些顺畅的沟通呢？

（1）建立真诚的互信关系。部门与部门之间、岗位与岗位之间首先要建立真诚的互信关系，创造和谐的氛围。现在的年轻人有一种比较流行的沟通方式，就是相互之间称呼"哥、姐"。而且不像以前都是王姐、张哥地称呼，他们使用人名中的一个比较突出的字来称呼，如：王鹏，就称：大鹏哥；李娜，就称：娜娜姐等。这种称呼，带有一种家庭的氛围，相互之间似乎是兄弟姐妹。如果有什么需要协调的事情，一声"哥""姐"，就搞定。如果有什么摩擦的话，相互之间也是一声"哥""姐"，基本也就化解了。这种氛围可以说是现代青年人的特色，具有亲切感、信任感。饭店里年轻人如果有这种氛围，我们作为管理者，一定要呵护它，并转化成为良好的文化氛围。在这种氛围的基础上，管理者可以借力，输入家庭式的管理方式，即在各个方面，都要体现团队的温馨、和谐、关照，特别是基层团队中，每日都让员工生活工作在这样的氛围里，员工心情舒畅，工作氛围宽松，大家更多的精力就会用在工作上。不论是部门之间还是岗位之间，只要相互信任、友情为重，遇事谦让、理解、协调、商量，就能愉快轻松地度过每一天。

（2）信息实时共享。在基层岗位之间，信息是否畅通也是沟通与协调的基本条件。有的饭店在一些部门或岗位与岗位之间，没有建立互信的关系，使得信息不够畅通，工作起来，大家都会感觉不协调，甚至相互之间感觉很别扭、很累。如何解决呢？关键点是必须打通渠道，做到信息实时共享。对于现代社会环境来讲，信息能否实时共享，是能否协调共事的首要前提。这里所指的信息，主要是工作流程中的环节和沟通渠道。

举个例子：饭店一个重要VIP客人的接待，从预订到宾客入住、用餐，公务活动再到宾客离店，会有一系列的环节需要沟通和交流。在这里我们不讲领导层面的沟通，只介绍部门、管区和员工之间的信息沟通流程。

首先是工作流程上的信息沟通。预订信息要从市场部或销售部发出，发至相关的前台、客房、餐厅等管区。前台主管得到这个信息，需要将事先要作的工作，通过班前会或专题会，布置给相关的服务人员。客房管区要通过班前会或专题会议布置到相关的楼层服务人员。餐厅(包括早餐、午餐和晚餐的相关餐厅)的各位主管要通过班前会或专题会议布置到各个相关的餐厅人员。更重要的是：饭店要事先召开各个相关部门和管区的联席会议，通报和沟通相互之间的链接环节。这是程序上的信息共享。

其次是环节上的信息实时共享。在接待的过程中，每时每刻每个环节的衔接和实时沟通非常重要。例如，客人乘坐的飞机一落地，负责接机的礼宾员马上就要将信息传递给饭店相关部门和人员，从机场接到的宾客快要到店时，礼宾员要再次通报信息，相关人员得知后提前到大堂迎接。宾客到店，大堂经理或客户经理要全程陪同到客房，客房主管要在客房楼层电梯厅迎接，宾客入住客房后，客房经理要实时将宾客入住的信息通报给相关部门和岗位。如果宾客是在饭店用餐的话，当宾客走出房间后，客房服务员要将宾客已经离开客房的信息告知餐厅主管，餐厅主管要在餐厅门口迎接宾客并安排就餐。就餐之后，餐厅主管将宾客离开餐厅的信息告知相关管区人员。如果客人在饭店里参加某项活动的话，其参加活动的场所也需要相关人员关注并时时提供信息，使得这位VIP客人感觉到处处有关照，处处给予其超前服务，直到宾客离店。在这些环节上，每一个环节都不得闪失，每一个环节都需要相互的沟通和联系，这就叫信息实时共享。如果在这些环节中，有哪名员工忽视了自己的责任，或者因为相互之间的不信任、不团结而隐瞒信息、延后信息，或者信息不准确的话，这次VIP接待必然出漏洞或出差错。

还有一个重要环节：事后总结。一般一个重要接待结束后，相关部门、管区和接待人员还要坐下来认真回顾接待过程，总结经验，找出失误和不足，这样才有利于下次接待做得更好，更到位。这样的事后总结，也可以在会后整理打印成文，发至相关部门和管区，在班前会、专题会议上通报。这些都属于信息实时共享的范畴，也是一项具体工作的完整过程。

如此这般的信息实时共享，不仅仅是单纯接待VIP的流程，而是饭店每日、每时、每个岗位和每个人在每件事情的过程中都需要的时时沟通，一旦哪个环节不顺畅，就会影响接待工作、服务工作和衔接端口。管理者如何控制好这些环节并做到各个部门和管区及人员之间的信息实时共享呢？原则上是一方面依靠日常的工作制度和流程，另一方面就是人员之间的信息沟通。可以制定相关的部门与部门之间、岗位与岗位之间的信息共享条例，成为制度全员遵守。除此之外，更重要的是管理者要带头营造信息共享的氛围，使大家养成良好的信息沟通习惯，特别是细节上的沟通，以便做到环环相扣，信息共享。

以上着重说的是一线各岗位中的日常管理及相互之间的沟通与协调，下面要谈的是二线的环境和管理要点。

2.2　二线岗位环境的问题与管理

在星级饭店里，除了直接服务宾客的一线岗位之外，其他岗位均属于二线岗位，即属于不直接与宾客打交道的岗位。这些岗位也是饭店必不可少的配套部门。

二线岗位是指：财务部及所属的各个管区、人力资源部、行政部、保安部、工程部、员工餐厅、各个厨房、管事部、采购部、物品库房、酒水库房、洗衣厂、车队、垃圾分拣站等部门。由于不是直接面对客人的服务，相对一线岗位来说，二线岗位员工精神上没有那么紧张，工作节奏可以自我调节，因此二线岗位的氛围相对宽松。正因为比较宽松，二线的管理就显得尤为重要。

一家星级饭店里，二线岗位秩序如何，管理如何，也是体现这家星级饭店管理水平的内在标志。如同一个家庭，外人进去时感觉到窗明几净、物品整齐，第一印象肯定认为这家里主人勤快、爱干净、卫生良好。但是如果你再往深里探察一下，看看墙角和家具顶上是否有灰尘，灯罩上是否有灰尘，也许就不是那么干净了。有一个非常能够代表清洁程度的地方，那就是门把手，不管到哪里，只要你拉门时看一看门把手是否脏兮兮，就能够知道其卫生状况了。要看一家饭店的管理是否到位，不仅要看它的大堂、客房和餐厅，还要走到后台区域，看看二线岗位的管理如何，才能看到真实的管理水平。

让我们先来分析一下二线岗位一般存在的问题。经过多年的深入了解,二线岗位存在的主要问题是有以下五点。

(1) 工作节奏比较慢,组织纪律性相对较差。例如,二线办公室,日常除了常规的工作业务、接听电话之外,没有太紧张的氛围。在八小时的时间里,坐办公室的人员可以聊聊天、上上网,甚至在网上聊天、玩游戏等。如果临时安排他们做一些额外的工作或增加部分工作量,他们经常表现出不愿意或者怠慢的态度。

(2) 办公环境比较凌乱,员工自律不够好。二线岗位多数是办公室。他们的办公室里,往往桌子上摆放凌乱,地面不洁,物品到处乱放,员工随意吃零食等。由于饭店的管理者不经常光顾这些地方,这里的员工显得比较随意,衣着不够严谨,甚至男员工不系领带,女员工不化淡妆。

(3) 发生问题时,相互推诿、扯皮。由于平日的二线管理相对宽松,人员的士气不够旺盛,经常还会发生相互推诿、扯皮等现象。例如,一份报表应该按时运转到财务部,但是由于行政办公室某个人员倒休,此份报表无人过问,待这位文员上班后,才转给财务部,财务部认为报表转运不及时,耽误了继续往下运送的时间,找到行政办,行政办就会以某人没上班为由,推脱责任。而下一个环节又会指责财务部没有及时将报表转送过来,财务部当然也不认可是自己部门的问题,等等。如此这般的指责和相互推诿会经常发生,最后不了了之。谁也没有承担责任。

(4) 员工年龄相对较大。二线岗位往往是很多年龄较大的人员聚集的地方。例如,洗衣厂一般不会安排二十几岁的年轻人到那里去操作洗衣机、熨烫机、折叠床单等,这样的工作多数是40岁以上、50岁左右的员工。由于年龄较大,工作年限较长,他们的工作激情和热情会减退一些,工作动力相对不足,甚至每天混日子,只等退休。

(5) 业务能力水平相对较低。一般的二线管理岗位,表现为比较松散的状态,不注重业务学习和技能提高。从管理者角度来说,他们的管理也存在一些缺陷。例如，财务管理分为会计、出纳、应收、总账、日审、夜审、资产管理等科目，由于分工较细，各管一段，员工的业务面狭窄，技能就会停滞在一定的阶段，很难提高。再有，如果他们的业务学习没有人督促，自身学习热情再不高的话，导致有的员工在一个岗位工作了多年，技能还是很初级，遇到稍微复杂一点的业务就处理不了。长此以往，饭店很多二线岗位的员工技能低下，业务能力和水平逐年下降，管理基础不牢，非常容易发生由于业务技能而导致的管理问题，一旦出现较大纰漏时，甚至都无法弥补。

如何解决上述存在的问题呢？首先要解决工作态度、工作质量和办事效率等在各个环节上的问题，其次是解决如何不断提高业务技能的问题。而要想有效地解决这些问题，必须拿出切实可行的措施，先来看看案例。

案例：一家饭店内，每一间办公室的最大面积为30平方米，假如有四个人同时在一间办公室办公，他们的做法是两张办公桌相对摆放，两个人员的座位面对面，一般摆法是靠窗户的一组（2人相对就坐）靠墙的一组（同样2人相对就坐）。在这两组办公桌的中间，摆放沙发一对，茶几一个，另外靠墙的一面是文件柜。这是非常传统的办公环境设置方法。有一次，一个外来这里办事的人，坐下来后，说：你们的办公室不好。接待人员问：怎么不好？他说不够现代。这事就搁下了。过了若干年，这里的领导突然改变了做法，要求所有办公室都要排列成模拟写字间的做法，所有办公桌一律朝门，形成两排，人员一律朝一个方向就坐。

饭店里的二线办公室，是内部管理中第一个重要环节，有没有科学严谨环保的二线秩序和环境，对二线工作质量的影响极其明显，也是体现内部管理水平的一个窗口。上述案例中的办公环境，是已经退出历史舞台的做法，是不利于现代气息的做法。如果不打破这样的格局，就不能提升办公效率。如果有的饭店还有这样的情况的话，下面的建议可能有所帮助。

如何建立科学、严谨、环保的二线办公环境？就让我们从科学、严谨、环保几个方面拿出措施。

1.建立科学现代的办公环境

上面这个案例中，以前的办公桌摆法并不是有多大错误或者忌讳，而是比较传统，不利于专注地做好本职工作。后来的做法，模拟了写字间的办公方式，改的不仅仅是办公桌椅摆放的方式，还有它更科学、更合理的一面。

为什么呢？通常来说，面对面的座位，是比较容易影响办公效率的。首先两个人每天面面相对，上班时间聊天方便。当一个人要对另一个人说话时，另一人即便想埋头工作，但是为了面子，也要停下来跟对方聊上几句。如果对方是个善聊的人，话题很多，又总是说起来没完的话，恐怕一个上午的时间都做不了什么正事了。再有，二人总是经常目光相对，表情会尴尬、不自然，有些什么个人情绪上的隐私也容易暴露在对方眼前。如果对方是个善于察言观色的人，他更多的精力会放在研究别人身上。而改变坐法，排成一个朝向的座位，就可以解决相互面面相对的尴尬局面，同时也不太方便聊天，特别是个人表情、情绪的变化也不会那么敏感地被别人抓到。实践证明，这种办公格局的改变，可以提高办公效率，容易集中精力办理自己所承担的工作任务。上面的案例中，如果一间办公室不够大，无法设置成写字间的格局，也可以效仿学校课堂的做法，将办公桌椅顺向排列，人员如同上课的方式就坐和办公。我们把这种做法，称为"课桌式"办公。这是办公桌椅朝向的摆放可以促进提高工作效率的一个技巧。

2.营造严谨的办公秩序

二线办公室最容易发生的问题是：散乱、拖沓或员工无精打采。如果管理者突然走进一间办公室，可能会看到有人在打瞌睡，有人在聊天，有人在玩游戏，有人在网上购物，甚至下午2点了，还有人在打鼾中。这是二线环境经常发生的顽疾。如何治理呢？

（1）二线办公室要建立例会和班前会制度。一线服务岗位都有例会和班前会制度，一般饭店每周一的上午是全店管理层的例会，下午部门经理会将例会内容传达至部门督导层和员工，并且落实到工作中。二线往往忽视了这个例会制度，导致员工对饭店有什么要求不太关心，饭店有哪些举措也不清楚。因此，二线人员每天就是各自干分内之事，对饭店各项举措和各种信息不太关注，无形中与饭店总体节奏拉开了距离。再有，二线人员基本不设班前会制度，平日部门经理或主管也没有太多的要求，即便发现二线办公室内人员组织纪律松散，管理者好像也是熟视无睹，见怪不怪。这样下去，二线办公室似乎成为被遗忘的角落，人员的精神状态不佳，更可怕的是没有团队士气，缺少上进心，与饭店整体节奏不合拍。如果能够建立班前会制度，每天早上上班时间一到，利用15分钟召开班前会，将一天的工作布置下去、把要求等讲清楚，将容易发生的问题和已经发生的问题讲出来，提醒大家注意，或者将比较严重的散漫现象摆出来，告诫大家必须立即整改。这样，人员的精神状态和工作秩序会好许多，只有建立和保持严谨的办公秩序，才能保障良好的办公秩序和工作效率。

（2）建立办公室内卫生值班制度。办公室里邋遢、凌乱，不仅显得秩序无常，也是造成人员办公效率低下的影响因素。所以，要明确建立办公室卫生值班制度，每月排出每日的值班表，明确责任到人，明确每日的卫生内容和清洁标准，每日清洁责任人员要提前半小时到岗，进行卫生清洁，物品整理，打水、擦桌面等工作。一定要求要在上班时间之前做完卫生清洁工作，不得拖延时间影响上班。如果有人倒休或者出差等特殊原因，需要提前调换，不得空岗。这项工作的监督人员，应该是班组长或者是主管人员。如果饭店在质检中发现某办公室卫生不合格，应该追究责任人，不仅是当日值班者，还有主管和班组长。

3.在办公区要解决复印机的管理问题

现代办公室内一般都离不开复印机。但是复印机的碳粉对人体是有害物质。如果复印机常年与办公人员同在一个办公室内，而且每日有一定量的复印件的话，势必造成对办公人员的伤害。过去，我们不太了解这些常识，经常看到办公室内摆放着复印机，而且使用起来确实方便。现在，我们要从环保的角度，从关心员工健康的角度提出这个问题并解决。不管办公环境如何狭小，也不得把复印机放置在与员工同在一个室内，管理者要坚决想办法解决这个问题。复印机所在的地方，还要做到能够开窗通风。笔者所了解的一家星级饭店的商务中心，他们确实把复印机单独放在一个室内，但是这个空间没有窗户，不能开窗通风，也没有新风进来，而且复印机室外连接的就是商务中心的其他功能区，这样的设置是不合理的。

4. 二线办公中应高度重视节约和环保问题

上面的复印机问题是如何做好环保的一个方面。另外在二线办公室需要解决的节约和环保还有哪些内容呢？第一是纸张的再利用。现代办公，确实有一些是可以在网上操作，做到了无纸化办公，但是我们还不可能做到彻底不使用纸张，有很多文件还是需要打印的。往往在打印的过程中，忽视了纸张的节约问题。我们经常看到有的工作人员打印后发现原稿存在错误之处，就立即在电脑中做了修改，再继续打印，前面的那一堆打印纸张全作废了，这是一种情况。此外，工作人员当需要记录什么事情时，随便拿过一张纸，写几个字，当这个记录的作用完毕了，也就随手扔掉了这张纸。我们都知道木材是造纸的原料，国家提倡保护森林，减少木材的砍伐，这是百年大计、千年大计，是人类环保的需要，人类延续的需要。为了人类的繁衍和后代的生存，平时工作中要具有节约意识。要从自我做起，从一点一滴做起，从我们的日常办公做起。二线办公中要明确规定：如果是内部使用的文件，可以两面使用复印纸，即利用反面再复印，使其充分利用。如果需要随时记录事项的话，应该将一面有过复印的纸张裁切成小块，作为临时记录纸使用。如果是内部传递信息使用的纸张，可以利用半张纸或者四分之一张纸解决问题的，尽量避免使用整张的A4纸。有的饭店总经理就这样要求下属节约，如果看到一张纸只有几行字，便提出批评，要求他们使用半张纸或四分之一张纸。

还有一个如何节电的问题。在办公室内，我们最容易忽视的是节电意识和做法。经常看到朝向阳面的办公室，在晴天的时候，中午的阳光十分充足，办公室内光线很好，可是两排日光灯还照样亮着，虽然大家都到餐厅吃午饭去了，可是没有人随手把灯关闭。在很多办公室内，经常是上班来就打开灯，一直到下班，不管什么情况的天气，都是一整天开着，甚至下班了忘记关灯，整夜都亮着。如何解决这样的问题？经常要求大家节电可能有一定效果，但是不是最好的解决办法。我们还是要通过制度和责任来解决，要建立节电责任制。规定每间办公室中设立第一责任人和顺序责任人，责任人要每天根据天气情况和室内光线情况，负责开灯与关灯，午休时间要做到关灯，下班之前要检查所有的灯是否关闭。当第一责任人不在时，顺序责任人负责灯光管理。

2.3 如何提高二线人员的工作质量

上面所讲的二线办公环境问题，是二线管理中首先要解决的问题。我们如果建立了科学严谨环保的办公秩序，办公人员能够从自身做起，处处注意节约并环保的话，接下来，就是要抓如何提高二线工作质量的问题。在星级饭店里，有一个理念是：一线为宾客服务，二线为一线服务。比较经典的提法是：宁可自己千辛万苦，不让一线一时为难。这个提法强调了二线的工作也同样是服务工作，这句话也是对二线人员服务态度、服务质量和工作效率的要求。

1.关于服务态度问题

作为二线工作岗位，总体来说是后勤服务岗位，为一线服务是他们首要的工作目标，二线工作是否做到位，直接关系到一线人员为宾客服务时能否做到快捷、便利、服务质量高。例如，接听电话，一线人员听到电话铃声，从来不敢怠慢；但是许多二线岗位员工在听到铃声响起时，迟迟不予接听，即便接起电话，态度蛮横，甚至不高兴时强行挂断电话，这样做很有可能耽误了一线服务的需求。有时二线人员还因个人的情绪低怠慢工作，比如洗衣厂，有的客人需要加急洗衣，客房服务员将客衣送到洗衣厂，洗衣厂要尽快完成洗衣、熨烫、折叠、装袋或者挂在衣架上，并在规定的时间内送达客人。但是在洗衣厂工作比较繁忙的时候，接到加急洗衣的工作人员，有可能会不耐烦，甚至不高兴地说：又是加急，怎么那么多加急，累死我了。或者故意拖延时间，让一线服务人员很无奈。又如，工程部接到客房维修电话，个别人态度傲慢，迟迟不到现场，如果是有客房卫生间在跑水的话，时间长了，遍地是水，导致的后果会很严重。类似这样的问题，非常容易发生在二线岗位，他们对待一线的需求不重视，不能迅速解决，导致宾客不快，甚至投诉，给饭店的服务质量造成恶劣影响。从客人角度，他们认为是饭店延迟了对宾客服务的需要，对饭店整体服务不满意，而实际上是二线的管理发生了问题所导致。因此，在二线管理中，对人的管理，首先要解决服务态度问题。上面所说的"宁可自己千辛万苦，不让一线一时为难"正是从正面提出了全心全意为一线服务的理念。这个理念要成为二线员工的服务意识和行动，不仅是口号，还需要从具体的规定中体现。如何体现？必须有可操作的具体内容才能落实到位，才能列入可监督检查的范围之中。比如接听电话，这是所有岗位都会遇到的通常问题，为了提高接听电话质量，并做到规范地接听电话，可以给二线人员做如下几个步骤的规定。

（1）接听电话。一线待客服务中接听电话要求是：铃响三声必须接起电话。这个原则同样适用于二线。也应严格规定二线电话铃声响起，必须三声之内接听。

（2）问候用语。接起电话时，必须首先问候对方：您好！您有什么需要我帮助的？这似乎是对待宾客的礼貌问候语，但是也要适用于内部员工之间，并要求形成习惯。

（3）电话记录。对二线人员还要有一条硬性规定，就是在二线岗位工作台上必须放置接听电话记录本，每次来电内容都要认真做记录，记录内容包括：时间、接听人、来电人、来电内容、处理过程等，以确保每一次来电都有据可查，具体事宜得到落实和反馈。

（4）告别语。接听电话结束，一定要有规定的告别语：感谢来电！再见！

对于接听电话，做了规定之后，还应有监督检查措施的跟进。管理人员可以不定期、不定时地以一线员工需求服务的角度拨打二线服务岗位任意一个电话，检查他们的接听速度是否符合要求，对话态度及规范用语是否符合要求，如果遇到不符合规范要求的要通过电话记录，一查到底，并对具体人员进行说服教育，情况严重的做出适当处罚。这样才能矫正二线人员怠慢来电，态度恶劣等服务态度问题。

以上四个步骤，如同一线人员接听宾客电话的程序一样，二线人员也要严格遵守这个程序，按照步骤接听电话并处理事项。这样坚持下去，养成良好的习惯。

2.服务质量问题

在对二线服务做出了服务态度的具体规定之后，还要对服务质量做出具体规定和要求，并辅以检查手段。可以从如下三个角度制定规定内容。

（1）有效的口号式管理。即管理者给出直白的口号要求。例如，对二线很多岗位可以用："电话就是命令"这样的口号来要求。这句话要张贴在各个具体操作岗位的墙上显眼处，如工程部操作机房、洗衣厂的墙上等。要求一旦有人打进电话来，就如同战场上下达的命令，必须坚决无条件地执行。当然还可以根据二线岗位的特点创造更多简单、响亮、实用的口号，以保证服务的快捷有效。

（2）微笑列入服务之首。二线很多岗位员工最大的问题是见到前来需要服务的员工时，没有笑脸。例如，人力资源部办理员工入职、离职、各项保险内容时，办事人员总是绷着脸，语言生硬。为了解决"门难进、脸难看、话难听"等服务态度问题，必须规定所有二线岗位员工接待前来办事的一线人员和所有前来有需求的人员时，都要向对待宾客一样，做到微笑迎接前来办事的每一位员工。

（3）为了彻底解决二线服务中的问题，应设立考核措施。例如，设立各个岗位的服务满意度量级表格，可以比照银行、医院的做法，在每一项服务做完之后，请被服务的人员填写满意度量级表格，最简单的方法是在"非常满意、满意、不满意"的量级上划勾。当然这种简单评价的方法也应该有回避措施，最好不要当着二线服务人员的面做评价。此外，还可以设定服务满意度具体内容的表格，作阶段性填写（每半年请一线人员填写一次）。这种考核积累多了，就可以客观地评价二线所有岗位的满意度，即服务质量的考核也就有依据了。根据这些考核数据，促进二线管理者不断调整某些岗位服务中存在的各种问题，提高二线工作质量（关于员工满意度调查问卷会在下面谈到）。

3. 办事效率问题

上述服务态度、服务质量的具体解决办法，目的是为了促进二线员工提高工作质量、提高办事效率。往往办事效率也是一线员工颇有微词的话题，所以二线部门的管理者也要对本部门各个岗位有办事效率的要求和具体指标。

（1）讲求办事效率的原则。二线为员工办事，要做到日清日结。能不过夜的必须当日办理完毕。能一次解决的，不要让员工跑第二次、第三次。能当即解决的不要让员工等待。

（2）讲求办事质量的原则。一线员工到二线各办公室办理事情，除了做到笑脸相迎、态度和蔼之外，还必须做到每一项具体办理的事情，讲求质量。每一个具体岗位的服务项目都要设定质量达标参数，并且公开明示，如果质量不达标，员工有权投诉。

4. 监督措施

对于二线的工作和服务，除了要有规定和操作程序之外，还必须设立监督机制。在一个组织中，只做制约性质的规定、准则、程序等，只是管理程序的一半，还必须设立监督检查机制和整改机制，才能真正落实各项规定、准则、程序，才能体现管理的环是完整的。如何体现在二线服务中所规定的内容是合理的，执行是真正有效的？如何对二线的工作真正起到监督作用呢？最好的办法是设立年度《员工满意度调查问卷》。这个问卷要细致、严谨、全面、科学地设定问卷内容，要从员工的感受和体验的角度设定问题，让员工做出评价。

实践证明，每年的《员工满意度调查》问卷，如果设计合理，就能够基本体现员工总体满意度情况，体现二线管理和服务的真实情况。而且这样的监督措施体现民意，所反映的问题真实、可靠、具体、有说服力。对饭店不断改进二线管理和提高二线服务质量是具有一定价值的。

《员工满意度调查》问卷如何设计和操作呢？

（1）设计问卷，并做问卷调查。问卷的具体设计，要根据本饭店二线服务窗口的具体岗位和服务内容进行设计，尽量做到详细、具体。主要从服务态度、服务质量、工作效率等方面设计问卷内容。这个问卷最好请专业公司帮助设计，当然专业公司必须深入饭店进行调查了解，才能量体裁衣，设计符合本饭店具体情况的问卷。也可以与专业公司合作，请他们深入饭店帮助进行问卷调查，并帮助进行问卷分析处理。

每年组织1~2次员工满意度调查工作。具体组织方法可以采取内网发放问卷并填写问卷调查的方式。也可以组织员工按照规定的时间，到指定的地点进行笔答答卷，这个答卷当然是不记名的。

（2）问卷分析。问卷调查收上来之后，组织相关人员进行分析、处理，汇总整体情况，这样就可以对二线各个岗位的日常服务情况有一个总体的展示，然后分类归纳二线各个岗位的具体情况，分析存在的问题，找出问题的根源，为制定整改措施做准备。

（3）公布问卷调查总体情况并提出要解决的主要问题。问卷调查分析后，要在饭店中层以上人员会议上公布结果，并指出存在的主要问题，要求相关部门经理具体落实问卷中问题的整改工作。

（4）重点问题重点解决。对于问卷涉及的具体岗位、具体人员、具体问题，要做到认真查证，分析原因，并由部门管理人员制定整改措施。如果有问题特别严重的情况，饭店高层领导要重视，与相关部门管理者进行讨论和分析，并指示相关部门在规定的时间内拿出具体整改措施。

（5）整改与反馈。各岗位详细列出需要整改的问题，必须明确责任部门、责任人。整改措施提交到饭店，待运行一段时间后，饭店必须进行二次问卷调查。二次问卷调查，主要是针对上次调查中存在的并列入整改的问题进行调查，也叫作专题了解存在问题的调查问卷，这个问卷的范围有限，不是大面积调查，主要是了解存在问题的部门和岗位是否整改有效果。

实践证明，通过问卷调查，可以切实解决二线服务中存在的态度问题、服务质量问题、工作效率问题。这样就可以基本保证二线的服务做到及时、有效，二线的工作节奏和严谨性与一线基本持平。

这个"及时、有效"，具有三个方面的正能量作用：一是一线二线配合默契。能够及时解决一线员工遇到的在对客服务中的问题，做到不拖延、不打折扣地配合一线做好服务工作；二是心情愉快。让一线员工也能够享受到星级服务的感觉，使他们每天有个"好心情"，能够在岗位上热情、礼貌、周到、全心全意地服务好宾客，为饭店提高营收，为饭店增加美誉度；三是整体提升。二线的服务质量真正做到与一线相当的话，能够整体提高饭店软件水平，提高饭店全体管理者和员工的基本素质和服务意识，达到运行高效、工作质量高效。

上面所提到的二线存在的5个主要问题，通过上述具体措施，可以有效地解决前3个问题，那么，二线存在人员年龄偏大、业务水平偏低的问题如何解决呢？

这里也提供简单易操作的方法，可以有效解决人员年龄偏大、业务水平偏低的问题。

坚持二线班前会上的激励制度。在星级饭店里，应该在所有岗位都设有班前会制度。对于班前会如何组织，如何召开，将在下一个章节里具体表述，在这里主要强调二线管理者如何利用班前会，解决人员老化、业务水平低下的问题。"班前会"，顾名思义，就是在上班之前召开的会议，这个会议是指班组范围的会议，而且是班前召开。其特点是不是很多人参加的大会，也不是开很长时间的会议。因此，如何利用好班前会，对于二线管理者来说，确实非常重要。其中一个重要作用是：有效激励老员工的工作热情，在班前会上恰当运用好"激励"措施是非常关键的。也就是说，每天的班前会，除了布置工作任务，传达各种信息，强调当前重要工作之外，一定不要忘记对老员工做有效激励。激励的办法是有以下三种。

（1）管理者每天都要做足班前会之前的"功课"。在头天下班后的个人工作日记中，要记录下来当天工作中老员工表现突出的人和事，即老员工工作中出彩的地方，如老员工的个人技术过硬，解决了工作中的难题；老员工很负责任，看到工作量大，主动加班加点，不计报酬等。在第二天的班前会上，一定要找机会突出表扬这位老员工，或者是几位老员工，如果你是年轻的班组长，最好称呼他们为大叔大婶，让他们感到有亲切感，也感到自己受到重视。对于老员工来讲，他们很在乎个人的名誉，也很在乎组织的肯定。因此，对他们的激励，并不是庸俗化的表扬，而是能够非常有效地激励他们的工作热情。在实践中，我们了解到，老员工非常需要激励，因为他们年龄大了，工作时间长了，对工作环境和本职工作感觉有些麻木了，从内心中感觉领导们重视的是年轻人，不会关注年龄大的他们了。了解了这样的心态，我们作为管理者，不要忽视他们的内心感受，也不要忘记班组里还有中年骨干的作用。通常情况下，当一个员工受到组织表扬或激励后，可能会激动好长时间，这种热情也会保持好长时间。特别是年龄偏大的员工更是如此，甚至还会在亲友、家人面前自我炫耀。如果作为班组长或者是部门管理者，擅长观察和抓住老员工每天在工作中出彩的表现，并能够恰当地运用激励措施在班前会上表扬他们的话，相信你的班组就没有消极的老员工了。当然你的激励措施如果能够有技巧、有层次感、有策略地不同程度地覆盖到每一个人的话，你的班组一定是朝气蓬勃的班组，工作出色的班组。

（2）运用师带徒的激励措施。这种方法，就是让老员工带徒弟。作为饭店二线的管理人员，一定要未雨绸缪，把事情想在前面。如果你的某个岗位的老员工面临着退休，最迟也应该在两三年前就考虑接班的问题，即找合适的人选，到这个岗位跟着师傅学习操作技术，不能等到老员工退休了，管理者才着急某岗位青黄不接的问题。这就引出"师带徒"的问题。应该提早给某些岗位配备新的人员，让老员工师带徒。一方面老员工可以把操作技术传授给新员工，另一方面老员工也可以通过带徒弟，保持自己较高的工作热情，提高工作责任心。从一般规律来讲，老员工如果带徒弟的话，他会事事处处考虑自己的个人行为和形象是否像师傅，他会克制自己，不能在徒弟面前表现得邋遢、散漫、态度恶劣。这也是让老员工始终保持旺盛工作热情的一个"招数"。

（3）重视二线日常的业务培训工作。管理者要注重二线岗位日常的培训工作，采取措施不断提高员工的业务水平。例如，财务管理岗位，虽然分工精细，但是管理人员是否可以为了提高总体业务水平而采取轮岗学习的做法呢？日审、夜审、收银、总账等岗位人员，可以适时轮换，让他们掌握不同岗位的操作技能。或者，每周讲课，让不同岗位人员听大课，大家相互切磋操作要领和技能。相信，这样的培训，不但可以提高财务人员的学习兴趣，而且也可以培养一专多能的人才。在有人辞职或者有什么调动时，你的部门不至于措手不及。洗衣厂各个岗位的专业技能是不同的，如果让洗衣厂的员工轮流到大烫、干洗、水洗、熨烫、折叠等不同工种学习操作，不但其本人会激发学习热情，而且也是培养一专多能全面手的措施，不至于一旦岗位人员缺勤就无法完成这道工序的操作了。

本章主要谈的是一线后台环境的人性化管理和二线总体环境的人性化管理及如何创造良好的二线工作秩序等问题。通常在饭店里一线的后台环境和二线的工作秩序是不太被管理者重视的，也不大有管理者在这些地方多费心思，这些地方的环境如何、工作质量如何往往也不列入检查和考核范围。这就是我们通常所说的"死角"问题。这个"死角"其实不是员工存在着"死角"，也不是环境本身存在着"死角"，而是我们的管理者的管理存在着"死角"，管理者的头脑中存在着"死角"。管理者只注重一线面客的服务环境和服务质量，而忽视服务背后的环境建设，忽视员工所需要的良好舒适的后台秩序。这些"死角"不从管理者的头脑中认识到，就会对这些"死角"司空见惯，见怪不怪，尽管每日也迈进后台或狭小、或冰冷、或闷热潮湿的环境，但是就是想不起来需要投资，需要改善，或者不愿意在这里投资，认为是看不见的"战线"，不如将资金投到"脸面"上。再一个"死角"就是二线办公环境的秩序和二线服务态度，管理者也是不太重视的。往往对二线人员没有更高的要求，也不列入监督检查的范围，这样日久天长，就形成了二线"世外桃源"的环境。上班时间可能"不该干的"都在干，对待需要服务的人员，如何怠慢的都有。这两大"死角"是最不利于饭店整体提高的弊端，也是管理者管理不到位的体现。作为现代星级饭店的管理者，必须重视这两个"死角"的管理问题。

只要管理者能够创造"温馨、舒适"的工作环境，就能够创造良好的工作秩序，让一线、二线不存在环境差别太大的距离，不存在服务差异太大的距离，不存在业务水平太大的距离。能这样做，饭店的总体管理水平毋庸置疑，一定是最棒的。

3

如何营造良好的组织秩序和团队风气

本章主要谈及员工第三层次的需求——组织关系的管理，即班组的班前会、班后会制度和管理；班组督导人员工作作风在员工管理中的作用；部门经理工作作风在员工管理中的作用（员工尊重度、领导品格、员工内心评价）等。

3.1 如何组织和管理班组及如何召开班前会

1. 班组的作用

本章要谈员工管理的另一个侧面，即组织关系方面的管理。人无论走到哪里，只要有人群的地方，似乎就需要有组织，即便是在家里，也有家规管理着。老话说：没有规矩不成方圆。有组织当然就有规矩，这个规矩，不仅仅是束缚被管理者的，也是制约管理者的，更重要的是管理者要把握好这些规矩，在规矩的范围内管理好你的集体，包括管理者本人。

在谈了员工生活环境的管理、一线二线工作环境的管理之后，让我们来了解工作中的组织作用、组织中的风气作用和领导品质及风格作用。请允许我在这里使用"组织作用""风气作用"和"领导品质及风格作用"这样的词汇，就算我自己本人也没有在哪里见过这样使用的，特别是"风气作用"和"领导品质及风格作用"，可以视为我的独创吧。

谈到组织关系的管理，也许有人会想到党组织关系、团组织关系、工会组织关系等。我们很多人，特别是年龄大一些的人们，习惯上把党组织、团组织、工会组织称为组织关系。是的，这确实是组织关系。但是笔者在这里，不谈党工团组织，主要谈谈星级饭店中行政部门和班组的组织管理。

在星级饭店里员工都被列入各级组织中，一般是部门、管区、班组这样三级组织，其中最小的组织单位是班组。这个班组，如同他们的家庭一样，每天与班组的同事在一起。有的班组大一些，可能十几人或二十几人，有的班组小一些，可能三、五个人。作为班组内的人员，每天至少要有8~10个小时在一起，不亚于个人在家的时间总和。他们和同事们工作在一起，吃饭在一起，开会在一起，甚至节假日里相约一起去度假，一起去春游、秋游，等等。从这个意义上说，这个班组也可以算是"组织中的小家庭"。所以这个"小家庭"的氛围就显得十分重要了。氛围不好，员工每天心情不愉快，大家的工作也不会愉快，在对客服务中，也会受到情绪的影响，使得服务工作质量下降。团队氛围好与不好，是直接影响服务质量和工作质量的重要因素。因此，我们做管理的，千万不能忽视这个"小家庭"的氛围，一定要创造条件把这个"小家庭"的氛围打造得温馨舒适，有滋有味。班组长好似家长，班组成员好似家庭成员。班组长作为"家长"，有责任保护"家庭成员"并给予发自真心的关爱，"家庭成员"才能发自内心地热爱这个集体，不愿意离开这个集体。要使这个集体每天给其成员带来欢乐、知识、友谊、信任和收获，我们的管理者就要当好这个"家长"。

2.班前会的重要性

每次班前会的召开，标志着当日当班工作的开始，标志着每位员工已进入工作状态。自己的仪表、仪态、语言、行动和业务操作都要从这个时刻开始进入工作状态。班前会是一个短平快的会议，一般在15分钟左右，其作用是保证一天的运行畅通、保证所有班组成员齐心协力完成当日的工作任务。因此，坚持开好班前会，是每日工作开始的第一要务，可以使我们日常的管理工作更加井井有条，可以提高团队的士气，也是搞好部门、管区、班组之间协调工作的基础。班前会的质量决定着班组的工作质量，开好班前会是班组长的首要任务，也是班组长管理职能的第一要务。班前会如同饭店的其他工作程序一样，是必备程序之一。不管是一线岗位还是二线岗位，每日必须坚持开好班前会，用以布置工作、落实当班任务、传达上级指示、通报相关信息，等等。

开好班前会是非常重要的一个管理环节。之所以重要，是因为这是班组同事沟通的平台、交流的平台；是管理者与员工沟通的平台、交流的平台；是统一思想、统一步调的平台，是做好每一天工作的起点。"一日之计在于晨"，借此比喻，可以说："一日之计在于班前会"并不过分。既然班前会这么重要，能否开好班前会，就是管理人员基础工作的功夫所在。重视班前会作用的星级饭店，都会专门制定班前会操作标准，当作一个工作程序来统一内容、统一会议格式，并且还会当作管理者工作质量的一项检查内容经常进行检查和指导。有的饭店实践了许多年，逐步摸索到了一些规律性的东西，也找到了开好班前会的最佳方法，在这里不妨与大家交流分享。

3. 如何开好班前会

（1）班前会的组织者——主管或领班。班前会是班组开始工作之前的一个必要程序，既然是程序，就不是可有可无的会议，不是可组织可不组织的会议，而是必须坚持做、必须做好的一个重要工作环节。班前会的组织者或是班组长或是主管，班组长在饭店里通常称为"领班"。领班是最基层的管理者，也称为督导层管理者。领班一般都是从员工中提拔起来的督导人员，他们具有较为扎实的岗位工作经验和实践经历，业务能力较好，在员工中人缘也较好，有的可以称得上是"大姐大"或者"大哥大"式的人物，一般都具有一定的个人魅力和管理权威性。再高一个层级的管理者，就是主管，也是督导层人员，高于领班的层级，他们也是基层组织的"掌门人"，管理的范围一般大于班组，但是不脱离班组，他们的岗位业务纯熟，具有一定的管理组织经验，是部门经理重要的辅助人员。班前会一般都是由这两个层级的督导人员主持召开。

（2）班前会的内容。班前会的内容，主要是安排当日工作、沟通相关信息、传达饭店重要事项等。在这里，我们可以参考一下某星级饭店班前会的流程，如下10项内容是日常班前会的主要流程。

①检查员工上岗前的各项准备工作是否到位。清点员工出勤情况，做好考勤记录；检查员工的仪容仪表、着装等是否符合饭店及岗位要求，发现不符合要求的立即纠正；检查员工岗位服务时的礼貌用语并重点强调在对客服务时要突出"微笑、问候和关注"。

②调整员工情绪。班前会主持者要细心观察每一位员工的精神状态，发现情绪低落或者精神不振的员工，要做一些激励和调整的工作，把不好的情绪消化在上岗之前，使之以最佳的精神状态投入当日当班工作。

③信息沟通。传达饭店政策、部门指令等各类信息；为了饭店全盘工作节奏的紧凑和步调一致，在班前会上要传达饭店的重点工作内容、人员变动情况、经营信息、促销活动等各方面的信息。传达部门的工作指令、工作任务、各项要求和标准。在传递信息的过程中要及时、准确、无保留，使员工清楚明白。

④强调重点工作。根据近期或上一班工作情况，强调本岗位劳动纪律、服务程序和服务标准并要强调监督和落实到位；特别遇有突发性的事件或问题时要及时提醒，并给出预案；还要注意以前强调过但又重复出现的问题等要再次重点进行强调并要有具体解决的措施、有落实方法，避免发生过的问题反复出现。

⑤简短的业务培训。在班前会上还要对员工做有针对性的业务专题培训。根据工作变化，进行简短培训（3~5分钟），主要是针对近期及上一班工

作中出现的问题以及客人的需求变化进行分析，讲明需要注意的方法和处理技巧；简短培训要以突发性的问题、需要及时提醒的问题、强调过但又出现的问题、需要进行改进的问题以及服务技巧等方面的内容为主；特别是针对近期工作中发生的问题找出原因进行培训。如果当日没有必须培训的内容，可以将经常容易出现的问题再次提醒；也可以将做得好的实例举出来，提供大家分享。每次班前会培训的内容要具体，1~2个内容为宜，时间要短暂，效果要突出。

⑥通报情况。通报上一班遗留下来的待处理问题，要求接班员工按要求和程序做好交接工作，不得出现空档或因衔接不畅产生遗漏；对上一班遗留及交办的事项进行强调，安排专人具体落实并要有回复。

⑦当日重要客人接待通报。宣布当日重要客人到店（或在店）的相关信息，特别是负责接待和服务的岗位要责任到人，并抽查员工掌握情况；宣布当日当班重要服务信息及重要接待任务，并关注VIP客人的各类信息，对VIP客人的习惯、爱好及特殊要求进行强调，使每位员工牢记在心，并做好分工，责任到人。

⑧布置当日当班工作。布置当日工作，进行分工并强调要关注的特殊事项。对工作进行合理组织，把有联系的工作归纳在一起，进行合理的安排和分工。注意充分调动员工的工作积极性，尽量避免重复劳动。在布置工作进度和工作内容时，要掌握工作的紧迫性和重要性，区分主次，根据情况和需要进行分工安排。以当天的重要活动或必须首先要做的工作为中心，做好当日当班人员的工作安排。在布置当日当班工作时，除了明确分工，还要强调质量要求。让每位员工清楚地了解自己当日当班的工作内容、工作重点、有关事宜和质量要求。

⑨讲评和激励。对近期工作中出现的问题进行分析，提出改进的方法和措施。对表现突出的员工及时给予表扬，激励员工全身心地投入工作。对出现问题的员工及时给予纠正，提出改进要求。讲评工作要注意方法，对于需要指出的问题和列入整改的事项，原则是对事不对人。

⑩注意培养和提高员工基本素养。在班前会中，要经常提醒员工树立礼仪意识、团队意识、销售意识、优质服务意识、安全意识、设备设施维护保养意识、节俭环保意识等。经常将成功接待重要客人的案例通报员工，激发员工的企业荣誉感。

以上10项班前会的内容是最基本的内容，要把班前会开成鼓舞斗志的准备会议、提振精神和服务效率的准备会议，还要注意掌控班前会的时间，一般不超过15分钟，特殊情况下可以延长或缩短时间。班前会以主持人的讲解和掌控为主，可以适当展开有节制的互动，但是注意不能搞得太兴奋了，太兴奋的话，员工会很长时间不能集中精力投入工作。如何掌控和开好班前会，应该说是主持人的一项基本功，要练好这个基本功，将班前会开得有效率、有质量，就要求领班和主管重视这个环节，事先做好准备，并掌握技巧。

（3）班前会的落实和检查。如果饭店重视班前会的质量，就应该设立监控和检查机制，不断检查和指导各个班组开好班前会。可以将这项检查工作任务放在质量委（质检部）中。对于班前会的落实情况，部门经理应密切关注，并做到深入班组，聆听班前会情况并做指导。饭店质量管理委员会（质检部）要将班前会列入质检内容并做到实时监督和控制。如何检查和控制饭店所有班前会的情况，要有落实的措施和方法。下面的做法可以参考借鉴。

具体检查项目有以下14项。

①班前会是否做到每日每班前召开，持续时间是否在15分钟左右。

②当日当班全体人员是否全部参加班前会。

③是否各岗位当日当班负责人主持召开本岗位班前会，并做好《班前会会议记录》。饭店或部门可不定期或随时抽查班前会记录。

④员工是否精神状态良好，站姿符合要求，听会认真、无交头接耳情况（一般情况下应站立召开班前会）。

⑤会议主持人是否具有亲和力，能否激励和调动员工的积极性。

⑥会议内容是否充实，信息传达是否准确、无误。

⑦培训内容是否注重实用，效果是否明显并有考核。

⑧讲评工作是否注重方法，是否有助于工作和管理。

⑨是否注重民主气氛，是否与员工有效沟通；是否给员工发表意见的权利、注重员工提出的改进工作建议。

⑩非当班及未参加当日班前会的所有人员是否认真阅读《班前会会议记录》，并签字确认。特殊情况下无法参加班前会的人员可以通过阅读《班前会会议记录》知晓所有内容。

⑪管区（班组）是否有交接班本，是否有对班前会内容的记录。

⑫交接班本中是否有对上一班所布置的工作落实的记录。

⑬部门分管经理是否每周不少于四次参加分管岗位的班前会或对分管岗位的班前会进行检查。

⑭部门经理是否每周不少于三次参加或检查本部门的班前会。

对于班前会的检查和督导，应该列入每个部门的管理业绩之内，成为考核项目之一，这样的话，就可以使各个班组足以重视班前会的召开和作用。对于上述检查内容，也可以列出表格，并细化每一项的分值，在检查时进行打分，作为班前会检查记录，并列入年度管理业绩之中，一并考核领班、主管和部门经理。

3.2　如何建立班后会制度及班后要做的必要工作

不少饭店还设有班后会制度，每一个班组在一班工作结束时，有一个简短的班后会，用以总结本班工作情况，记录好与下一班交接内容。这个制度也是非常不错的，能够做到每一个班次的工作有头有尾，使员工养成良好的工作习惯。但是班后会不必像班前会那样内容全面，主要的是结束本班工作、检查工作场所、做好记录即可。下面两个案例，可以提供参照。

案例一：西餐厅班后会参照模式

1. 当班工作总结

总结本班工作当中所出现的问题，有无客人投诉，在服务方面有哪些需要改进的地方。

2. 领班带领员工做工作交流与激励

表扬在工作中表现十分出色的员工并给予激励。

对在工作中表现不佳或违反劳动纪律的员工进行帮助，对严重违反纪律或明知故犯者，必要时进行处罚。

如遇客人投诉，应进行详细的案例记录，并在班后会上通报当班员工。

3. 提出改进工作的措施

对于当日当班工作中出现的问题，与员工进行分析，并提出改进建议。

案例二：酒吧班后会参照模式

1. 当班工作内容的盘点及做账工作

在关吧前，酒吧员应对酒吧内所有酒水进行盘点。按实际数量认真填写盘点表，根据当天出品情况，按报表明细做账。如有杯具破损，应认真填写破损记录。

2. 认真填写交接班本记录

在班后会之前，应先填写好交接本内容，如需要第二天跟进的内容等；对当日工作以简短文字进行总结。酒吧盘点时检查库存情况。（交接本应包括餐厅及酒吧的工作内容。当日工作总结应包括服务中的问题；领导是否有新的指示及建议；酒水盘点中的问题；设施设备问题等。）

3. 关吧工作内容

每次班后会都需要强调如下这些善后工作，以免在关吧时有闪失：

将所有酒瓶、杯具擦拭干净后，收回柜子里。清理当日所有垃圾。所有柜门、冰箱上锁。

关掉除冰箱、制冰机外的所有电源。锁门、钥匙交餐厅统一管理（酒瓶应将瓶口擦拭干净）。

垃圾应区分为可回收、不可回收，分别存放。注意冰箱制冰机的电源不可以关闭。

上述内容即班后会主要内容和结束当班工作时要做的主要工作。虽然简单，但很重要，也应该建立明确的制度性管理规范内容，作为当日工作的一个程序，以便有章可循。也便于检查和督导班后工作的情况。一旦发生需要追踪考察的特殊事项，也可以有记录可查。

3.3 督导人员工作作风在员工管理中的作用

在一个班组里，领班或主管就像是家庭里的家长或者兄长，他的为人、处事，他的工作作风等具有较大的影响作用。领班和主管的作风正，这个班组的风气就正，领班或主管的作风不正，这个班组非但风气不正，还会严重影响服务质量和工作质量。而最为不利的是对于新员工来讲，会给他们留下非常不好的第一印象，甚至留下一生都难忘的阴影。因此，督导人员不仅要提高管理水平，更重要的是提高自身素质，培养良好的工作作风。

案例一：一个客房主管，自身确有专业绝活，由此提升为主管，他每天带领客房员工清洁房间、服务客人、管理棉织品和客房易耗品等。虽然手下没有几个员工，但是每到周末就号召大家聚一聚，出去找个餐馆吃饭喝酒。本来这种聚餐是增进友谊、增进了解、增加凝聚力的一种沟通方式，用好了是非常有利于班组管理的。当然吃饭、喝酒是需要支付费用的，问题在于这位主管从来不付费，都是暗示员工轮流坐庄。时间一长，员工们知道了他总是利用这样的手段盘剥大家，十分反感，只好想各种办法躲避周末的聚餐，甚至在周末时找理由不与他见面。

在工作中，他喜欢的员工总是分派给较为轻松的活计，他不喜欢的员工总是承担最艰苦最累的工作。

在部门奖励经费和加班费的使用中，该主管钱权在手（加班费、奖励费），从不设立明细的账目记录，也不公开账目情节，想给哪位员工都是自作主张，想给多少由他一个人说了算。很多员工心知肚明他有部分费用是自装腰包了。

在他的这种不正之风影响下，该班组人员没有团队统一作战的凝聚力，日常工作中争吵、计较、猜忌，相互设局，互不信任，主持正义的员工也不敢公开多言。最后，在忍无可忍的员工一致吐槽之下，该主管只好走人，无法继续在这家饭店工作下去了。

案例二：一个客房主管，他具有一定的个人威严，工作时间内绝不开玩笑，分派工作任务时说一不二，遇到员工有工作失误，劈头盖脸，一点不留情面。员工在他手下工作都要小心谨慎，认真负责，不敢有半点闪失。

在工作中他提出了"现奖现罚、大奖大罚"的做法。工作时间内，在岗位上的员工，表现出色的，随时给予奖励（除了鼓励，还有现金奖励）；发生问题或者违纪的，随时予以惩罚(包括罚款)。饭店规定员工上班不得携带任何个人物品，他的管辖内员工允许带现金，为什么呢？就是为了接受罚款。

这样威严的管理者，还有另外一面，在员工生病时，他规定，第一天不来上班，电话慰问，第二天不来上班时，班组派人去家里探望，第三天不来上班的，会亲自到家里探望。在员工家庭遇到困难时，他会组织全体管理者和员工伸出友谊之手，全力相助。在员工家庭老人病逝时，他总是第一个赶到家中或医院，甚至帮助过世的老人穿衣服，抬担架等。

在每次严厉地教训了某个员工后天，他必然在当天下班后邀请这位员工一起坐坐，在吃饭喝酒的过程中，顺便做深入细致的思想工作，了解员工的心态、发生违纪的原因，讲清严厉批评的必要性，直到员工心服口服，真诚地接受批评并表示今后绝不再犯。

后来这位主管升任部门经理，并独创了许多简单实用的管理理念。再后来成为饭店总经理级优秀管理人才。在他手下的不少员工成为优秀的管理者，甚至成为集团高管人员。

两个案例，鲜明地对照了班组管理人员为人处事的个人风格。不言而喻，第一个案例中的督导者，其为人处事中的私欲与工作厮混在一起、其贪占欲和不公正行为使得其班组中缺乏正气，工作环境中的氛围一团糟，最后自毁前程。第二个案例中的督导者，行事正派，个人管理严格，工作中充满了辩证思想，并且运用辩证法形成自己的管理风格，他还善于培养人才，无私地将自己的管理方法传授给下属，其手下员工成长迅速，他所管理的班组工作业绩突出，团队具有极强的凝聚力。

通过这两个案例，我们要总结的是：在饭店里的最基层组织中，需要树立良好的团队作风，而良好的团队作风，来自于关键人物的带领，即在于其主要的管理者个人是否具有较高的素养，是否具有正派的管理作风，这点很重要。看一个班组的风气如何，基本能知道这个班组的主导者个人素质如何，其管理风格如何。

现在让我们归纳一下，作为班组管理者，应该具备什么样的管理风格。

"狠抓严管、深疼厚爱"。这八个字，是非常辩证的管理方式，也是非常经典的管理哲学，可以概括管理者的管理思维和方法，可以成为管理者纲领性的指导思想。这八个字中充满了基层管理的辩证法和方法论。作为管理者，首先是狠抓严管，只有"狠抓严管"，才能树立严谨有序、作风优良的团队风气，才能树立高效快捷的执行力。在狠抓严管的前提下，理顺管理秩序之后，接下来我们还要做到"深疼厚爱"。"深疼厚爱"这四个字充分体现了管理者仁爱之心、具有人性化的管理理念，也是充满辩证思维的管理理念。在一个组织中，如果只有严厉、严肃、制度、秩序，员工会感觉到没有人情味，会感觉冷漠生硬，员工生活在这样的环境里，会不舒服、不自在，他们的工作情绪也要受到影响。而只有严厉、严肃、制度、秩序加关爱的环境，才是符合员工生活和工作的舒适环境。很多员工从某些饭店辞职的原因，多是因为该饭店的管理制度化有余，人情味不足，所以跳槽了。而有的饭店，很多跳槽出去的员工又回到饭店里，也是因为该饭店的严格制度加人性化管理又吸引他们回来，并且成为饭店的忠实员工。

让我们将"狠抓严管、深疼厚爱"这八个字再细分为十个词：自律、公正、严厉、严谨、严肃、关注、关心、关爱、民主、激励。

自律：作为管理者，首先是自律。即管理者首先是对自己本人的管理，这个管理最重要的是"自律"。要先学做人，后学做事。先学做人，就要克制私欲、克制不良行为。人本性中似乎具有贪占的一面，不加克制，不清除其根源，就可能在管理中泛滥成灾。同时人也有能够自律、管理好自己欲望的控制行为，也有追求美誉度的良知和行为。当我们从员工队伍中脱颖而出，成为一个基层管理者的时候，实际上我们已经不是普通的员工了，而是具有管理员工的权利的人，有了一定的管理权限。既然要管理别人，首先就要能够做到自控，不仅是组织纪律性和工作制度的自控，还有在掌握一些物质和钱财时，能否控制自己的贪占欲望，这是区别一个人是否具有良好的个人品行的分水岭，也是能否被下属看得起、真心服从的分水岭。作为管理者，不能给员工一个光彩的个人形象，你就没有实际意义上的权威。虽然下属可以听从你的管理，但是他们的内心一定是不尊重你、不服气你的，你似乎认为自己可以每天指挥他们做这做那，但这只是表面层次的管理权威。如果你的品行再不端，做事不公正的话，在员工心目中你是一个不可理喻的蠢材，他们甚至背后戏弄你、辱骂你、取笑你。你的管理生命也许就是小小的一个段落，当别人充分认识了你之后，你也就不再是管理者了。因此，作为管理者，不管你是低层次岗位的，还是晋升为更高层次的管理者，首当其冲的是先学做人。做人的关键词就是"自律"，自律是一个人在现实社会生活中的最基本素质。

这里举一个自律极差的真实案例：一个已经成为部门级的管理人员，在许多管理者和员工心目中却是一个道德败坏的蛆虫。大家背后都十分厌恶他。为什么呢? 就是此人私欲熏心, 雁过拔毛。利用工作之机, 几乎天天索要一些物品带回家去, 包括吃的用的, 并且成为习惯行为, 他甚至每到一个工作所能涉及的地方, 不拿走点什么, 就会不舒服, 不甘心。例如, 检查小组到酒店巡查工作时的工作餐之后, 顺手要抄走两盒酸奶, 心里才舒服。或者将吃剩下的招待水果装进自己的包中, 才能离开。这样的管理者, 即便职位再高, 也没有下属真正地尊重他、信服他, 只是当作一个蛆虫, 避而远之。

公正: 学会了做人, 有了基本的做人底线, 作为管理者的第二个基本素质就是 "公正"。要在处理各种事物中体现你的公允和正派, 才能让下属信服。公正体现在日常的管理中, 包括每天指挥管理各项事务; 合理调动和分派工作任务; 公开公正地记录员工工作业绩; 公开公平地处理各种奖励奖金, 等等; 在对待员工外出学习、培训等机会时, 做到公允合理; 在年终考评中做到实事求是、客观公允地评价每一位员工, 等等。如果管理者摆正了这些利益关系, 相信每一位员工都会佩服你、信服你。从内心里服从你的管理。

严厉: 严厉属于管理风格的范畴。我们做企业的都有体会, 在一个团队中, 没有严厉的管理者, 就没有严谨的工作作风, 团队很容易如同一盘散沙, 这样的团队是没有战斗力的。作为管理者, 在工作时就是 "严父", 就要树立管理的绝对权威, 一切严格按照管理章程办事, 按照制度操作, 不得有任何的退却和迁就。这点看似容易, 其实在实践中我们看到也不是每一个管理者都是非常严厉的。有的管理者在员工面前有心慈手软的一面, 当员工违反规则、纪律时, 有时不敢坚持原则, 不敢 "狠抓严管"。其实, 越是心慈手软, 越会产生相反的效果。当某些员工看到有机可乘的时候, 你的制度就会受到挑战, 你的权威就会受到挑战。再有有的管理者自身涣散、懒惰, "做一天和尚撞一天钟", 也是无法严厉起来的。因此, 严厉是自我严谨的表现、是树立权威的需要、是共同遵守制度的需要、遵守规章的需要, 没有严厉的管理作风, 就没有高效和强有力的执行力, 削弱了权威, 就削弱了管理力度和执行力。只有严格的管理作风, 才有充分体现团队和战斗力、执行力, 这样的管理者才是称职的管理者。

严谨：严谨属于管理方法的范畴。有了严厉的管理风格、管理态度，没有严谨的管理方法，我们的管理也是欠缺力度的。严谨，即在班组的任何工作程序和工作事务中，都要体现一丝不苟、丝丝入扣。在任何操作程序中，我们都要摒弃"差不多"的习惯。例如，员工在清洁房间时，我们要求每一个角落都得清洁到位。那么，如何才是清洁到位呢？作为客房的管理者，我们不可能天天自己亲自做房，但是有抽查的权利，每天应该抽查几间清洁完毕的房间。检查是有标准的，要严格按照标准一项一项检查，甚至要检查床单下面的白拍、枕头里面的枕芯，是不是留有毛发；检查卫生间地垫反面是不是有霉斑；检查电视柜后面的缝隙里是不是有浮尘。可能有的人会说，这些地方客人是不会关注到的。请记住：这不是我们工作粗糙的理由。严谨，就是要从管理者自身做起，从工作的每一个细节做起。相信你的严谨作风会影响到你所管辖的每一个人，你的不严谨，也会影响你的每一位下属。你的严谨风格，会带出一个团队的良好作风，会带出一批严谨做事的好员工。作为管理者，不管是哪一级别，严谨是必须具备的工作习惯和方法。

严肃：严肃是工作态度的范畴。作为管理者，你的工作态度也是非常重要的，任何事情，没有严肃的态度，就会成为儿戏。严肃不是我们态度冷漠，也不是没有人情味，而是在工作岗位上，不能有半点松散拖沓，不能有玩世不恭的态度。该严肃的时候，不能嬉皮笑脸，该严肃的时候，要让员工感到你的威严、坚韧、不可欺。有了严厉的风格、严谨的方法、严肃的态度，相信你的管理是任何人不可漠视的，你是有真正号召力的；这样，你的团队是强大的，有战斗力的。

关注："关注"在这里指的是管理者的"关注"，不是指员工关注客人的关注。我们要求管理者"关注"的是你的管理范畴内的全方位，包括员工的情绪、行为、技能、宾客的满意度、经营的好坏、与其他团队的协调沟通，等等。关注每一条相关的信息，做到未雨绸缪，事先解除潜在的问题，才能使你的管理游刃有余，总是处于主动地位。

关心：关心是指对员工的关心程度。作为企业管理者，如果理念是"员工就是企业，企业就是员工"，同理，作为基层管理者，班组就是员工，员工就是班组。班组内的每一位员工都应该是你时刻记挂在心的"心事"。不仅在上班的时间内要关心他们，即使在下班、在宿舍、在生病时、在婚恋中等，都要给予真诚的关心。你不能很好地关心员工，就没有好的班组战斗力，你不对员工付出，员工就不会对宾客付出，就不会对他的本职工作付出，因此，关心员工永远是管理者的头等大事。

关爱：关爱也是对员工态度的一个方面。关爱更多地体现在对员工的特殊管理上，如在员工生病期间的关爱程度，是不是亲自看望员工，是不是端上一碗病号饭，这些都会在员工心目中留下深刻印象的。请相信，在关键时刻你的大爱，员工会记一辈子，员工会在工作中发挥他巨大的能动性来回报。例如，一名员工的小孩生了危及生命的大病，你立即组织团队成员献爱心，从生活上帮助他，从物质上资助他，使他的小孩子脱离生命危险并很快好起来。相信这位员工一定会加倍努力地投入工作，这就是他的回报，也是你关爱的收效。

民主：民主是员工心理层面的需要，也是现代理念的体现。作为管理者，没有民主作风，遇事独断专行，一定会产生弊端，一定会使你的下属心灵上受到创伤。其实你的民主，并不削弱你的权威，搞得好的话，会更加增进你的权威。遇事多与员工讨论，多给员工参与的机会和权利，多听下属的意见和建议，你一定会体会到在员工头脑中有着无穷的智慧。你的民主，会赢得他们的通情达理，你的民主，会摒弃独断的许多弊端。当然民主不应该影响管理者作决策的果断和主见，在充分民主的基础上，管理者需要集中，需要果断地做出正确的决策。

激励：激励也是管理者工作方法之一。激励看起来似乎是手段，当然有手段的一方面，更重要的是现代管理理念的体现，是新思维的体现。过去，在我们传统的管理中，更多的是依靠找到团队的不足、找到个人的不足，来提高工作效率、提高团队战斗力。其实，反过来，我们更多地去发现团队的优势、个人的优势，激发和鼓励这些优势更好地发挥，这样的效果，一定强于找缺点找不足的做法。从心理学的角度，人都是愿意听顺耳的话，不愿意听逆耳的话，表扬的话语会让一个人激动、向上、奋起。批评的话，被批评的人虽然会在口头上接受，而在内心里不一定能真的接受，更多的是纠结。另一方面，激励和表扬，会发觉人灵动的一面，会促使他优势的一面更加突显和发挥出来。因此，做一个善于激励和会激励的管理者，你的工作会收到事半功倍的效果，不信，可以尝试。

关于督导人员的工作作风，我们把它总结为一个"辩证法"，20个字的"方法论"。辩证法就是"狠抓严管、深疼厚爱"；方法论就是自律、公正、严厉、严谨、严肃、关注、关心、关爱、民主、激励。你如果是一位新上任的督导者的话，有了这些，请尝试它的神奇效果吧。

3.4　如何提升部门经理的管理能力

作为中层管理人员，部门经理多数都经历过督导层的历练，在管理经验、管理方法上都已经有了较多的积累，因此部门级的管理者，其工作作风已经形成了比较固定的模式。从管理方法的角度看，已经形成个人的风格。我们不能试图再去纠正他们的工作方法如何如何，也不能更改个人管理风格的习惯和做法。好比一个学生在小学时期就用左手写字，没有被纠正过来的话，到了中学、大学更是没有必要试图纠正他，因为这并不影响他的学习力。

但是随着时代的发展，管理的不断深入，部门级管理人员都面临着一个共同的课题是无法回避的，那就是如何再提升的问题。即面临着自己的管理理念是否符合当今时代的发展，是否与国际先进的管理理念和方法接轨。谈到员工管理方面，笔者关注到在中国人管理的环境中成长的饭店中层管理人员，非常需要与时俱进，非常需要自我提升。一个严酷的事实是：不与现代饭店管理理念和方法接轨，就预示着"逆水行舟"，就难以跟进时代潮流，就要产生管理危机。因此，作为本土饭店成长起来的中层管理者，一定要有危机感。要通过不断学习和借鉴，增长新的管理知识，做到不断地自我提升，才能掌握超前的管理意识和现代管理方法。部门管理者如何提升、如何应对日新月异的管理趋势呢？

1. 永远保持学习力

在现代饭店管理中，部门级管理者要想跟进时代、不断提升自我，最有效的方法就是增强学习力，不断学习、学习、再学习。学习力是一种能力，是一种自觉行为，也是终身进取的行为。切记：学习不是为了给领导学习，也不是为了做给其他人看的"表演才艺"。

部门级管理者需要学习什么呢？当然，晋升到部门级的管理者，肯定不缺乏酒店管理常识、不缺乏部门或基层的管理经验，但是多数会缺乏已有知识和经验的更新速度。所谓更新速度，包括方方面面，不仅是酒店硬件和设备设施的更新速度，还有管理和营销观念的更新、高科技技术应用的更新、管理思维和理念的更新，等等。如果我们不捕捉新知识、新理念、新管理方法的更新，不随时学习和跟进，必然是逆水行舟，不进则退。如果管理者不能站在潮流的船头，就无法带领下属推动大船前进，如果我们总是落后于下属的思维和行为，那么，下属无法真正信服你、佩服你、尊重你、紧跟你。而饭店管理者欲想不断学习，也是件十分不容易的事情。因行业特点，饭店管理者通常没有8小时工作后下班的概念，每天在店工作十几个小时是最为普遍的工作常态，多数都是在早上7点多到饭店，晚上9、10点钟才能回家，周六日还要值班、加班。一年中自己的空闲时间是很少的，而且年复一年。所以，自觉学习、主动学习对管理者来说，平心而论，不是件容易的事。但是勇于挑战的、积极进取的部门级管理者，就是能够在这样繁忙的工作节奏之下，十分注意自身的提高，自觉地抓紧时间充实自己。他们的学习方法和学习特点并不是一般意义上的啃书本，而是能够利用工作之便，在实践中学，在管理中学。其学习方法具有借鉴和参考价值。

（1）考察学习法。部门经理们可以经常利用业余时间到新的酒店去考察，这是一种十分简便和易做的学习方法。时常考察酒店，这是职业经理人的一种职业行为。因为现代饭店不仅建设速度日新月异，其更新速度也是日新月异。几乎每一家新开业的豪华饭店，只要你进入观察，都会犹如新风扑面而来的感觉，都会增加新的发展见识。笔者的感受就是，当你步入某一家新建的饭店时，其设计理念的创新性、功能布局的奇异性、设备设施的智能性、使用功能的舒适性，必然会有眼前一亮的感觉，同时也会使我们大开眼界，增长见识，有所收获。所以，作为饭店管理的职业经理人，经常关注本地区新建酒店的发展速度，经常深入内里感受其与众不同的特点，可以算是一种饭店管理的必修课，一种从实践中学习的捷径。而且这种知识的更新、眼界的开阔，不是书本上能够学习到的，也不是哪位尊师可以传授的，只有自己具备这种灵性，本人自觉地主动地去观察、去学习，才能有所收获，才能不断升华。有这种学习意识的管理者，当他们出差或者去异地旅游的时候，也不会忘记观察当地酒店的新趋势、新特点，甚至会不惜资金入住豪华酒店，以此体验设备设施的异同、服务特点的异同，从中得到启发并吸取有益的知识和理念。

（2）业务交流学习法。即经常与做饭店的同行朋友们进行业务交流。饭店管理的人员，最好不要总是封闭在本饭店的小圈子里转。用这样两句话来形容，"外面的世界很精彩""一日不见如隔三秋"一点不为过，所以再忙也要抽时间走出去，多与同行人员交流。特别是现在的饭店管理，需要不断地创新发展，要想有所创新和发展，不是停留在原地的话，就需要学习和借鉴。因此，我们要珍惜业内的圈子"文化"、圈子"信息"的宝贵资源，多创造机会与同行人员进行交流和沟通。沟通的内容可以包括饭店管理的方方面面，特别是饭店发展方向的探讨，饭店经营和管理创新思路的交流，等等。这样的交流，可以在同行业好友之间交流，也可以在考察某个饭店时，与该饭店的管理人员、甚至是员工就某些话题进行探讨。例如，探讨饭店在绿色环保节能方面，都有哪些新的做法、新的措施？饭店在智能化服务方面都有哪些变化？饭店在服务质量管理方面都有哪些可以借鉴的措施？饭店在培训方面的新理念？等等。

（3）专业探讨学习法。即经常与本专业的同仁进行探讨。如果上面所说的业务交流是指大范围交流的话，那么，这里的专业探讨学习法专指与本专业内同仁的探讨，主要是指在本专业业务范围内的探讨与交流。例如，餐饮专业人员的共同话题会有很多很多，如菜品的开发与创新、宴会摆台的创新做法、美食美器的展示与使用、如何做好厨房管理，等等。再如，客房专业人员经常交流的内容，如何做好客房的卫生与设备设施的保养、如何做好客房的增收节支与降低消耗、地毯清洗设备的使用与保管、客房智能化的管理，等等。专业交流是一种非常开放式的学习方式，一方面可以相互传递最新信息；另一方面可以相互取长补短。同时又是一种非常直接的交流和学习方式，与同专业人员交流时大家会感觉非常具有共同语言和共同感受，在交谈的同时，大家一定都会有相互取长补短的内容可借鉴、会有许多得到启发的灵感，这是一种非常便捷的提高业务水平的学习方法。

（4）购买相关的业务书籍学习法。即通过读书进行业务知识的学习和提高。对于善于学习的人士来说，除了上述在实践中学习的方法之外，当然少不了读书这种传统的学习方法。作为管理者，首先应该自我培养博览群书这个习惯，以便广泛了解各个方面的知识；其次也需要有目标地阅读现代管理书籍，用以补充自己管理知识，提高管理意识和管理技巧；同时也要大量浏览与自己业务知识相关的带有实战性很强的酒店业务书籍。近些年来，不少专业人士将自己的管理实践总结出书，对于同行来说，是不错的一种业务知识学习的途径。在这些书籍中，有不少专业管理的精华和实战经验藏于其中，需要我们用心去探索。作为饭店管理有心人，可以在这些书籍中，探寻到最新发展趋势，了解到相关业务范畴内的管理技巧、管理心得、管理方法等。很多饭店管理者都有这样的好习惯，在空闲的时候，上网浏览有什么感兴趣的书籍，网购几本；或者逛逛书店，在饭店管理栏目柜架上随手翻看有无需要的新书籍，买上几本放在自己办公桌或者床头，忙里偷闲地翻看几眼，用以解决自己工作中的困扰或者了解最新管理信息。

2.深入基层是立足之宝

管理者在不断索取知识、补充自我、提高自我的基础上，日常的管理作风也是考量一个中层管理者是否得民心、顺民意的试金石。中层管理人员日常能否不脱离岗位，不脱离业务，不脱离基层，这是员工评价上司的一个砝码。我们做饭店的都有这样的体会，有的人从员工提升为主管，就觉得是"干部"了，就逐渐不再深入自己的业务岗位，而是喜欢指挥下属，喜欢作指示、提要求、指手画脚，似乎是高高在上的大人物了，终于混到了"干部"级别。其实，在员工心目中，你的权威不在于职位，而在于你"正人先正己"。趾高气扬的作风，不一定得到员工内心的佩服。甚而有之，当这样的主管再提升为中层管理者时，更是得意洋洋，脱离基层，整天坐办公室，除了开晨会、例会之外，从来不深入基层，不直接管理业务，当起了"太上皇"。甚至在饭店走廊里碰见自己本部门的员工，当员工问好时，都"昂首挺胸"地走过，似乎没有听到员工的问候，根本不屑一顾，殊不知这样的态度给员工带来的心灵伤害有多大。试想，如果你本人遇到了领导，在你问好的时候，你的领导不屑一顾地走开了，你的心理感受如何？

当然有更多的中层管理人员不是这样盲目自傲，他们珍惜大家给予的管理平台，他们从不脱离基层，没有时间坐办公室，整日与服务岗位的员工在一起，接待来宾，处理服务中的各项事务。例如，有一位前厅部经理，他每天早7点来到饭店大堂经理处，翻看工作记录，了解夜间有无重大事情，然后帮助前台、大堂经理、行李员、礼宾员等做服务协调工作。每天晚间，当白天的员工都下班之后，他还要继续协调晚班的工作和服务事项，直到晚上9、10点钟，才能离开。年复一年、日复一日，都是这样地深入工作岗位，深入员工之中。与上面整日坐办公室的管理人员相比，他们的口碑是截然不同的。他们在员工心目中的地位也是截然不同的。

作为管理者，脱离群众，脱离岗位业务，所带来的后果是什么呢？不仅仅是在员工心目中的威望大打折扣，更重要的是，逐渐对业务生疏起来，很多时候，不能抓住要害进行管理，不能管到"点"上。管不到"点"上，员工就会不服。一是不信服你的业务水平；二是不服气你的管理；三是员工还可以钻你不熟悉基层情况的空子来欺骗你，糊弄你，甚至给你"下套"，在背后讥笑你。

饭店管理其实没有高深理论，没有尖端技术，其"指挥塔台"不是精密仪器、不是云计算数据，而是服务岗位、服务业务，是处理好每一个服务的细节，协调好岗位业务流程，解决随时发生的各种问题，做到通过你和你的团队的真诚服务，赢得宾客的青睐，让前来入住和消费的宾客满意，让员工愉快地服务好每一位宾客。也就是说，你的管理特点是"现场管理"。不深入"现场"就失去了管理的法宝，即立足的法宝。长期脱离一线岗位，作为管理者，你的双脚悬在空中，那是很危险的管理倾向。

3. 良好沟通是畅行之宝

管理人员都学习过沟通学，深知沟通在工作中的重要性。特别是饭店服务中，非常需要及时的沟通。沟通的渠道有晨会、例会、班前会、专题会等正规的渠道，也有日常随时随地碰到问题的及时交流和沟通。

中层人员起着上下沟通的桥梁作用。每日晨会内容，部门经理要及时传达到部门内的所有员工，其中的重要内容和领导重要指示、饭店重大事项的安排等都要让员工第一时间知道，以便让员工们清楚自己部门的任务和本人所要做的事情。

每周例会是饭店内每逢周一上午的重要沟通平台，在例会上饭店总经理会布置安排本周的重要工作、部署相关重大事情。同时，各部门要及时在例会上沟通情况，相互传递信息。例会之后，各部门经理要及时传达到部门各个管区和班组，同时对一周工作做出具体安排。

班前会是各个管区和班组每日工作之前的例会，班前会虽然是由主管或领班主持，部门经理也应该经常到各个班前会现场听取情况，与各个班组人员进行沟通，及时了解班组人员动态情况和工作进展情况。而不能认为有主管和领班在呢，就忽视了深入班组亲力亲为的必要性。

专题会通常是针对具体的事项而召开的会议，是不定期不定时的会议。专题会通常是部署安排饭店重要宾客入住接待、重要会议接待、内部重大事项部署等需要召开的会议。这种会议通常先由饭店层面召开，然后相关部门再通过专题会议具体传达和落实会议要求，再召开小型专题会议，针对相关部门和相关人员进行更加具体的部署和安排。

这几个层面的会议，是沟通的正规渠道。部门经理要很好地利用这几个渠道，做好上下沟通工作。在这些会议的传达贯彻中，通常也会出现一些需要注意的问题。

一是部门经理不能做到及时传达。很多时候，部门经理自己认为会议精神和要求都清楚了，也知道该如何组织本部门配合饭店的全盘工作了，却忽略了还应该将饭店重要信息及时传达到部门主管和员工，没有做到信息共享。其结果，他本人是知道如何做的，可是他的属下不知道，往往在具体工作中出岔子。作为管理者切记自己明白的事情，也要让你的下属都明白才可以。

二是部门经理的传达不到位。有的部门经理虽然能够及时传达会议精神，但是却不善于在参加饭店层面会议上做记录，或者记录的内容只言片语，在向下传达时不能完整表达意思，或者按自己的理解传达会议精神，致使部门内下属人员不了解会议重点，或者不完全了解会议精神，在具体执行时也无法按照饭店意图做到位。举个例子：一位部门经理工作比较粗放，开会时从来不做记录。某次例会上饭店领导强调了近期要抓的服务质量工作内容，要求传达到每一位员工，这个部门经理在传达时没有将会议全部精神和主要内容完整地叙述，而是简单地告知员工："大家都注意点啊，紧了（即饭店要求得紧了）"。一些主要的内容和要求就变成了两个字：紧了。试想这样的传达其效果会是如何。

三是传达了会议精神却忘记了联系本部门的实际工作。有的部门经理可以很认真地记录会议内容并如数传达，但是传达了之后不能够很好地结合本部门要作的工作进行部署，不能举一反三地在本部门内提出要做的一、二、三。也导致部门内督导人员和员工不知所措。

四是传达会议内容时走样。也有这样的部门经理，他在传达饭店会议精神时，永远做不到原原本本地传达，而是根据自己的理解用自己的语言传达，往往造成对原有内容的丢失、误解和走样，也导致了督导人员和员工误读饭店会议内容，在工作中出现差错。

以上说的是个别中层人员不能做到顺畅沟通，特别是对饭店会议内容在传达时存在障碍。之所以有的部门在配合饭店整体工作时走样或者不到位，与本部门管理者日常的接受能力有关，也与他们理解和执行饭店意图时跑偏有关，导致在本部门的日常管理工作中达不到好的效果，甚至经常失误。

还有一种是日常具体工作中沟通不畅的现象。在日常管理工作中，有些部门经理不善于良好沟通，有这样几种现象是经常存在的。

一种是少说型的。他本人可能是比较内向的性格，平日话语很少，作为管理者，很多时候是靠话语来领导的，该说的时候不说到，要靠别人猜测和理解你的意图来工作。这种少说型的管理者，与下属缺乏主动、顺畅的沟通，常常需要别人根据你的神态表情猜测你的意图而行动，当他们不能准确理解你的意图时，工作质量肯定要出问题。

另一种是唠叨型的。这样的部门经理话语极多，整天唠叨不止，一件事要说的话语反复若干次，造成的后果是下属不但听得很厌烦，也抓不着重点了，他们往往会采取不予理会的态度，也造成工作中达不到良好沟通的效果。

再一种是谩骂型的，有的部门经理个人素养比较差，靠着自己在饭店的年头长，资格老，自认为是"老大"，不把别人看在眼里，特别是对员工不够尊重，员工一出什么差错，不是靠说服教育、讲道理来纠错，而是张口谩骂，瞪大眼珠训斥。这种沟通方式十分恶劣，也是现代饭店员工不能忍受的。举个例子，一位大学毕业生来到饭店做服务员，个人素质和业务很好，很快被提拔为主管，后调到一个部门经理手下工作。一天早上，由于一个当班的员工迟到一分钟，影响了及时打开楼层库房的门，员工们不能准点拿出操作工具。这位谩骂型的经理张口大骂这位管区新来的小主管，小主管一时被"惊呆"了，不知如何是好。小主管回家后痛哭着（虽然是个男孩子）述说了事情的经过，跟妈妈说长这么大没有被这样骂过，甚至吓得第二天不敢再去上班。这样的阴影在他心里好长时间不能消失。

以上这些沟通不畅的类型在饭店里并不鲜见。要想纠正这些沟通不畅的问题，部门级管理人员一定要把"沟通行为"列为自己的必修课，可以购买相关的书籍进行阅读，了解现代管理中如何沟通，沟通的作用有哪些，沟通的方法有哪些，沟通的技巧有哪些，沟通的忌讳有哪些。并且要在自己的工作实践中尝试现代沟通方法和技巧，减少沟通不畅造成的管理失误和不会沟通造成的管理缺失。

4. 尊重员工是品行之宝

人人都有尊严，这是不言而喻的。尊重员工这个话题，笔者要重点强调。因为多年在饭店的经历中，常常看到这样一种现象：下级尊重上级是必须的，而上级不尊重下级是"正常"的。我们看到在狭窄的楼道里，员工见到管理者时，都会止步侧身，同时问好。但是管理者多数会昂首挺胸，如同没有见到这位员工径直走过去。在电梯厅里等电梯时，如果有管理者和员工一同在等的话，当电梯门打开时，一定是员工上前一步，扶住电梯门，侧身，并请管理者先进入。当电梯运行到管理者出电梯的楼层时，也一定是员工挡住电梯门，请管理者先行。很多管理者认为这是应该的，从来没有道谢的话语。还有在开会时，级别高的领导讲话时大家洗耳恭听，但有时级别低的人员发言时，却可以毫不客气地被随时打断，或者几位高层领导相互低声交谈，完全不顾及下级在发言。还有，当员工在工作中失误时，管理者不问缘由，劈头盖脸训斥、指责、谩骂，不管员工有无理由，都不得解释，只能承认错误。这些现象都告诉我们，在管理理念中，还存在着上尊下卑的传统观念，灵魂深处存在着上级可以不尊重下属的意识。虽然口头上在说："员工第一""员工是饭店内部客人"，但是骨子里还是上尊下卑的。只要自己有了一定地位，就觉得是高人一等，与下属划出了一道不可逾越的鸿沟。在这个问题上，笔者十分不认同上述这样的观念。即便我们管理者位高权重，也不能目中无人，也不能不尊重下属。从上述现象中，也可以这样认为：我们的不少管理者在灵魂深处，还没有国际化，特别是在人与人的平等关系方面还不能够达到国际先进理念。所以，在饭店员工管理这个题目中，笔者要重点强调"尊重员工"这个话题，并且笔者将这个话题提高到个人品行的高度来认识，自认为并不为过。让我们来看一个案例。

案例：在一家五星级饭店里，有一位被饭店所有人发自内心尊敬和佩服的领导。这位总经理不仅是饭店的高管，还是一位著名的企业家和社会活动家；他不仅是名人，还是中国某知名饭店集团的高层核心领导之一。这位高管职位和地位都够高了吧？但是他儒雅可亲，从来没有架子。不管何时，见到员工，都是点头微笑。当员工与这位总经理同乘一个电梯时，都是他首先挡住电梯门，请各位先进入，特别是女士优先，当电梯门打开时，他同样先请各位出电梯。在员工活动区域行走时，每当需要拉门的时候，都是他抢先拉门，请同行的人先进门。

通过这个案例，足以说明"尊重员工是品行之宝"的论点。

我们看到这位高管身上具有的优秀品质和良好的个人修养，正是由于他平易近人和尊重员工的高尚情操，真正赢得了饭店内从上到下所有人的尊敬和爱戴。这种尊敬和爱戴，不是有权力的人都能够得到的，这是个人品行所赢得的魅力。因此，作为管理者，要想真正赢得下属的尊重和爱戴，一定要首先修炼个人，当你的个人品行和修养达到一定水平的时候，你的权威才是真正的权威，这种权威是发自每一个人的内心的佩服和尊重。相反，只靠吹胡子瞪眼来维系自己权威的人，别人也许尊重你、服从你，但是那都是表面的，在他们心目中也许会十分看不起你。

　　以上四个方面：自觉的学习力、深入基层亲历亲为、良好的沟通能力和尊重员工的良好品行，既是部门经理应该具有的工作作风，同时也决定部门经理在员工管理中是否具有真正的权威性，是否是一个合格的部门管理者。

　　这一章，主要内容是星级饭店在组织中的秩序管理和管理者自身素质所形成的风气管理。相信每一个有组织的人都会有上述体验。因此，我们的管理者要想在其所管辖的组织内形成良好的风气、具有高效的执行力，首先要建立良好的组织秩序，其次是修炼自身的素质和修养，用你对下属的尊重和你个人办事的廉洁清正、公平公允来建立组织内部的秩序和风气，这样的秩序和风气是赢得员工青睐和宾客满意的基础，也是现代管理者所应具备的管理基础。

4

如何提升员工的"心理健康"指数，培养良好的个人品行

本章主要谈及员工第四层次的需求：心理健康的管理，即员工素养，包括基本礼仪、规范用语、日常习惯、道德行为、拾金不昧等良好习惯的养成与管理。

在谈到员工管理时，我们也不能忽视对员工心理健康的管理。这个题目也许往往出现在心理管理学的内容中，笔者在这里，将员工心理健康的管理列入员工在组织中需求层次的一个部分来阐述。

谈到员工心理健康管理，笔者从多年的饭店管理经验中得出，也是一个管理课题，并且是非常重要的管理课题。只管员工的工作行为，而不注重员工心理成长的管理者，不是一个称职的管理者。笔者认为，在饭店里，如果组织是泥土的话，管理者就是园丁，员工就是你要栽培的植物。植物长得如何，固然与泥土质量有关，更与园丁的辛勤耕耘有关，园丁可以改变泥土的质量，让植物生长得健壮硕大。所以不会管理员工成长环境，不去管理员工心理行为的管理者是不合格的园丁。

　　一个人的心理健康如何，在很大程度上与他的个人素养有关。员工在待人接物方面，是否具有良好的仪表气质，是否具有良好的礼节礼仪，在饭店的待客服务中是十分重要的行为。我们可以大致这样判断：一个彬彬有礼的员工，其心理素质基本是健康的；相反一个不讲究礼貌、不重视礼节的员工，首先是他的个人素质可能有问题，其心理健康也可能会有问题。作为高星级饭店员工，都应该是"为绅士服务的绅士，为淑女服务的淑女"，他们的绅士、淑女行为和习惯，就与管理者对员工的日常管理有着十分密切的关系。因此，抓员工心理健康的管理，就要从员工的礼仪抓起。这是多年的经验之谈。在涉及员工心理健康管理方面的话题，笔者将从如下几方面进行阐述。

4.1　严格的组织纪律和温暖的团队生活应该兼而有之

　　每一个人都有自己的成长环境和成长轨迹。一个人的心理健康与否，礼节和行为得体与否，是在从出生到成人的十几年过程中逐步形成的。进入社会参加工作后，其个性和心理素质等已经基本定型，不是何种因素能够根本改变的。既然如此，为什么还要谈及对员工的心理健康进行管理呢？这里所说的心理健康的管理，不是企图改变哪个人的个性，也不是企图抹杀一个人的成长轨迹，从头再次塑造。而是通过企业环境来影响员工，使之更多地释放正能量，规避非正能量的释放。也就是说，使之发扬自身存在的好的习惯，滤掉不好的习惯和不健康的思维方式、处事方法，等等，使每个员工扬长避短。通过企业氛围的影响，使每一位员工都能健康地生活和工作。

　　员工队伍良好氛围的形成和管理。关于员工队伍良好氛围的营造和形成，应该从星级饭店的基本礼仪、日常规范用语、员工习惯养成和道德品行引导等方面谈起。关于基本礼仪、规范用语、礼貌用语的具体内容，在笔者已经出版的《星级饭店培训管理》一书中已经做了详细的阐述。这里主要谈谈管理者如何运用这些内容对员工进行心理健康的管理。先来谈个案例。

案例：一家五星级饭店，在20世纪80年代，非常注意塑造饭店员工形象给宾客带来的享受，他们突破一般性思维，大胆使用男员工作客房服务员。所挑选的男员工个头都在1.75~1.80米，且相貌英俊。这些男员工的仪表气质出众、服务动作经过严格训练，做到了统一规范、他们的服务水平和待客能力几乎没有差异，特别是在待客能力方面，他们的完美服务，可以说是让每一位宾客在享受服务的同时也欣赏了他们的服务艺术。甚至不管遇到怎样挑剔的宾客，他们都可以做到让宾客满意；不管遇到什么样的恶言恶语，他们都能够坦然面对，不急不躁，言之有度，最后往往是宾客被征服，不得不佩服他们的得体服务，最终使得宾客不好意思地收回自己的无理要求。

经过二十多年的培育和成长，当年这些青涩小伙80%以上都已成为星级饭店优秀的管理者，其中的20%~30%成长为饭店的总经理级高管。

这家五星级饭店是如何将这些青涩小伙个个都培养成优秀服务生的呢？其中的秘密，从根本上说是对员工施行了心理健康的管理。基本做法如下：

其一，严密的组织纪律性管理。每一位来到客房的新员工，都会受到非常严厉的组织纪律性的训练和管理。秘诀是军事化训练。所有客房服务员都要接受如同军人一样的训练，服从组织，服从纪律。在工作时间内，一切都要按照严格的组织纪律要求进行管理。例如，上班时穿着工服，不得在工服口袋里放任何个人物品，他们的主管每天抽查。每一位客房的服务员，都要接受"值台"训练，即在客房每一个楼层的电梯间，都设有一个值班台，每天安排一名员工值班8小时，除了中饭时有人代替值班外，其余时间都要站在值班台的后面，当看到有客人来到电梯间时，帮助引导客人到预定的房间。这项工作，看似一般，实际上是在考验员工的组织纪律行为和遵守规则的自觉性。一开始，有的员工并不知道他在这里站位是在监控录像的监控下，以为没有人看到他的行动，当站累了的时候，就随便离开值班台，试图跑到其他地方休息休息，或者在电梯厅里来回溜达溜达。殊不知，马上便会有人打电话给这里，询问人哪里去了。设立这个值班台，管理者是非常有用意的，一方面是接待宾客的需要，另一方面把这里当作训练员工心理素质和毅力及自觉遵守纪律的岗亭。试想，一天8小时很枯燥地站在这里，没有毅力和自觉性是难以做到的。可是如果能够做到的话，这样的员工就具有了较能吃苦耐劳的基本素质。通过这样的长期训练，客房部的所有员工能够做到吃苦耐劳，自觉遵守各项纪律，提高了他们的耐力和意志力。这是客房部员工的第一堂素质课。

其二，过硬技能的训练。要想在服务技能上过人一头，也必须有最为严格的训练，称作苦练基本功。例如铺床单，一定要训练到每一位服务员，拿起叠好的床单，双手一抖，向前一扔，随着床单飘落的速度，再用力一撑，床单平稳下落并乖乖地平铺在床上。这是需要经过千万遍训练才能一次性铺好的。再如做床，这是每一位客房部员工的基本功，从开始铺床单，到装被套、枕套、到摆放整齐，做到平展自如，无一处褶皱，而且是在最短的时间之内完成，没有千百遍的苦练，也是做不到的。一间客房内的基本清洁工作大约需要66道程序才能搞彻底，他们可以训练得每一道程序都像铺床单一样纯熟。这是在业务上的基本功。

其三，生活上的真挚关心。在严格训练和严格要求的同时，管理者同时打出的另一张牌是深疼厚爱。给予生活的指导和工作的关心。当时入店的男孩十八九岁，甚至生活都不能自理，管理者无微不至地关心他们的冷暖，从生活的基本起居到在团队里如何与人相处，管理者都要循循善诱地教授，采取的方法就是不断地"上课"。如何上课呢？一种方法是下班后，召集员工一同吃饭，在吃饭的同时，针对每一名员工的特点，传授生活经验和工作技巧，传授如何做人做事的道理。另一种方法是单兵训练，对每一位员工施行不同的聊天技巧。例如，当这些男孩子们到了20多岁的时候，领导会关心他们的个人生活问题，关心是否找到了女朋友。有的男孩子非常腼腆，不好意思谈女朋友，管理者会亲自教会他们如何与女朋友相处，甚至教会他们如何到女朋友的家里做客，与其家长交谈的技巧是什么？自己如何注意个人形象和气质，等等。这种细致入微的体贴，使得这些男孩子们感觉自己的领导就像自己的家长，甚至很多教诲是家长都难以启齿的，又感觉自己的领导如同良师益友，给予自己生活的真谛。这样的关心是沁入肺腑的良言，是难以忘记的教诲和受益终生的启迪。

其四，在遇到困难和问题时的真挚帮助。这个客房团队虽然都是男孩子，但是他们能够感到是一个温暖的家庭，原因就是团队的管理者创造了良好的氛围。特别是在员工生病的时候，马上就会有领导送来无比的关心，员工感冒了，一定有姜汤送来御寒；员工住院了，第一个赶到医院看望的一定是单位的领导；员工家庭遇到生活困难了，这个团队马上就会送来无私的支援……。

有了这样的团队管理，工作再累，小伙子们也不觉得累；管理再严格，小伙子们也没有怨言；需要加班，个个都挺身而出。有时为了接待一个重要团队，甚至几天几夜不回家，直至顺利完成接待任务才轮流休息。

若干年后，这些曾经的毛头小伙子多数担当了星级饭店的中层、高层管理者，他们回忆起当年管理者的严格训练和深疼厚爱的教诲，都深深地表示非常感谢。在人生的起点上，遇到了大师级的领导，这种可遇不可求的机遇使得他们在饭店里迅速成长起来。

从这个案例，我们可以看到，年轻人到了一个单位，最初的管理是如何重要，一位尊长级的管理者的带兵作风是如何重要。从这个案例，也可以体会到，没有管理不好的员工，只有不会管理的管理者。

4.2 营造基本礼仪和个人素养的管理气场

所有住过星级饭店的人士都会有这样一种感觉：彬彬有礼是星级饭店员工的基本形象。比起社会上其他行业来说，饭店小环境内可以说是礼仪之邦的典范。这应得益于在饭店环境中常年受到礼仪熏陶的结果。当我们步入一个高星级饭店时，首先映入眼帘的不仅是穿着整齐的服装，更能体会到温文尔雅的举止、甜蜜的语言和得体的肢体语言。你会感觉到这样的员工带着一种健康的心态和理智的情操，这似乎是一种气场的感觉，这种气场不仅是打造了彬彬有礼的员工，更重要的是逐渐塑造了他们健康的心理和情志。所以，员工的健康心理是待客服务的重要前提。为此，管理者必须具有管理员工心理健康的意识，培养员工良好的情操。

如何培训员工健康的礼仪情志？应该说最好的方法就是给其一个礼仪至上的氛围，也称作营造礼仪气场，管理者要在日常的管理中，突出礼仪培训，要坚持营造日日讲、月月讲，天天练、年年练的培训氛围。要通过不厌其烦和强制灌输的方式进行礼仪培训，使之习惯成自然。

首先，新员工入职培训中，其中一项重要内容是安排基本礼仪培训。有人会说：新员工都已经是成年人了，该懂的礼仪都懂了，为什么还要进行礼仪培训呢？因为，虽然中国是礼仪之邦，中国人很讲礼仪，但是若干年来，我们似乎淡漠了这方面的传统教育与培养，不管是家庭还是学校，更多地注重的是对小孩子智商的培养。在社会交往中，我们观察到很多人不太注重礼仪、礼节、礼貌了，特别是年轻人在平时的接人待物中，基本礼仪比较缺失，礼节、礼貌也显得不足。针对这样的情况，在员工进入饭店那一刻起，我们就要重拾礼仪教育这一课。在三天的入职培训中，培训部门要专门组织新员工观看礼仪教育的录像，发放礼仪手册，并在培训之后，还要进行礼仪内容的考试，让新员工首先建立起礼仪意识，并体会到了星级饭店是有规矩的，不是可以随心所欲的，要通过礼仪教育这一课，认识到服务宾客是有着严格礼仪标准的。

其次，在新员工到了专业岗位之后，继续接受强化礼仪意识的培训。在日常的班前会上，将随着班组员工的礼仪训练，展开对他们的礼仪强化培训。在新员工到了服务岗位时，班组管理者还要观察他们在待客服务中是否按照培训的礼仪内容与宾客对话，仪表、姿态、语言、手势等是否按照规定的要求去做了。如果还不够纯熟的话，还要给予补课。

最后，在日常要强化对礼仪的培训，最好的方法是模拟训练，培训师带领员工运用角色扮演的方式，让员工们各自扮演宾客与员工，展开情景对话，在对话中演练基本礼仪和规范用语的运用。通过这样大力度反复的训练，使员工对礼仪和待客规范烂熟于心，并形成习惯，即便到了其他场合，也能做到彬彬有礼。只有达到了这样的程度，星级饭店的礼仪培训才算是基本符合要求了。

案例：一次在对员工培训中，让大家谈谈对礼仪的认识和运用情况。一位女员工主动站起来谈感想，她说：过去我在家接听电话时，从来没有客气语言，都是大大咧咧，随意讲话的，现在，当我再接听电话时，如果不首先说：你好，好像就开不了口。现在不论是对家人还是对外人，自己都不自觉地就按照饭店的礼仪去做了。还有，过去出去买东西或者接受了别人的服务，认为是理所当然的，从没有客气地说声：谢谢！现在，自己无论是接受别人的服务，还是服务别人之后，都会脱口而出：谢谢！

不仅这个女孩如此，在星级饭店工作时间长的员工，基本都是如此，这就是习惯养成的结果。从多年的饭店工作经验看，坚持礼仪培训，坚持礼仪氛围的营造，就是对员工注入健康的理念，员工自觉不自觉地接受了这样的熏陶，日久天长就会提升心理健康的指数，即便有的员工之前的礼仪基础较差，也会被气场所带动，成为尊重别人、注重礼节的好员工。

4.3 员工道德氛围的形成和管理

在饭店里，在不断对员工进行礼仪培训的同时，还要注重道德情操的管理和教育。一个人的道德情操的形成，包括家庭环境的影响、学生时期在校环境的影响、社会公共环境的影响等。当一名员工进入饭店时，我们还有没有继续进行品德教育和影响的责任呢？回答是：必须有。如果说，礼仪教育和习惯养成的培训气场是员工心理健康的外在因素的话，那么，品德教育和健康情操培养就是内在因素的影响，也是我们管理员工的重要组成部分。尤其是在员工自律方面，必须注入良好的品德教育，才能够保证饭店正常工作秩序和生活秩序。

大家知道，饭店里的环境是比较特殊的，绝大多数物品都是和家庭用品相通的，员工没有自律是很可怕的。例如，床单、枕套、毛巾、浴巾、洗涤用品等，可以是饭店用品，也可以是居家用品。再如，厨房内的食品物品同样也可以是居家食品和物品。因此，有极少数员工个人品行不端，经常会偷拿饭店的食品或物品。虽然饭店做了严格的规定，员工出入必须走员工专门的出入口，而且还必须在出口处接受对个人携带物品的检查，即便如此，还往往发生员工携带饭店用品被查出的情况。特别是冬季，有的员工将偷拿的物品卷在大衣内企图带出饭店、有的厨房员工甚至将牛肉贴在大腿上企图带出饭店，其结果被查出，丢掉了"饭碗"。所以，在饭店工作的员工，其个人的自律非常重要，饭店在这方面的管理和教育也是必不可少的。

那么，饭店如何进行这方面的管理和教育呢？一方面是制定严谨有效的各项管理制度，做到严丝合缝，不给少数人可乘之机；另一方面施行严厉的惩处措施，一旦发现偷拿饭店物品，必严惩不怠，这是两手铁的纪律和措施，除此之外，就是日常要进行道德品行的管理和教育。通常需要采取哪些教育方式呢？

1. 日常行为规范教育

对每一名进入饭店的员工，都要进行日常行为规范的教育。员工来到工作岗位，不仅要掌握操作程序，更重要的是个人的仪表要整洁，语言要规范，接待宾客时要遵守饭店的各项规定。例如，礼宾员帮助宾客提拿行李，很多国外宾客会给小费，这是国际惯例。饭店对小费如何收取，是有明确规定的，礼宾员必须遵守。再如，客房服务员经常会发现外国宾客放置在枕头上的小费，如何处置，饭店也是有规定的。如果自律行为不够，就很容易私拿了事。再有，前台员工如果操作时间长了，就会发现操作中的漏洞，如果行为不轨，很容易"黑钱"（即通过不正当手段，将宾客的房费等据为己有，甚至达到惊人的数字）。这就给饭店管理者出了题目，是疏还是堵？如果仅仅是"堵"的话，恐怕越堵窟窿越大，员工没有良好的品行，只靠管理者抓堵，肯定是"堵"不过来的。所以，"疏"是根本措施。所谓"疏"就是进行有效的管理，这种管理除了制度，更主要的是品行教育。饭店制定《员工行为规范》手册，抓好日常的培训就是抓住了源头，要让员工从思想上、行为上了解到饭店工作的性质，做饭店的员工必须具备的思想品质和行为。要通过培训，让员工从思想上认识到如何对待物质的诱惑，如何严于律己，如何自觉遵守制度和管理措施。

2. 表彰拾金不昧的员工

作为星级饭店，要培养一个良性循环的员工行为规范机制，除了严格的规章制度外，必不可少的一项工作就是表彰拾金不昧的好员工，以树立好员工的典型来推动行为规范的教育工作。在饭店服务岗位中，特别是客房服务员，经常会发现宾客离店后遗忘在客房的物品和钞票等，我们称之为"客人遗留物"，由于饭店对员工的正面引导和教育，绝大多数客房服务员是能够做到拾金不昧的，甚至服务员拾到数量可观的美钞时，也不会触动贪占之心，而是尽可能地进行追索，让宾客不损失。一般情况下，服务员会及时如数上缴给饭店，由饭店进行适当的处置。在饭店里，每年会有大量的宾客遗留物品没人认领，包括首饰、电子产品、钞票等，这些都是服务员自觉地上缴给管理方的，这就是绝大多数饭店员工良好道德品行的体现。因此，大力表彰拾金不昧的好员工，是饭店树立好的典型、发扬正气的一种教育方式。从饭店角度来讲，可以每月都在员工活动区域张贴表彰拾金不昧员工的信息海报，让广大员工从信息中吸收正能量的东西。同时，在部门和班组里，有员工拾金不昧时，一定要在班前会和部门例会上进行口头表彰，这是树立正气的一种方法。在表彰的基础上，还应该适当地结合该员工的日常表现情况，在月度奖金中给予倾斜，让正能量的员工得到实惠。

3.召开现场会进行行为规范的教育

我们知道，做员工工作需要两面对照的工作方法。在大力表彰好员工的同时，也不能忽视惩戒和教育不端员工的卑劣行为。例如，上面提到的员工下班时被查出私拿饭店物品的，一方面要进行透明度的处理，将该员工的不端行为曝光，在员工活动区域张贴告示，披露该员工偷拿物品的信息。另一方面进行严肃的惩戒和处理，行为特别恶劣的，就要解除劳动合同。除此之外，也还可以通过召开现场会的方式，进行现场教育，让行为不端的员工在现场会上进行思想醒悟，并深刻检讨自己思想深处的不端理念和偷拿动机，使广大员工接受教训。在现场会上，还要让参加现场会的员工发表个人见解，谈谈自己是如何认识这样的行为的。这种教育方式非常实用，可以达到自我教育、自我提升道德行为的目的。

4.团队互动中的品行教育

在一个团队中，日常的氛围很重要，好的氛围可以打造好的团队，形成好的风气，不好的团队，不注重团队互动的氛围管理，其结果是对员工心理健康管理的缺失。好的管理者，在带领员工做好日常服务工作的同时，也不会忘记采取多种方式对员工进行思想品德、行为规范的示范教育，具体的教育方式除了正规的培训之外，还有一些方式非常值得借鉴。

（1）员工生日会。很多企业都非常注重员工过生日这件事，在星级饭店里通常都有良好的传统，即管理者本人很重视给员工过生日。通常过生日的方式是采取以月为单位，将每个月过生日的员工召集在一起，大家开个生日Party，由部门领导出席并赠送生日礼物，表示生日祝贺。过生日的员工一起切分生日蛋糕，并唱生日歌，或许还搞个小型的K歌会。这样做，看起来比较寻常，但是坚持做下去也是一件不易的事。笔者所在的饭店，已经经营运转了近30年，这个好习惯做到了持之以恒。有的饭店还拿出资金装修了一个小型的厅室，类似社会餐馆的豪华单间，专门用于饭店员工生日 Party。有的饭店总经理做到每次到场对员工表示生日祝贺。从这样一个简单的事情，我们可以看出管理者是把饭店员工放在心上的。其实，饭店准备的生日礼物也不过百八十元钱，但是这份礼物不能用价格来衡量，这是一份组织的温暖，是一份对员工关爱的情，同时也是团队凝聚力的基础，是激发员工热爱企业，真心回报企业的原动力。很多员工将生日礼物当作珍贵的礼品收藏，有的带回家，让家人也分享组织的关怀。

（2）探望生病的员工。关爱员工，让员工在企业得到身心健康发展，是可以多方面去做的。当员工生病在家的时候，恰好也是让员工感到组织温暖的时机。有的饭店从制度上做了规定，员工一天不来上班，由所在班组的督导人员打电话慰问；两天不来上班，由部门经理电话问候，三天不来上班的，由部门委派人员到家里看望。员工生病住院的，管理者要及时到医院看望并尽可能帮助解决各种困难。当生病的员工得到组织中的领导或同事到家里来看望自己时，很多员工都激动万分，发自内心地感激组织给予的温暖和关心，表示病好以后，将更加努力干好本职工作。由于组织能够及时关怀基层员工，很多员工也会在饭店繁忙的时候带病坚持工作，甚至不计报酬加班加点。

（3）帮助生病的员工家属。还有在员工家属生病的时候，饭店领导及时到家里看望，送去慰问品。这也是关爱员工的一种好的做法。作为饭店管理者，能够在员工家属生病或遇到困难的时候，及时出面关心或者进行帮助，是最易打动员工的。这是人性化的关心和体现，很多员工和家属都会念念不忘饭店领导的关心，都会感恩饭店。这样做，要比更多的说教更能感动员工，更能维护饭店的荣誉，更能让员工从内心热爱饭店，无私奉献自己的光和热。

（4）不抛弃犯错误的员工。有的员工不够自律，思想品质不够健康，或者工作马虎，经常发生失误或者犯点小错。这些情况是经常发生的，很多饭店管理者通常的做法，就是批评、指责、罚款、令其写检查、降级处罚等。这是传统的思维方式和工作方式，是否还可以有其他更好的做法呢？笔者建议采取不指责、不抛弃的做法，首先弄清楚员工发生各种问题的原因，如果是客观因素导致了员工发生问题，要帮助员工分析原因，让他自己总结经验教训，自己教育自己。如果是主观上存在思想意识不健康的问题，要通过组织的帮助、说服，让其自己认识到问题的严重性，对自己成长的不利和对自己前途发展的影响，从爱护他的角度去理性地谈话、沟通，甚至反复多次这样苦口婆心地帮助他，相信多数犯错误的员工是能够吸取教训的，而且这样的帮助，会使"回头是岸"的员工成为忠诚的好员工。

这几种团队中互动的方式，是管理者管理技巧和管理真经的总结，是经过多年摸索和实践得来的实用"处方"，凡是有团队有组织的地方，管理者都可以借鉴。

4.4　正人先正己，管理者一定要作自律的带头人

什么是"领导"？说白了，就是引领和指导。管理者通常被尊称为"领导"，可见，这种引领和指导是如何地重要。有什么样的引领和指导就有什么样的氛围，管理者应该是带头自律的表率，是个人品行健康的表率。作为管理者，很多时候，其实不用你更多地说教，就能引领好你的部下，指导好你的员工。但是，实践表明，并不是成为管理者就是品行健康的典范，也有一些"带病"成长的管理者，自身带有很多不健康因素，他的被提升，可能由于业务好或者工作年头长，或者有某一个方面的特长或能力，但是其不良品质却是这样的领导上升空间的绊脚石，如不自律，迟早在工作中被绊倒。

案例：曾经有这样的一位总经理，酒店业务确实不错，本人精通两门外语，做了总经理后，由于权力在手，便表现得无所顾忌，甚至登峰造极。其夫人每天下班后可以到饭店无偿地免费晚餐，还可以将自己爱吃的东西打包回家；其儿子将要出国时，羽绒被等生活用品全部从饭店无偿解决。本人每天下午不是出外打高尔夫，就是在饭店酒吧饮酒聊天。似乎不可一世的权力使得他的私心暴露无遗，使得他的贪占行为暴露无遗，家里简直成了饭店的缩影，甚

至家里的电视机也是从饭店搬回去的。最后的结果是：被业主方投诉，管理公司将其解雇。在他的影响下，其所在饭店的中层人员也是风气败坏，勾心斗角、私欲熏心，经营业绩一塌糊涂。为此，饭店不得不更换管理团队，重新整顿作风。真可谓：上梁不正下梁歪。

还有的中层管理者很不自律，从骨子里透出一股贪占私欲，经常巧妙地指使员工将饭店的各种食品、物品打包送其办公室内，自己下班带回家中，自己需要的东西千方百计从饭店弄到手。借执行公务之机，向企业人员索要物品，大到烟酒小到生活用品，无所不包，甚至工作餐后还要捎带从餐桌上拿几样吃食放进自己的包中才算罢休。这样的不轨行为，别人心知肚明，特别是逃不过服务员的眼睛，这样的管理者深深地伤害着员工的身心健康。很多员工对这样低素质的管理者是一种唾弃的眼光在审视他的行为，对他的管理不可能信服，只有厌恶和愤恨。

当然更多的管理者是十分廉洁的，是员工发自内心佩服的高大形象。在这里也讲一个真实的案例。

有这样一位五星级饭店的总经理，他被派往外地另一家星级饭店工作，离家300多公里，平时工作繁忙，几个月都不能回家休假一次。偶尔回家休假，他完全有权利开公车回家（饭店业主方是给他配备专车的），但是这位总经理严格自律，总是乘坐大巴回家休假，然后再乘坐大巴返回饭店，一直坚持了若干年。自己腰椎间盘脱出很严重，但是从来不要别人照顾，有时站在大堂等待重要宾客几个小时，腰腿疼痛难忍，有员工看着很心疼，要给他搬个凳子或者请他坐沙发稍事休息，他都不会允许。他本人是回族，但是每日的伙食从来不要求照顾，几乎每顿饭都是素菜为主。有的管理者或者业主方的领导赠送他一些节日礼品或者其他礼品时，他一律拒收，一份礼品没有接受过。这样的总经理在干部、员工心目中树立了良好的形象，大家十分佩服与敬仰。在他的影响下，整个饭店的管理者和员工形成了一股良好的风气。虽然后来因工作需要离开了这家饭店，但是他的良好口碑是永恒的。

　　从他的身上我们看到了"正人先正己"，也看到了榜样的力量是无穷的。这才是"领导"的水平体现。

　　一个企业，能否营造使员工身心健康发展的氛围，是十分重要的管理环节，也是不可忽视的管理基础。一个人来到社会中，不管其年龄大小，都会有个适应环境氛围的过程，有好的氛围，可以改造自身品行不端的个体，没有好的氛围，有的人品行端正，不能接受恶劣环境的氛围，不想融入这样的氛围，当他改造不了这样的氛围时，其结果就是被迫离开这个团队。如果有一个健康的团队氛围，其空气是清新的，大家的心情是愉悦的，工作也是愉悦的。但是很多人有这样的体会，好的团队氛围是可望不可求的。这说明在现实社会环境中，正气的树立是多么重要，健康的管理环境和氛围是多么令人渴望。健康的管理环境是健康的管理者营造的，没有带头树立正气，带头营造正能量的管理者，就不会有健康的管理氛围。因此，管理者的健康素质是打造健康团队的基础，是带领团队建造现代企业氛围的要素。只不过，笔者感觉，这个问题还没有引起足够重视，或者没有人明确地道出来。笔者在企业实战多年，对这个问题深有体会，因此，在这本书中，作为一个章节进行阐述。十分希望大家从建设健康团队的角度认识这个问题，并当作管理的重要前提从正面解决这个问题，使我们在培养良好的服务氛围的过程中，培养良好的员工素质，健康的员工心理。相信如果我们能够重视在星级饭店的氛围中培养健康的员工素质和心理，那么，这样的星级饭店一定是走在潮流前头的饭店，也会是基业长青的饭店。这样的饭店管理者也会是目光长远的带头人，其带来的正能量的价值是不可估量的。

5

如何搞好文体活动，
丰富员工的业余生活

  本章主要谈及员工第五层次的需求——员工文体生活的管理，即在饭店管理中如何顾及到员工文体生活层面的需求，适时开展文艺活动、体育活动、节假日文体活动，丰富员工的业余生活。

  在员工管理的诸项内容中，还有一项不可忽视的管理就是对员工的文体活动的管理。大凡有组织的团队，不管是企业单位还是事业单位，不管是国企还是民企，每年都少不了开展文体活动，但是将文体活动正规地纳入员工管理范畴的，恐怕不是每个企事业单位都能做到的。本书中，笔者提出将员工文体活动纳入员工管理之中，也是一个大胆的尝试，也可以算作对员工管理范畴的探讨吧。

  综合许多年的实践经验，笔者感觉文体生活的管理应该包括员工的文艺活动、体育活动、饭店内的业余生活和节假日前的文体活动等内容。

  为什么要把员工文体活动的管理纳入员工第五层次的需求呢？前几章着重谈了员工自身最低层次的几个需求，从人的自身特点来看，在满足了最低层次需求的基础上，必然会追求更高层次的需求，这是共识。从人的本性看，在满足了吃喝（吃饱喝足）之后，必然要追求身心舒畅。使人身心舒畅的内容很多，最为直白的表达就是唱歌跳舞、竞技比赛等娱乐方式。自从有了人类生存记录以来，我们所能够了解的古人生活片段，如古人在打到猎物，烤火吃肉、酒足饭饱之后，就会围着篝火翩翩起舞，这是最原始的歌舞启蒙；在劳动和丰收之后，就会开展"斗牛""赛马"等体育竞技活动，这是最原始的竞技启蒙。直至现在，在很多偏僻的山村和少数民族聚集的地方，我们还能感受到他们原生态的文体场景，如在山寨里，劳动之余的青年男女往往以高亢嘹亮的山歌、唯美的男女对唱、泼辣热烈的民族舞蹈来表达愉悦之情，他们的表达方式很原始，但很纯真，很打动人。在我国连续举办的青歌赛中也加进了原生态的民族歌曲比赛，使得少数民族和偏远地区的文化艺术走出了深山老林，登上了大雅之堂，他们的浓情蜜意得到了充分的释放。那些原生态的吹奏、弹唱、舞蹈，给我们带来了享受，使我们感受到了人类生存的原汁原味、人类文化艺术的起源和人类追求"唯美"的多姿多彩。笔者由此得到启发，认为在我们现代企业的管理中，不能忽视员工中还蕴含着追求文体美的因素和他们文体美的能量，要让他们充分释放，要给他们展示的机会和舞台。因此，我们应该将员工文体需求的管理提上日程，并作为管理内容的一个不可或缺的组成部分。

当然，文体活动不是企业管理的主流管理内容，也不是星级饭店管理中的主要管理内容，但是，这项管理具有不可或缺性。其实，在实践中，不管我们的管理者主观认识上是不是将其纳入了管理范畴，都在自觉不自觉地做着这件事，都会在每年适当的时候组织员工开展文艺体育活动。既然如此，与其不自觉地做这项管理，为什么不将其纳入规范的管理渠道进行管理呢？

再有，经笔者多年观察，员工参加不参加文体活动，其状态是不同的。每次在饭店举办的文艺或体育活动中参与其中项目的员工，都会表现出亢奋的状态，这种亢奋会随着活动的号召、组织、开展、结束等过程，持续一段时间。

在这段时间内，他们的精神状态会比平日饱满，他们的工作态度和工作效率也会比平日表现更佳，特别是得到名次或者得到奖励的员工，更是兴奋不已，甚至逢人便炫耀自己得到的荣誉。例如，一位西餐厨师，平时默默无闻，也不爱与其他人交流，但是他本人的棋艺高超（围棋），在饭店举办的室内体育活动中，每次包揽围棋比赛冠军。当笔者在电梯中碰到他时，看到他一改平日的沉默，主动跟大家交流，谈到他的棋艺，脸上露出得意洋洋的光彩。再如，一位商务中心的女服务员，跳棋下得很拿手，每次棋类比赛都少不了她，虽然是最为简单的、近乎儿童的游戏（跳棋），她也是津津乐道，勇夺冠军宝座若干年。时隔多年，至今提起来，还是很得意的样子，这成为她在饭店期间美好的回忆。其实不论是员工还是管理者，在有机会参加的各种文体活动中晒出自己的特长并得到认可的时候，都是一剂兴奋剂，都会表现出发自内心的兴奋。例如，一位颇具高位的管理者，在单位举办的体育比赛中得到某个项目的冠军头衔，也情不自禁地表现出兴奋的样子。一位做保安的服务员，由于曾是国家游泳队队员，基于专业队多年的训练，在饭店举办的游泳比赛中，表现十分出众，轻而易举地得到青年组冠军，赢得大家的喝彩，大大增强了他的自信心，从此自强不息地努力工作，后来成长为饭店的管理人员。

文体活动虽然不是饭店主要经营业务，只能算作业余活动，但是它对经营节奏的调节和舒缓作用不可忽视，对于增加团队凝聚力、增强员工自信心的作用也不可忽视。员工如果能够有机会在文体活动中一展自己的特长，他们就会在自己的工作岗位上更加自信；员工能够在自己喜欢的领域里"秀"出精彩，就会在团队中得到大家的认可，就会激发员工更加热爱自己的企业，热爱自己的岗位，这种效果胜过很多次说教，这种效果可以激励员工在平日的经营和服务工作中表现得更加投入和用心。

案例：一家饭店管理公司在2007年为了迎接北京第29届奥运会的举办，为了增强大家的参与度，该管理公司举办了为期半年的"文化艺术节"活动。各个饭店的文艺人才得到了充分展示的机会，他们自编自导了各种舞蹈、相声、小品等节目，在相互的展演和比赛中，大家振作了精神，增强了团队荣誉感。在后来的巡回展演中，虽然很多节目重复多次演出，他们都乐此不疲地认真演好每一场次。在这半年里不仅鼓舞了所有"演员"的士气，同时整个公司的员工工作和服务状态都非常好，各饭店的经营和服务都处于最佳状态，而且，在那些日子里，各个饭店的离职率降低了许多，骨干员工几乎没有辞职的。

通过这个案例，笔者悟出了一个道理，员工在满足了自身的生活需求之后，介乎生存需求和精神需求之间的一个层次需求就是文体活动的需求。这个层面的需求，其主要的功能是起调节作用，即调节工作的紧张状态、舒缓生活的紧张程度、调节相互之间的人际关系、调节身体疲惫感、调节规律性工作和生活的枯燥感，等等。

这个层面的需求又是必不可的。世界上没有哪一个人从来不唱歌、不跳舞，或者没有一点个人的爱好。如果大家都没有爱好，这个世界上就会变得静悄悄了。其实，文化娱乐活动也是精神生活的一部分，是社会文化的一部分，是企业文化的一部分，所以，我们作为管理者，不能不重视这个领域的管理，而且需要认真有序地做好这个层面的管理才行。那么，如何对文体生活进行管理呢？

5.1 将文体活动的管理纳入年度计划

作为星级饭店，对于文体活动的开展应该名正言顺地提到员工管理的日程上，并且要将文体活动列入每年的工作计划之中。要设立相关的组织机构，将这项工作规范地管理起来。在饭店年度工作计划中列出文体活动计划的时间、内容和方法，然后根据计划适时有组织地、适度地开展文艺体育项目的活动。具体说，就是在饭店内，如果有工会的话，可以由工会作为员工文化体育生活的总管部门，工会要在每年工作计划中，列出一系列文体活动内容并基本确定其具体的活动时间。例如，在体育方面，可以列出本饭店春季、秋季运动会项目内容和具体的开展时间。春季运动会的项目，如果是在北方地区的饭店，由于春季气候的不稳定和风沙较大等外界环境的限制，可以以室内竞技项目为主，开展各种棋牌类比赛（象棋、跳棋、围棋、扑克等）；秋季运动会的项目则可以以室外竞技比赛为主，开展拔河、跳绳、踢毽子、短跑、长跑等群众参与性比较强的活动。在此基础上，还可以组织年度的篮球、足球、排球、羽毛球、网球、乒乓球等比赛活动。

在文化艺术活动方面，可以有计划地列出季度文艺活动内容和年度文艺活动内容，如歌咏比赛、舞蹈类比赛、相声小品比赛、情景剧比赛等。特别是在艺术方面，可以组织小制作比赛、摄影比赛、绘画比赛等。总之，琴棋书画都可以列为文体活动的内容，给员工充分展示自己特长和优势的机会。

如果饭店没有工会的话，可以由行政部门牵头组织。不论是工会还是行政部门组织，都要设立具体的组织机构，要有饭店一级的领导出面负责，可以下设文体活动领导小组，有常设的办事机构和人员。当然为了节省人力资源，平时可以是兼职的，当具体开展活动的时候，可以集中抽出人员全力做好比赛和联谊活动的组织联络工作。

5.2　如何组织各项文体活动

作为有品位的星级饭店管理者，他们会把文体活动列入对员工身心健康管理的范畴之中。在一年里，通常可以有计划地组织一到两次运动会。具体组织方式，在体育方面，组织春季运动会和秋季运动会。两次运动会的规模可以有区别，春季运动会简捷一些，只搞室内的棋类、牌类等小规模的运动项目；秋季运动会可以声势浩大一些，以比较大型的综合性的运动项目为主。如果有能力的话，可以设有篮球、乒乓球、游泳等大型的运动项目，以体现综合运动会的规模和声势。在运动项目之中可以加进一些饭店业务技能的竞技项目比赛，如客房的做床质量和速度比赛、餐饮的宴会摆台质量和速度比赛、工程维修的灯具维修速度比赛、财务的点钞比赛，等等。大型综合运动会需要具有比较适合的场地，饭店若想使得运动会更加正规和引人入胜，可以外租场地，用以举行开幕式和闭幕式。在开幕仪式举行之后，可以进行带有表演性质的一项团体比赛项目，象征着本届运动会的开始（如篮球比赛、游泳比赛等）；其他项目的比赛可以列在日常在饭店内的场地举行（如乒乓球比赛、羽毛球比赛等）；在闭幕式上，主要是总结和发奖，为了体现饭店的特点，可以将带有饭店业务性质的比赛列为闭幕式上带有表演性的比赛内容，如做床比赛、宴会摆台比赛等技能比赛，既有艺术观瞻性，又与本行业的业务技能相结合。这样比较大型的运动会，是需要颇费一些力气的，从组织设计到场地确定再到一项一项的比赛，需要列出非常详细的计划、比赛日程、比赛规则等，还要组织裁判队伍，购买运动服装，安排好运动会比赛和日常服务工作的节奏，等等。所以，运动会不仅能选拔出优秀的竞技人才，也能锻炼饭店组织大型活动的能力。如果饭店曾经有过这样成功举办运动会活动记录的话，其影响力会永久留存在管理者和员工的心中，也是饭店一笔宝贵的财富。

当然，关于饭店各项文体活动的组织和举办，还可以分为饭店层级的活动和部门层级的活动。这里重点表述饭店层级的活动，列举综合运动会组织管理方法、单项运动会组织管理方法和技能比赛管理方法。

1. 饭店综合运动会的管理和组织程序

（1）组织启动工作。例如，开展饭店级的秋季运动会，这个算是大型综合运动会活动。首先按照饭店工会或者行政部的年度文体活动计划，由饭店文体活动领导小组启动，假若是在9月中旬举行的话，就要从8月初开始张贴开展饭店秋季运动会的公告，列出体育活动的项目并确定报名时间、报名地点、联系人、组织要求、注意事项等。假如这次秋季运动会的项目有拔河、跳绳、踢毽子、短跑、长跑等，还要具体列出各个项目的召集人、负责人，列出各个项目活动的比赛规则等，这些都要公示，以确保比赛项目的透明度和比赛的公平性、公正性。

（2）个人启动工作。所有有意向参加本次体育比赛活动的员工，都可以按照公告中比赛的要求和规则，到负责人那里报个人参赛的项目。报名的个人要熟悉比赛规则和要求，并按照规则做好准备。参赛人可以开始自行训练或者参加本部门的赛前训练。

（3）比赛开始。在确定了比赛时间后，就要按照这个进程将各项准备工作向前推进。当比赛开始的时候，饭店需要举行一个正规的仪式，仪式的内容大致有在运动会的主会场上张贴运动会的横幅或电子屏幕（xx 饭店第 xx 届运动会），主持人宣布本次运动会的主旨内容、具体比赛项目内容、比赛规则、各项内容的具体比赛时间、地点、召集人等。一般由饭店主要领导（总经理或董事长）宣布 xx 饭店第 xx 届秋季运动会现在开始。如果有店歌的话，还应播放店歌，全体运动员入场。在仪式之后，应该举行 1~2 场比较精彩的带有表演性质的体育项目（如拔河比赛、篮球比赛等）。然后其他各项比赛活动按照计划陆续分时段进行。一般这个运动会可以在一周至二周之内举行完毕。

（4）比赛过程。在各项比赛的过程中，一是按照规则进行比赛，二是要严格操作，保证参赛人员的安全，保证公平性、公正性，避免因不公发生纠纷和骚乱。

（5）比赛结束。各项比赛结束后，组委会根据记录的成绩，评出各项目的前三名。在运动会的闭幕式上进行宣布，并颁发奖杯、证书等。最后饭店领导宣布本次运动会闭幕。组委会还要在各个项目完毕之后，做好各项记录并存档。

2. 单向比赛及内容的组织方法

作为星级饭店，也可以根据饭店人才的情况和经营工作的情况，适时举办单项竞技比赛活动。组织单项竞技比赛，相对比较简单易操作，一是只有部分人员参与，不是大规模的活动；二是可以作为饭店的一个长项，有能力精心打造好，甚至可以成为饭店的竞技比赛代表作，在适当的时机，代表饭店出席行业内部或者社会团体的竞技运动会。例如，单位有一两位退役篮球运动员，就可以成立篮球队，将业余爱好者纳入篮球队，平时坚持训练，每年举行1~2次比赛。如果是饭店集团的话，可以在集团举办运动会时代表本饭店参加集团的竞技比赛等活动或者参加饭店业协会或饭店所在地区组织的体育比赛。

单项运动项目的开展和举办，也需要有一系列的组织活动程序。①组织机构：一般是由工会或行政部门来承担。②发出通知：饭店要组织篮球比赛，首先由工会或行政部门发出通知，说明举办的时间、地点、报名方式、参赛规则等，然后收集报名人员情况。③赛前事项：进行分组，设定裁判员、各队指导员、各队队长、各队队员名单等，在比赛之前进行抽签、定制各队服装、鞋子等具体事宜。④租好场地：一般饭店没有整场的篮球场地，多数是需要租场地使用的。⑤赛时组织：比赛时，也应该有一个简短的开幕式，然后进行比赛。如果只是一个饭店的比赛，可能只有两个队，或者几个队，比赛比较简单，决出名次即可，然后进行发奖，宣布比赛结束。如果是饭店集团内部的篮球比赛的话，可能要经过几个轮回，最后进行决赛。⑥赛后总结：比赛结束后，不能一哄而散，还要进行总结、表彰等活动，做到有始有终。

饭店内部的文艺活动和艺术表演等，也可以参照上述体育活动的举办方式进行。

3.技能比赛的组织和管理

下面谈谈星级饭店如何举办技能比赛活动。技能比赛，应该是星级饭店每年都组织的一项业务练兵活动，可以列入饭店文体活动范畴之中，也可以算作员工业务技能提高的一种活动方式。

一般饭店管理者都很重视员工的业务技能，这关系到饭店的服务口碑、服务质量和服务水平的提高和保持。所以，通过组织员工技能比赛，来提高各个岗位员工的业务水平是非常有效的一种做法，而且这种活动可以大张旗鼓地做，最大限度地让所有员工参加，以提高全体员工的业务水平和服务技能。

业务技能比赛的方式分为全员技能练兵比赛活动和单项技能比赛活动两种方式，分别介绍如下。

1）全员技能练兵和比赛活动组织方式

星级饭店为了提高员工的服务技能，可以每年都组织技能大赛活动。这个技能大赛的主要目的不是赛出胜负，夺得名次，而是普及各个岗位的技能知识，提高所有员工的工作技能和服务技能。具体的操作方法如下。

（1）组织机构和管理部门。员工技能大赛活动每年都要举行，因为与员工的业务和技能紧密相连，因此这项工作的组织机构应该设立在人力资源部所属的培训部门，由负责人力资源的总经理作为总负责人，人力资源部主管培训的人员作为具体组织者和管理者。

（2）组织编写业务技能知识大全。为了统一规范各个岗位人员的业务技能，也为了将所有的业务技能知识收集为本饭店的业务技能大全资料，饭店有必要下点功夫收集和整理各个岗位的业务技能操作程序（sop），如果是还没有整理过这些程序的饭店，恰好可以借组织业务技能大赛的机会，下一番功夫进行收集和整理。如果是已经具有这方面基础的饭店，可以在原有的基础上，每年不断更新和补充即可。当所有岗位的业务技能操作程序收集全了以后，需要组织相关人员，进行整理和分类编写，这项工作是需要耗时和费精力的，但是一旦整理出来，就是饭店一份宝贵的知识资产，它将是全面、标准的培训资料，不仅是员工日常操作的标准程序，也是业务检查指导的依据资料，是最具权威性的业务知识和技能依据。

（3）组织编写本年度业务技能考试试卷并进行考试。作为普及性的业务技能大赛活动，一定要普及到每一位员工。因为所有的业务技能都与员工密不可分，只不过是岗位不同、需要掌握的业务技能知识不同罢了。在组织大赛之前，一项十分重要的工作就是组织所有岗位员工进行业务技能考试。

要通过这次考试，管理者可以了解每一位员工的业务技能知识情况并记录他们的考试成绩，作为对员工年度业务技能等各项考核的一个组成部分。出题由人力资源部负责，分管总经理审核把关，然后分为两种考试方式进行考试：①分场次分岗位进行笔答（试卷）；②分部门进行技能操作的现场考试（实操）。两项考试之后，记录成绩，加权平均，作为员工个人的业务技能总成绩留存。

（4）进行全员业务技能大练兵活动。在考试的基础上，要组织全员参加的业务技能大练兵活动，在什么岗位，就练什么技能，不仅一线直接服务于宾客的员工要练，二线后勤和各岗位的员工也要同时练兵。例如，前台员工练习在三分钟之内熟练地接待每一位宾客的入住登记、客房员工练习在最短的时间内做完铺床程序、餐饮员工练习摆台标准、向宾客介绍菜品等。二线员工，如果是财务人员，要练习收银、点钞速度等，如果是洗衣厂员工，要练习如何辨认服装面料、如何熨烫各种衣物等技能，如果是工程部员工，要练习每一项工程维修的技能和速度等，如果是厨房员工，要练习刀工、面点制作技能等。总之，做什么练什么，练技能、练准确度、练熟练程度。这项大练兵，就是全员提高业务技能的一次很好的实战演习。

（5）组织技能大赛的选拔活动。在全员业务技能大练兵的基础上，各个部门、各个岗位选拔出优秀的业务技能员工，作为参赛人员。人力资源部组织报名、分组等工作，并制定大赛的具体时间表和具体事项。

（6）组织技能大赛活动。在各项准备工作都做好的情况下，可以分期分批地组织各个岗位的技能大赛。因为饭店是全年全天候运转的企业，不可能在同一个时间组织各项比赛，要根据各个岗位员工的班次情况，设定比赛的科目和时间。各项比赛决出参加总决赛的人员后，可以在适当的时间和场地组织技能大赛的决赛活动（这是技能大赛的高潮和结束点）。

（7）决赛和颁奖等仪式。决赛要像运动会的决赛一样，设定比赛时间和地点，设定参加的赛手和观众。决赛其实就是技能高手的表演赛，是本年度业务技能学习和考试的总结活动。在决赛之后，进行颁奖活动，颁发奖杯、证书等，并要在饭店内进行对技能大赛冠军和各项操作能手的表彰活动，以便激发全体员工的学习热情和进取精神。

（8）进行总结和归类工作。在业务技能各项活动结束后，人力资源部负责培训的主管等人员，要进行认真的总结，整理所有培训资料、考试答卷，分类归档，进行留存。以备下一年度继续开展这项活动。

2）专项业务技能比赛活动的组织和管理

星级饭店还可以隔年或者适当的时候，组织专项业务技能的比赛活动。专项业务技能比赛，是饭店提炼出具有专业特点并带有观赏性的业务技能，作为比赛内容，使之成为一种带有技能性和趣味性的比赛活动，达到活跃文化氛围和提高技艺的目的。例如，餐饮的宴会摆台比赛，就是比较典型的例子。餐饮宴会有：中式宴会摆台、西式宴会摆台、婚宴摆台等不同形式，而在高档饭店中，宴会摆台又可以凸显该饭店餐饮水平和服务水平，因此，各家饭店经常会以宴会摆台作为专业技能的典型活动，列入技能比赛之中。再有饭店客房的铺床比赛，是考察员工做床质量和速度的典型项目。这两项比赛（宴会摆台和做床比赛）具有较为激烈的竞争特点，具有较强的观赏性，通常成为技能比赛的焦点。其他方面，还可以组织滚台（即在大宴会厅内，员工从后区将一个个大的宴会圆桌滚着推入指定位置的一项操作表演）、插花、熨衣、面点制作等各个项目的专项比赛。

这些内容的专项比赛，具有观赏性和艺术性，也是饭店开展技能提高活动的组成部分。例如，艺术插花，是饭店餐饮、客房、会议等都需要的一项专业技能，而插花又是艺术性极强的一项技术，且具有不断创新、不断提高的空间，如果每年组织艺术插花比赛，就可以收集到各种不同的艺术插花造型图片，或者每次进行录像，作为资料保存。再如，面点制作，也是饭店中餐、西餐都需要的一项业务技能。中餐的各种面点技艺、西餐的各种面点烤制也都具有创新性和不断提高的空间，并具有观赏和品尝特点，我们不妨通过举行这样的比赛活动来提高饭店各种面点的品质。而且，我们发现，在饭店组织各项比赛活动的时候，员工都会格外兴奋和具有热情，很多时候，员工为了参赛，会利用自己的业余时间到外面高档餐馆考察学习，带回新的技艺和创新思维。

如何组织专项比赛呢？与上面的员工业务技能大赛不同的是，这项比赛参与的人员有限，相比全员练兵和比赛的规模，也相对简单一些。

（1）设立组织大赛的组织机构。一般由人力资源部牵头组织。在设定了具体的比赛项目之后，可以抽调相关人员组成大赛组委会。例如，餐饮摆台比赛，就要抽调餐饮负责人作为组委会成员（临时兼职），客房做床比赛，就要抽调客房负责人作为组委会成员（临时兼职）以此类推。

（2）制定规则。制定比赛规则、比赛具体方式和时间、地点等相关的一些比赛前期准备工作。

（3）组织选拔赛。例如，餐饮摆台比赛，就要先在报名的人员中进行初赛、复赛，选拔出来的选手进入决赛。

（4）决赛。确定时间和地点进行决赛。决赛是本次单项比赛的高潮，也是大赛的最后阶段。饭店应该事先组织好场地，确定观众人数等。在决赛现场，应该有饭店的领导出席，最后要由相关的领导颁奖并发表致辞。

（5）大赛后的总结工作。大赛之后，人力资源部等组委会成员要进行认真总结，整理相关记录资料并进行归档留存。

4.饭店各部门如何组织文体活动

上面谈的是从饭店级的角度如何组织技能比赛和操作程序，下面谈一谈作为饭店的各个部门如何组织员工的文体活动。星级饭店里的三大部门：前厅、客房、餐饮，这是员工人数最多的三大部门，也是饭店经营最为主要的核心部门。有的五星级饭店餐饮部可以有600多名员工。这么大的部门，每天就是上岗、操作流程、下班回家，员工会觉得很枯燥，部门也会显得没有生气和活力。如果能够适时开展文体活动，其效果就大不相同了。不仅可以提升员工的创新能力，更重要的是能激发员工做好本职工作的热情。而且作为部门管理者，通过文体活动，也是提升凝聚力、调动员工积极性的管理方法。那么，都有哪些项目可以在部门内组织呢？

（1）文艺方面的活动形式。最简单最好组织的形式有：组织 K 歌比赛。可以在业余时间，组织本部门的员工到 KTV 去活动。相信每一位年轻的员工都是非常欢迎这样的活动的。也可以在本部门内组织唱歌比赛、自创诗歌比赛、小型音乐会等，遇到年节时，还可以组织文艺演出活动，如五一节前、青年节前、中秋节前、春节前，可以组织综合性的文艺演出活动，给员工展示自己文艺才华的机会。

（2）体育方面的活动形式。部门可以组织小型的室内棋类、牌类比赛；在春、秋季节组织室外的踢毽子、拔河、游泳、爬山比赛或者各种球类的比赛等。例如，在节假日里，分批组织员工爬山活动，也是员工非常喜欢的项目。往往在准备过程中员工就会进入兴奋状态，这种兴奋状态就是激情，就是员工的内在工作动力。部门若经常组织这样的活动，一定是非常具有凝聚力的团队、充满活力的团队。

（3）艺术方面的活动形式。除了上述两项内容的活动之外，还可以组织艺术创作等小型活动。例如，在部门内组织摄影比赛，员工可以晒出自己旅游的照片佳作、晒出自己小宝宝的照片、晒出各种风光照、人物照、花鸟照等。还可以组织各种小制作的比赛，我们相信在员工中是有着各种才能的，作为管理者，组织开展各项小制作活动，你部门的员工就可以充分发挥自己的才能和创新精神，如将废旧易拉罐等制作成精美的小卡通，运用各种毛线编织各种艺术品等。再有，还可以组织书画比赛，每一个部门中都会有擅长书画的人才，给予他们崭露头角的机会，是他们最为开心的事情。

作为管理者，不仅仅是单纯地组织部门的文体活动，其目的应该是通过活动激发员工热情和热爱部门、热爱企业的精神。如何激发呢？很简单，通过比赛，不仅评比出一、二、三等奖，还要设立各种名目的优胜奖、纪念奖等，使得每一位参与者都有获奖的机会，达到激励每一位参与活动的员工的目的，就是调动员工积极性的最好的做法，也是增强团队活力的最佳手段。

5.3 饭店员工业余生活的组织和管理

作为青年人居多的星级饭店，员工的业余生活有一部分是要在饭店内度过的。例如，餐饮员工，俗称"两头班"工作制。中午有一段时间是闭餐时间，大约从下午2点到4点半左右，这段时间里餐饮员工需要休息，怎么休息呢？有两种现象是饭店中常见的。

案例一：在不少饭店里，在餐厅中午闭餐的时段，员工有2~3个小时是个人休息的时间，这段时间里员工如何打发闲暇的时光呢？多数情况下，员工只好找个空闲的单间（宴会包间），躺在几把椅子搭起的临时"床"上，关灯休息。当有人突然造访这个单间时，可以看到员工在里面睡觉或者小声聊天或者玩手机。如果是管理者突然走进去，员工会惊吓得马上站立起来，不知所措。管理者也会一脸不高兴地训斥两句，员工不知自己犯了什么错，显得很无奈。

案例二：有的饭店是这样对待这个问题的。他们开辟了员工活动室，活动室内有象棋、围棋、跳棋、扑克等棋牌活动区，有图书、杂志阅览区，有电脑上网区，有乒乓球、台球桌区，甚至有的饭店设有小型的影视厅，员工可以及时欣赏到大片、贺岁片等，有的饭店设有卡拉OK厅，员工可以自娱自乐。餐饮两头班的员工可以在活动室内对弈、打球、上网、读书、唱歌、看电影等，就不会"自闭"在单间内消磨时光了。

如何组织开展饭店员工的业余生活，如何让员工有名正言顺的活动场所，这是管理者的责任。管理者要创造条件为员工开发和解决业余时间的活动场所和活动项目，使他们闲有所乐。

1.设立员工活动室是必要的

从上面的两个案例来看，星级饭店设立员工活动室是必要的，饭店管理者应该考虑到员工的这种业余生活的需要，开辟一个地方让员工坦然地休息和娱乐，而不至于躲在单间里"惊恐"地休息。

当然员工活动室的规模和内容要看饭店自身条件来设定，但是，即便再困难，也应腾出一块地方改造为员工活动区，给员工一个小小的娱乐空间，以便让员工有可以度过他们在饭店内的业余时间的地方。至于员工活动室的规模和活动项目设立多少为宜？可以根据饭店资金情况和员工业余活动人数，设定相适应的规模和项目。

2.采取各种方式管理员工的业余时间

如果饭店暂时腾不出建立员工活动室的地方，那么，还可以采取其他措施为员工建立一个能够活动的区域。当然最好是有一个固定的地方，做一些投资，设立正规的员工活动室。

（1）在员工餐厅设立员工娱乐区域。如果暂时无法设立员工活动室，可以在员工餐厅开辟一个小的区域，与用餐区域隔离开来，放置一些棋牌类用品、放置1~2台电脑、摆放一些员工喜欢的图书杂志等。员工可以在用餐之余，找个同事对弈棋牌，也可以上网浏览自己喜欢的内容，还可以读读书看看杂志等，这也是一个解决员工业余生活场地的方式。

（2）对于有员工宿舍的饭店，还应该关注到员工回到宿舍之后的业余生活，可以在员工宿舍区里，开辟地方设立上网区域、阅读区域、棋牌区域等，这也是解决单身员工回到宿舍无聊的一种方式。即可以在员工宿舍里开辟一个员工活动室，至于规模，根据条件可大可小。满足员工最基本的业余生活需要即可。

（3）对于单身员工，特别是家在外地的员工，他们的业余生活还包括周末的时光。饭店的管理者应该再人性化地多关心一下这些员工的休闲时间。可以组织员工成立业余合唱队、登山队、摄影队等，适时组织业余时间的合唱、登山、摄影等活动，也是管理员工业余生活的有效方式。

（4）前面还提到了节假日对员工业余生活的管理话题，这里主要是指外地员工，因为他们不可能每个节假日都回家度过，这就需要饭店关注到他们"每逢佳节倍思亲"的情感。为了抚慰他们的内心和恋家情结，作为饭店管理者，应该在大的节假日（春节、五一、十一国庆节等）之前或者节假日中，组织那些因为工作不能回家的员工，分期分批地到郊外旅游、到 OK 厅唱歌、到公园赏花等活动。

总之，饭店员工的业余生活管理也是一个不能忽视的现实问题，一个饭店至少有上百或者几百名员工是外地人员，除了上班时间外，其余的时间对他们来说，也是一个难以打发的时间段，他们除了购物、整理自己的个人卫生之外，如果没有组织的关怀和业余生活内容，他们很容易滋事，特别是年轻的男孩子。所以对他们的业余生活多一些关心，采取一些措施，解决得好一点，可以减少员工酗酒、打架等现象，同时也是促进员工有组织地学习技能、发挥特长，开展娱乐的积极措施。

5.4 在各项体育竞技活动中强化团队精神并融入企业文化内容

饭店组织各种活动，不管是文艺活动还是体育活动，都不要忘记在活动中融入企业文化内容，这样可以通过活动提振精神，提升企业文化的渗透力。有哪些是可以在体育比赛活动中融入的内容呢？

（1）在活动中增强团队精神。单位组织的体育活动和竞技比赛，虽然多数是展示个人的竞技能力，但是每一个人都离不开团队的支持，可以说体育竞技比赛是最能体现团队精神的活动。例如，一场乒乓球比赛，参赛的双方可能只是几个部门的几个员工，但是肯定离不开员工所在部门其他人员所组成的啦啦队前去助威，这就是最基本的团队精神的体现。当一方赢得了比赛时，所在部门的全体人员都会同时为此兴奋不已，都会为之欢呼雀跃，这就是团队精神的体现。大家会为自己部门参赛员工出主意、想办法，会为他创造有利条件，会帮助他克服各种困难，也会帮助他完成经营中的任务。这些都是团队精神的体现，是凝聚力的体现。一般单位组织各项业余活动时，都能提振员工个人的兴奋程度，增强员工的团队精神。我们的管理者恰好要抓住这样的机会，在组织竞技比赛的同时，有意识地灌输团队精神，引导员工热爱集体，为集体争光，发扬团队作战的精神。

（2）在活动中渗透企业文化内容。企业文化是一个单位的灵魂，是凝聚力的根基。平时，饭店利用各种培训进行灌输，要求员工死记硬背，或者通过考试强化记忆。这些手法都是必要的，更为有效的辅助做法是在组织各项活动中加入企业文化的内容，让企业文化在无形中化为员工的思维方式和行为方式。在体育竞技比赛中，我们管理者一定要有意识地融入企业文化的具体内容。例如，有的饭店提倡"像军队"的企业文化宗旨，就应该在体育竞技比赛中引导员工强化组织纪律性，强化勇敢作战精神，强化部门的共同利益和荣誉感、责任感等；又如有的饭店的企业文化中提倡"团队精神"，就应该在文体活动中强化团队的作用、强化一盘棋的做法，强化共同参与共同取胜的团队作风，在竞技比赛过程中，有效地组织部门员工齐心协力取得好成绩。管理者在赛前的动员会上、赛中的小结会上、赛后的总结会上都强调企业文化的宗旨，通过不断的点拨和引导，让员工在比赛中体会到企业文化的内涵，体会到企业文化的作用，领会企业文化对取得好成绩的重要性等。

（3）通过活动提升员工的企业荣誉感和爱岗敬业精神。企业组织的体育比赛活动，在某种程度上也是一堂生动的教育课。可以通过比赛中的艰辛，比赛的曲折和取得好成绩的来之不易等体验，来引导员工理解企业荣誉感、理解爱岗敬业的必要性。如果一个员工没有企业荣誉感和爱岗敬业精神，他就不可能在日常工作中有好的表现，不可能发自内心地服务好宾客。所以，借力也是一种有效的管理方法，借体育竞技比赛之力，引导和培训员工的企业荣誉感和爱岗敬业精神不失为一种有效的做法。

5.5　通过文体活动挖掘人才、培养人才

饭店重视业余生活，开展丰富多彩的文体活动，不仅可以活跃氛围，还可以从中发现人才，培养人才，促进骨干员工尽快成长。

（1）通过文体活动发现有特长的人才。在实践活动中，笔者还发现，几乎每一位员工都有深藏不露的"绝活"，他们具有潜在的各种才艺。有的在音乐方面特别有灵气，饭店员工中肯定有擅长各种乐器的人才，如钢琴、小提琴、大提琴、手风琴、电子琴、口琴、扬琴、单簧管、双簧管、萨克斯、琵琶、二胡、长笛、短笛等；有的在声乐方面颇有造诣，如美声唱法、民族唱法、流行歌曲，特别是年轻人几乎个个是流行歌曲能手；有的在舞蹈方面超人一筹：我所知道的一个文静的小女孩，由于各种原因从专业舞蹈队来到饭店做服务员，她擅长各种民族舞蹈。一次在培训的间隙，大家让她独舞一段，那舞姿美不胜收，大家都不约而同地对这个文静的女孩刮目相看。在体育方面，很多员工擅长篮球、足球、排球、乒乓球、网球、游泳等。但是，如果单位不组织各种文体活动的话，很多员工没有机会崭露头角，特别是内向一些的员工，平时中规中矩，话语不多，似乎很平庸。其实，也许某个不起眼的员工就是9级钢琴的能手，也许某个文气的员工是国家队游泳运动员退役者。因此，我们通过开展各种文体活动，可以了解员工的特长，发现文艺体育人才。这种了解和发现对管理者而言，是一条重要的人才开发渠道，也属于现代人力资源开发的一个组成部分。平时我们作为管理者，可能更注重于关注员工的工作业绩、技能情况或者服务特长等，当然这是非常重要的一个管理方面；但是，这是不够的，作为管理者，更应该全面地了解你的下属，了解你部下的每一位员工，特别是那

些默默无闻的内向的员工。如何做到全面了解员工？在部门中开展文体活动是一个很好的途径。笔者所在的饭店集团，通过开展各项文体活动，发现了许多身怀绝技的普通员工，有的现代舞蹈跳得唯美，有的小提琴拉得引人入胜，有的歌唱功底不亚于专业歌手，有的篮球中锋夺人眼球，有的是围棋高手，等等。我们想要发现这些员工的才气？往往就是单位举办各项活动时给予他们崭露头角的机会。而且也许自此这位员工就会提振自信，成为部门内优秀的骨干人才。当部门经理了解了你的员工的特长时，部门管理者也会心存骄傲，一旦有机会就会推举你的员工代表部门参加各种层级的文体活动，为部门争光。

（2）通过文体活动，发现具有组织能力和创新能力的人才。我们还在各种文体活动中，意外发现了具有组织能力和创新能力的人才。有的擅长编写现代小品剧本，有的擅长做组织协调工作，有的擅长灯光音响技能、有的擅长摄影和采编工作，有的擅长主持，有的具有创新理念，有的可以策划一台大型综艺节目，并且能够运用许多创新手法。

可以这样认为，在一个团队中，如果成功举办了一次综艺晚会，或者成功举办一次大型的综合型的体育盛会，就一定会有不少人才被发现。而这些人才可能在平时无人知晓，他们也没有机会展示。作为管理者，通过这些活动，不但是发掘人才，还要培养人才。当你发现了一个具有组织才能的普通员工时，若在工作岗位上再稍加培养，就可能是一个潜在的好的管理者。笔者认为人力资源的意义就在这里，我们要不失时机地开发员工的智能和潜能，并及时给予机会让他们展示，还要给予培养的"土壤"和"肥料"。这"土壤"和"肥料"就是部门管理者为其创造机会，给予成长的引导和帮助。要知道，人才的埋没是多么的可怕。一个员工来到饭店一般都是成人年龄，最小的也到了18岁，当他们在饭店中做几年服务员后，就到了成家立业的年龄，如果还没有出人头地的话，也许这辈子就平庸下去了。如果我们能及时发现他们的特长并给予开发的话，也许在他20多岁的时候，就是单位的骨干或者中层管理者了，他的一生将会是比较顺利地发展，在他30岁出头或者更大一点的时候，就可以成为高层管理者，这样，我们就做了饭店行业后继有人的善事。一个人的成功需要机遇和环境，而管理者就是创造机遇和环境的伯乐。

（3）增强员工的自信。通过文体活动，让每一位员工都更加自信。有的普通员工也许身怀绝技，可能没有管理才能，但是我们通过文体活动，发现了他的高超技能，对于他本人而言，也是提高自信的机会，如他是一位游泳健将，大家对他就会另眼看待，他本人也会更加自信。再如她是一位优秀的舞蹈擅长者，在团队里大家就会更加关注她，她也会在各种场次的文艺演出中展示才华。有一位非常不起眼的男士，在一次文艺活动中阴差阳错地承担了音响师的角色，没想到他还能提出一些非常有益的对某些音乐串烧改编的建议，同时还主动承担了摄影录像师工作。文艺活动结束后，他主动承担了剪辑、刻录等任务，得到领导和周围员工的赞扬。这次活动使他增强了自信，一举成为单位文体活动的骨干人才，在岗位工作中也得到了晋升。

（4）注入企业活力。通过文体活动增强企业凝聚力，增加企业活力。文体活动实际上不仅仅是一次、两次大型活动的组织和管理，对于企业而言，它具有长远的意义。文体活动不仅可以在业务方面提升员工的自信，更可以在综合方面发展员工的潜力，使得我们的饭店不仅是经营的组织，更是创新驱动的组织，培养优秀人才的组织。这样可以使我们的团队充分释放活力，增强凝聚力。

5.6 通过丰富员工的业余生活，提高员工生活质量，创造全面发展的平台

饭店管理者，一方面要做好本企业的经营和管理，为社会贡献经营效益，解决员工就业问题；另一方面，还应具有强烈的社会责任感，对我们所管理的员工负责，除了负责他们的劳动收益之外，还应该负责他们的心理素质的提升，负责他们的道德和素养提升，使员工成为社会的弄潮儿。我们的管理方式有培训、上课、开会等传统形式，还有在员工遇到问题时进行的管理。此外，随着时代的发展，管理者应与时俱进地开发员工需求层次的管理。其中员工的文体爱好、业余生活也是他们需求的一个层面，只要是员工的需求，就是我们的管理范畴。在这个层面，我们通过开展文体活动，灌输积极向上的文化理念，培养高尚的情操、热爱生活的情趣，培养一专多能，培养多才多艺，满足员工精神层面的需求和渴望，这是我们义不容辞的责任和义务。组织员工开展有益的业余生活活动，也是提高员工业余生活质量，减少无聊、滋事和不良风气对员工影响的一种手段。这种管理就是提升了层次的管理，是从精神层面去关心员工、关爱员工。

上篇这五个章节的内容，满足的是员工较低层次的需求，也是员工生活需求的主要内容。对这部分员工需求的关注和关心，是管理者的基本职责，主要体现在人性化关怀和从设备设施方面解决基本需求的管理上。从下篇开始，笔者将主要谈及员工精神层面的需求和员工职业发展的需求。

下　篇　员工较高层次的需求管理

6

如何运用"赞美"，
如何创建"激励"机制

本章主要谈及员工第六层次的需求：激励机制与激励管理，即管理者如何运用"赞美""赞扬""赞赏"等激励方法，让员工发自内心地"感恩"；让员工产生真正的"归属感"；如何用好培训、考察等激励机制，培养员工全面发展；如何让"奖牌""奖金""证书"等形式达到真正的激励作用。

从本章开始，笔者要谈的是星级饭店员工需求层次管理的较高层次的需求。前面已经阐述了员工在饭店中基本生活的需求、工作氛围的需求、组织关系的需求、心理健康的需求、文体生活的需求。这些笔者定义为员工在企业组织中较低层次的需求，是员工在企业中个人生存环境感受度上是否舒适的需求。而下面要谈的激励的需求、民主意愿的需求、企业文化的需求、自我发展机遇的需求、品牌意识的需求，是较高层次的需求，也是员工精神层面和自我发展层面的需求。

本章要谈的是员工精神层面较为直接的需求，应该是员工较高层次需求中的较为基本的需求。相信我们大家都有这样的感受，从很小的时候起，只要得到身边人对你的激励，你就会兴奋，你就会充满自信；相反得到大人的责怪、不允许，你就会泄气、就会不自信。例如，一个2岁的小孩，在从1数到10后，得到了大人的掌声并竖起大拇指说真棒，他也会自己鼓掌并竖起拇指说真棒，并且每次都会自信地数这10个数。但是如果他没有顺畅地数下去，大人还说"真笨"，估计他就会自认为"笨"，并且很长时间内都不会顺畅地数这10个数了。他的心理障碍就是大人对他"笨"的评价造成的。在这样一个2岁小孩的内心：一种是我很棒，数数不成问题；一种是我不能从1数到10。这就是"被激励"和"被打击"的直接后果。可见激励对一个人的成长是何等重要。成年人也同样如此，而且笔者认为一个人在被"激励"与否的感受上，几乎没有年龄的区分，不是只有小孩子喜欢被激励、不喜欢被打击，而是所有人都喜欢激励，害怕打击。不论人到了多大年龄，也喜欢听顺耳的话，听激励的话。

作为企业，很多工作需要通过开会来布置、检查、推进、落实。在星级饭店里每天必开的就是店务会、班前会，在这些日常的会议中，经常会有员工被表扬或者被批评，如果你留心的话，可以看到被表扬的人尽管很含蓄，不露声色，但是也会看出他内心的满足感和自豪感；相反被批评的人尽管再矜持，也会表露出不自信，表现出低落的情绪。

我们可以用一个皮球作比喻，打足了气的皮球可以弹跳很高很高，泄了气的皮球怎么也弹不起来。在这里我们可否称它为"皮球原理"？借用这个"皮球原理"，我们作为星级饭店的管理者，需要很好地解读激励机制对于激励员工的作用，需要很好地设定激励机制并运用激励机制，使之成为员工在精神层面的推动力、向上力和向心力。

其实激励机制早已有之，在每一家星级饭店中也都发挥着一定的作用。在这里，我们将其作为一章来归纳和梳理一下，以便大家在员工管理工作中更加有意识地使用激励机制，更加有效地激发员工的积极心态，更加有利于我们做好员工精神层面的管理工作。

在现代企业中，通常的激励做法有表扬、表彰、提薪、提职、奖励旅游等，这些都是有效的做法。例如，有的饭店建立了优秀员工奖励机制，每季度评比出优秀服务员，除了给予一定的奖金，还在饭店内部的宣传橱窗中张贴其照片并提名表扬，并在橱窗中展出其与总经理合影的照片。有的饭店在上述做法的基础上再发给优秀员工一张餐券，可以凭餐券带家人一起在饭店内指定餐厅享受一次豪华服务的用餐过程，使该员工也享受一次宾客的待遇，体验一次被服务的感受，以便激励员工更好地服务好宾客。这些做法都很具激励作用，下面就细数星级饭店诸多有效激励机制中的几种常见做法。

6.1 店务会中如何运用激励机制

店务会是星级饭店每日早晨的一个例会制度。通过店务会通报昨天的经营情况和饭店重要情况，布置当日工作。参加人员一般是饭店总经理级人员、中层管理人员和相关人员。在这个简短的会议上主要是信息沟通、部署工作，以事务性的程序为主。因为这是一个每日中高层人员的见面会，也是相互沟通的平台，通常做法是根据会议程序，部署好当天工作即可。然而具有领导艺术的总经理，会利用这种场合，不失时机地抛出激励措施，以达到"不用扬鞭自奋蹄"的效果。相反有一些总经理在这个层面的会议上，更多地是批评和指责，把一堆问题抛出，然后严肃地批评某个部门没做好某项工作，批评某个部门经理粗心大意，出了纰漏，甚至讽刺挖苦某个部门经理工作上出了漏洞，等等，弄得大家灰心丧气，导致散会之后，大家私底下相互插科打诨，取笑某个被批评的部门经理等。这种工作方法其后果极为消极，这是一种过时的管理理念和做法。我们现在不提倡这样的陈旧的工作方法，而鼓励学习现代企业管理理念，以积极的语言和阳光的心态对待人和事，达到对各级人员的激励管理。其实，店务会恰好是激发各部门管理人员工作积极性的极好机会，不用占据更多的时间，就可以起到激励的效果。

（1）口头表扬激励法。我们不妨换一种思路，不批评，只表扬。在店务会上，总经理或主持会议的负责人，一定要在总结前一天工作的同时，不忘口头表扬工作比较到位的部门和岗位，表扬工作细腻、配合默契的相关部门和岗位。这种激励是非常必要的，它的作用在于带动整个饭店的工作。例如，准备接待一个较多人员的团队入住饭店，前期预定由销售部负责，谈妥之后，前厅部经理主动与销售部配合，同时做好了相关的入住准备，使得团队入住时快捷方便。这种团队意识和主动配合精神就要在店务会上大力表彰，一方面激励两个部门的继续合作；另一方面也是激励其他部门效仿，相关的部门可以照他们的模式配合工作。这样一个大的团队的入住，不仅是销售、前厅要配合，客房、餐饮等部门也必须同时密切配合才行。其实总经理口头提出表扬前厅、销售两个部门的用意，在于激励其他部门的主动合作。虽然会上都是中高层人员参加，但是不要忘记每一个人都是需要激励的，不分年龄和职务高低。这种口头表扬应该是每天作为一个程序坚持做下去。这就需要总经理非常了解饭店的情况，了解各部门的工作情况，每天抓住一、两个亮点，口头激励中层管理者。而对那些出了纰漏或者工作中有失误的部门和人员，可以私下里沟通并帮助他们解决问题，才是比较适宜的方法。

（2）介绍情况激励法。除了口头表扬这种方式之外，主持会议的总经理还可以变换方式激励。例如，你认为某个部门经理的某项工作做得比较出色，可以使其他部门受到启发的话，可以事先与这个部门经理做个沟通，请他做相关准备（资料、内容、介绍顺序等），然后在会议的最后，请这位部门经理介绍某项工作的进展情况和做法，待他介绍完毕，主持会议的总经理要不失时机地肯定他的做法和经验，提示大家这个案例对其他部门的启示是什么。这样，一方面激励了这位部门经理；另一方面可以让其他部门经理借鉴他的经验和做法。

（3）巧妙激励法。有些总经理打算在会上批评某下属（中层管理者），一般传统的方式是直接批评或者指责该管理者所存在的问题，让这位被批评的管理者当众受窘。这样的方式在目前还是比较多的。不妨换一种方式，按照正激励的思维方式，将打算狠狠批评下属的思维方式转换一下，先找出这位部门经理身上存在的长处，如善于吃苦，经常加班加点，不计较报酬等，先表扬他的长处，真情地赞扬他，让他充分感受自己的长处所在和得到总经理赏识的自信，然后话锋一转，顺便提醒他目前工作中还不到位的地方，有缺陷的地方。如果是这样委婉批评下属的话，一般都能够接受，而且是发自内心地接受。为什么呢？因为他感觉到了总经理或者他的上级领导是赏识他的，信任他的，指出他的不足是为了使他更能提高，工作更出色。按照一般规律，直接批评某人时，他即便口头上接受，肯定在内心里也要找种种理由为自己辩护，有的甚至当面就会讲出一大堆理由不情愿地接受批评，有的虽然当面接受批评，但是内心里产生对抗情绪。这样的后果是，尽管总经理的出发点是好的，是希望某个部门经理克服缺点和失误，但是可能打击了他的情绪，更加不利于工作的开展。因此，批评人的技巧在于：在想要批评某人时，最好先找到他的长处，做一番表扬和肯定，然后再巧妙地指出某人工作中的缺陷，让他感受到你的善意和真心，这样的话，接受批评的人心服口服。同理，部门经理对其下属也应该如此运用批评与激励的艺术。

6.2　班前会上如何进行员工激励

星级饭店的另一种每日例会就是班前会，班前会是所有班组在上班之前都要召开的例会。一般15分钟左右，其内容主要是与上一个班次衔接，布置本班次的重要工作等。通常召开这样的班前会，部署完工作也就解散，大家各就各位去工作了。作为班前会的召集者（主管或领班），在这个班前会上，不妨启动激励机制，将表扬和激励员工的斗志作为班前会的一个内容，每日不可或缺。实践证明，这是非常有效的一种工作手段或工作方式。假设本班次有10名员工，主管或领班在主持班前会时，一定要找出本班每名员工的长处和值得赞扬的"点"进行正激励。例如，某位员工昨天主动加班2小时，某位员工收到了客人的表扬信，某位员工主动培训新员工的业务技能等。这样做一定能够收到很好的效果。哪些内容可以列为班前会上激励的话题呢？

（1）检查员工仪容仪表激励法。在星级饭店里，员工的仪容仪表是上岗之前必查的一项内容。通常的做法是检查员工的衣装、鞋袜、发型、佩戴饰物、个人清洁卫生状况等。检查这些内容已经成为惯例，传统的思维方式和做法是在检查时，指出某人衣冠不整或者清洁卫生不够好，这是一种消极的激励法，容易使员工情绪低落，打不起精神来。让我们换一种方式，主持会议的主管或领班，要找出员工仪表方面值得赞扬的地方，如某位员工发型总是那么整洁，某位员工衣着十分得体，某位员工总是精神焕发，微笑面对大家，等等，在检查仪表这一项时，就针对这些好的地方进行表扬。试想，这样的方式，员工会表现得十分自信和充满朝气。虽然没有批评衣着不整的员工，相信，那些衣着不整或发型散乱的员工会在这种表扬中做对比，找到自己的不足，并主动纠正。这就是正激励的作用。

（2）提振员工情绪激励法。在班前会上领班或主管如何部署当日的工作呢？通常是拿着工作表，将需要完成的当日任务分摊给各位员工即可。至于谁的情绪不高，谁心中不悦，好像就不太关注了。这是通常的主管或领班的做法。如果是学习过激励法的管理者，可能就不是这样简单地布置工作了。他们首先面带微笑，展现自信的情态，然后指出班组内近日工作表现突出的员工，受到宾客赞扬的员工，赞扬这样的员工，其目的是激励全体员工的工作激情。这还不够，还要正面激励本班员工精神饱满的状态，然后再部署工作。最后还应该充满自信地告诉大家我们有能力有信心完成本班次各项工作。作为主管或领班，你自己的激情会感染大家，你对个别员工的激励会带动全体，以使各位员工提振精神，开始投入工作。如果只是按部就班地分摊工作任务的话，其局面是僵化的，大家的情绪得不到调动，工作状态恐怕也是不佳的。

（3）安全提醒激励法。在星级饭店工作中，还有一项非常重要的工作就是"安全"。"没有安全就没有旅游事业"，这是饭店管理者经常强调的，在班前会上，我们的主管或领班也需要经常提醒大家注意安全。这里所说的安全：包括员工工作中要注意的人身安全事项，也包括在服务宾客时要注意的各种安全事项。通常我们看到主持会议的主管或领班往往以教训人的方式提醒大家注意安全，如：①大家要注意了，昨天某餐厅厨房烟道因积油过厚，差点着火，这事别出在咱们班上！②直接点名某某员工，你要注意啊，昨天你在清洁客房时，没有关紧面盆的水龙头，导致水流溢出面盆，地面积水，这是非常危险的，一旦水漫到楼道里，你负不了这个责任啊！可以换个思路，从正激励的角度，我们这样来提醒大家。还是以上面的这两个为例：①主持会议的主管或领班可以这样说："顺便向大家通报一件事情，昨天某餐厅厨房的某位师傅安全意识高，在工作中及时检查并发现了烟道内积油过多的现象，并带领厨师们一起清理了烟道，解除了一起火灾隐患，我们也要汲取经验，经常检查我们工作中不安全的因素，以避免发生事故。"②可以这样说："今天某某员工做完某间客房后，当领班前去查房时发现面盆处的水龙头没有关紧，水已溢出面盆，立即关好水龙头，免除了一次隐患。我们今后在做房时，还要更加仔细检查是否存在安全隐患，如发现一定要及时采取措施，以免酿成事故。"如果如此提示安全问题的话，相信员工更能接受，并且会收到更好的效果。

（4）荣誉感激励法。每家企业都有自己的光荣历史，都有比较辉煌的经历。同理，每个岗位和每一位员工也都有辉煌的经历，都有比较值得骄傲的过去或者现在。我们的管理者应该善于运用正激励法，在班前会上，经常提起班组的荣誉史、提起岗位的光荣记录，或者是某位员工值得骄傲的经历，等等，以荣誉感激励法激发大家热爱本企业之心，热爱本岗位之心以及热爱本职工作的自信心理。这也是激励员工以高昂的热情投入工作的比较有效的做法。例如，一位颇有经验的管理者，当他抓到一个好的案例（为集体争光的案例）时，每每在会议上都要提到这个案例，以激励大家。笔者发现，尽管这位管理者不断重复这个案例，但是似乎每次重复都具有新的意义，大家都对这样的激励案例不厌其烦，愿意听。

以上列举的几种激励法，只是举例而已，相信通过这样的启示，我们的基层管理者会受益匪浅，会从中学习到正激励的思维方式和工作方式，学会如何将消极的事情变为积极的说法，具有这样的工作技巧，管理者会比较轻松，也比较容易得到好的效果。

6.3　如何用好宣传橱窗激励法

首先让我们了解宣传橱窗激励法是怎么回事。所谓的宣传橱窗激励法，是指每个星级饭店都少不了宣传阵地，最通常的做法是企业文化宣传橱窗。一般情况下，星级饭店的橱窗多设在员工生活区，多是设立在距离员工餐厅比较近的走廊两侧，这样，员工每日用餐时就可以随时看到不断变换的宣传橱窗的信息内容，这是比较实用的宣传方式。既然设有宣传橱窗，就有必要利用好这块阵地。当然宣传橱窗中的一大功能是饭店内各种信息的传达，如内部招聘信息、各种事务性的通知、告示等。这只是橱窗功能的一部分，还有一部分是在宣传橱窗中预留的一块阵地，这是一个用来激励饭店内各级人员，特别是员工的极好的窗口。作为管理者，如何运用好橱窗进行激励宣传呢？有的饭店将这块阵地分为好人好事橱窗、拾金不昧橱窗、服务明星橱窗、优秀员工和标兵岗位橱窗等。这里不妨介绍几种橱窗的宣传做法。

（1）好人好事宣传。"好人好事"这个词比较传统，但是它比较直白。饭店内负责宣传的部门和人员，可以通过各种途径实时了解各岗位员工的好人好事，随时将好人好事的信息在宣传橱窗中进行更新，让员工及时看到。在影响员工、引导员工方面，我们正面的宣传做得多了，大家得到的正激励就多，其影响是潜移默化的，不要以为现在的年轻人不买账，实际上年轻人也好，中老年人也好，心中都是有杆秤的，人心都是倾向于正义的、正面的，好人好事宣传多了，就会成为饭店的主流风气。

（2）拾金不昧宣传。拾金不昧，从大的分类来看，也可以属于好人好事的范畴，但是最好作为一个专栏来宣传，更有意义。因为在饭店内，宾客经常马虎大意，遗忘钱财、贵重物品，特别是走客房内（当日离店的房间），还有宾客在餐厅用餐后，服务员经常会发现宾客遗落的物品。很多员工都能够及时想办法将宾客遗留物送还宾客，甚至在见到大量的钞票时也不动心。因此在星级饭店内，设立"拾金不昧"激励宣传，是非常必要的。对于员工拾金不昧的案例，我们应该高度重视，定期进行整理后，在橱窗中展示，以达到激励员工的目的。根据星级饭店的这个特点，应该长期设立拾金不昧宣传橱窗，不失时机地表扬和激励这些具有优秀品质的员工，带动全员树立好的风气。

（3）服务明星宣传。饭店以服务为主，特别是高星级饭店，非常注重优质服务的案例，那么，我们为了培养更多的优秀服务员，运用正激励的做法，从正面渠道宣传服务明星的事迹，也是非常具有效仿意义的。有的高星级饭店设立了一种表彰服务明星的制度，每季度根据宾客的好评和表扬信，评出服务明星，饭店主要领导与这些服务明星合影，并把照片张贴在宣传橱窗中，以示激励。

（4）先进员工宣传。在每年的年底，各星级饭店都要评比出优秀员工、服务明星、最佳技术能手等各种名目的先进员工，他们非常重视对先进员工的宣传和表彰，首先组织先进员工进行拍照，拍出他们各具风采的工作照片，然后对他们的优秀事迹作简要的文字描述，连同照片和优秀事迹在宣传橱窗中展示，以这种方式鼓励员工力争上游。

（5）标兵岗位宣传。在评比中，还要评出先进班组、标兵岗位等优秀团队，饭店也应将评比出的先进班组、标兵岗位作为优秀团队进行宣传表彰，将他们的事迹制作成各具特色的宣传报道，在宣传橱窗中展示，以此激励更多的班组、岗位效仿学习。这是对饭店内小的团队的一种激励措施。

在饭店里，想要充分利用好宣传橱窗，还可以将各种具有示范特色的人物和先进事迹在宣传橱窗中进行报道。实践证明，充分利用好企业内的宣传橱窗，使得各种板块有声有色，不但是正面激励非常有效的做法，也是一道亮丽的风景线，层出不穷的好人好事和优秀员工及时得到荣誉并加以宣传，以此表明饭店的正向驱动，表明企业文化的正向驱动力量，不可不为之。

6.4 如何在服务质量巡检中进行激励

在星级饭店内，特别是高星级饭店，都少不了对服务质量的监督控制，多数饭店都设立质检部（质量管理和检查督导部门），有的是专职部门，有的设在行政部（行政办公室）内，这个组织是饭店质量管理和督查的权威机构。质检部的作用是每日有组织地进行现场巡视检查，随时了解饭店内对客服务的现状，随时纠正服务中的各种问题。出于监督和指导的作用，这个质检部的职责更多地是查找问题，纠正问题。在巡查中，他们的眼光始终盯着哪里不规范，哪里服务不到位，哪里的卫生质量不合格，哪里出现了违规操作，哪里疏忽大意在细节上有纰漏，等等。这就导致他们看问题的角度总是盯着不好的一面，并更多地运用质检人员的权威身份批评员工，甚至处罚员工。长此以往，在饭店里形成了对立面，员工在背后称他们为"找茬部""罚款部"。还有很多员工惧怕质检人员，远远地看到他们的身影，就如临大敌，甚至惊慌失措，当质检人员走过后，他们经常是在背后指责和谩骂质检人员。

笔者之所以提出此问题，并当作一个激励的话题来表述，是因为在笔者看来，这是传统的质检思维方式、是负激励的做法，其效果着实不佳，笔者希望颠覆质检部是"找茬部、罚款部"这个印象。如果换一种思路进行巡视检查，可能它的效果会大相径庭。有这样的一家星级饭店，他们不仅仅是查找问题，也查找服务优秀的现场做法和表扬优秀的服务员，更多地运用了正激励法。在巡视检查的过程中，当发现服务非常好的员工时，他们有权当即进行奖励，包括口头的激励和现金奖励；当发现待客中始终微笑的员工时，他们会在多次证实了这位员工总是微笑服务，且服务质量也非常好后，提名这位员工为"微笑大使"，在经过质检部讨论后，正式授予这位员工"微笑大使"称号，并为其佩戴微笑名牌，同时与每月的奖金挂钩。这样的做法，矫正了以往质检人员总是绷着面孔，凶巴巴地到处找错的形象，也得到了员工的信任和配合，不再有人躲避质检人员，或者背后谩骂他们了。

对于"微笑大使"的评比和奖励，可以有不同的方式。笔者介绍的方式是多年形成的比较成熟的做法，也很有效，可提供参照。

（1）设立"微笑大使"激励机制。饭店制定"评比微笑大使"规则，在饭店质检部设立"微笑大使"评比制度，并以正式文件下发各部门。

（2）"微笑大使"的概念要清楚，不能与先进员工的概念混为一谈。"微笑大使"的概念是：员工在待客服务中能够做到总是微笑面对客人，呈现出自然亲切态势，创造良好的服务氛围，受到客人青睐，这个概念不完全与工作业绩挂钩。因为高星级饭店的员工，有一些员工会自以为是，傲慢待客，甚至态度蛮横，招致客人投诉和不满，从而流失掉一些客人。为了提倡微笑服务，给宾客最好的第一印象，饭店明确要求员工要微笑服务。为了达到较好的效果，并有更多的员工能够发自内心地微笑服务，饭店设立"微笑大使"荣誉称号，并给予一定的激励措施。

（3）如何考察和评出"微笑大使"呢？主要考察目标是服务员是否在面对客人时始终微笑待客。质检人员在巡视检查中要关注每一位员工，如果某位员工始终自然亲切地微笑服务的话，再经过质检部多次观察和了解后，就可以初步提名评为"微笑大使"。提名后进入讨论程序，由质检部、部门经理和相关人员经讨论通过的提名者，再上报饭店负责服务质量的主要领导审批后生效。

（4）"微笑大使"的称号分为两个档次。第一次提名并通过的"微笑大使"授予蓝牌佩戴，经过三个月的观察，始终微笑服务并服务质量好的员工，可将蓝牌更换为红牌佩戴。蓝牌和红牌的奖励可以根据饭店的奖励机制设定奖励金额，按月发放。

（5）微笑大使资格的撤销。如果被授予蓝牌或红牌的"微笑大使"在工作中发生因个人原因出现的差错或者违规违纪，或者不能够在待客中始终保持微笑服务，质检部可以经过讨论程序，随时撤销该员工的"微笑大使"资格。

（6）"微笑大使"资格可以是终身制。只要符合"微笑大使"条件的员工，可以始终享有这个称号。曾经有一位饭店的保洁员工，由于其服务中总是面带微笑，被评为"微笑大使"，直至该员工退休。

（7）微笑大使资格不是轮换制。值得注意的是，"微笑大使"的称号不应该成为轮换制，不能够为了在员工中搞平衡，采取每季度进行轮换的做法。如果将"微笑大使"作为一种荣誉轮换授予员工的话，就失去了"微笑大使"的意义。

在质检监察过程中，不仅可以观察和评比微笑大使，还可以随时随地观察到优秀服务案例，并记录下来，在适当的场合进行表扬和激励。这样质检监察工作完全可以被赋予积极引导和正面激励的作用，颠覆了总是"找茬""罚款"的概念。

6.5　如何将培训作为激励机制

饭店内的培训机构是一种常设机构，但是很多饭店仅仅将培训作为新员工入店的一道程序，入店培训之后，就很少再给员工培训了。他们简单地把培训作为岗位技能的必要手段，而没有充分认识到培训在饭店内的重要作用和它的长期性功能，更没有充分认识培训的激励作用。在笔者的《星级饭店培训管理》中，笔者曾提到过培训的激励作用。在这里，笔者要从员工管理的角度专题谈培训的激励作用。撇开常规的培训话题不谈，在这里笔者主要要谈的是如何利用培训激励管理者和员工，如何在培训激励中提拔使用管理者和员工，即培训的激励机制和作用。

（1）对员工专业技能的再培训。应该说专业技能的再培训也是一种激励机制。一般在新员工入店培训之后，新员工就被分配在一个工作岗位上熟悉本职工作。当新员工经过了半年的实践操作之后，他们的业务技能就已经相当熟练了。在这种情况下，饭店还要不要对他们进行培训？有两种情况，一种是饭店管理者不想再花成本对熟练员工进行培训，认为熟练操作足以满足服务的需求了，再投资培训得不偿失。另一种是饭店的主要管理者具有远见卓识，从大局着眼，为了不断提高本饭店的服务质量和工作质量，也为了不断培养优秀人才，十分重视对员工专业技能的再培训，也不惜花费一定的成本培养人才。他们会定期举办各种专业岗位的培训班，将表现优秀的人才进行再培训。例如，前厅接待岗位人员的再培训，可以提高他们对前台接待服务的再认识，提高他们的技能和技艺。这种培训的内容就是经验的传授，饭店会让接待岗位工作多年的老员工或者部门经理，整理接待经验和流程，然后分期分批组织前台接待人员脱岗培训，以提高接待人员的业务技能和服务质量。再如，保安人员再培训，可以将内保业务和消防业务、安全防范措施等进行再培训，让保安人员掌握各项业务技能，一旦某个岗位骨干流失，其他保安人员完全可以随时补充。以此类推，饭店内的所有岗位都可以组织再培训。实践证明，所有员工都非常愿意接受这种再培训，员工得到再培训机会时都会十分欣喜，并且十分珍惜再培训的机会。他们在培训之后，工作热情会明显高涨，业务技能也会明显提高。

（2）对即将被提拔使用的人员再培训。在饭店里，各级人员还是颇具成长机会的，原因在于，饭店人员流动性较大，在岗位空缺时，各级人员有机会得到提升。但是有机会得到提升的人员，不等于被提升时就具备了新岗位的素质条件。例如，一名做前台接待的老员工，虽然业务技能相当纯熟，工作环境非常熟悉，服务接待经验也很丰富，但是他的管理经验是欠缺的，毕竟还没有在管理岗位上实践过。突然从员工提升为领班或主管，他的工作内容会有比较大的变化，不再是单纯的对客服务，而更多的是内部管理，即对内部人员的协调、使用、沟通、平衡等工作。因此，他需要得到进一步培训的机会。饭店既然要提拔和使用年轻人，要将有经验的员工提升为管理人员，就要培训他们的管理素质、管理技巧，培训他们如何做管理层面的工作，这是对没有管理经验的员工的必要培训。再如，一名部门经理，在中层管理岗位多年之后，恰好有机会提升为饭店级的高管人员了。但是由于他长期在部门层面工作，积累的经验更多地是适用于部门范围的，其管理平台是多年的中层界面，而现在需要处理的是饭店层面的事务，他的视野高度和广度肯定与高级管理人员有差距，肯定需要提升管理层面的知识。一方面是在高管岗位上的历练，这需要一定的时间和经验；另一方面，就是及时的提升培训。如此类推，饭店每一层级人员的提升和使用，第一需要的就是提升培训。这样说来，星级饭店内部的提升培训是一个不可绕开的话题。

如何培训呢？笔者在前一本书中有详细的阐述。即在提升培训中，最关键的一条就是"缺什么补充什么，需要什么培训什么"。对提升为领班、主管的员工，需要从基础的管理经验进行培训，教会他们如何从接待服务型思维方式转变为内部管理、沟通、协调所需要的管理思维方式，在培训中教会他们如何做领班、主管，如何召开班前会，如何分配每日的工作，如何处理员工之间的各种事务和矛盾，如何做好团队协调等内容。对从主管提升为部门级管理者的人员，需要培训的主要是部门内部的管理和部门之间协调合作的经验和方法。对于从中层管理者提升为饭店高管的人员，主要培训他们的战略思维方式、宏观管理方式等内容。这里就不再展开论述了。

对于个体而言，提拔使用本身就是激励，在提拔之初对这些人员再进行及时的培训，同样也是激励机制的一个组成部分。因为，当一个人在得到提升和重用时，他们虽然会心情激动，会信誓旦旦地想如何做好新的工作，但是他们往往也十分迷茫，不了解新的岗位的工作内容和需要的经验。笔者在实践中，对新提拔人员有着比较清楚的了解，此时他们的内心是迷茫和空虚的，甚至不知道这个新的位子如何去做。有的还很纠结，怎么就选中我了呢？我还没有这方面的经历呢？有相对年轻一点的被突然提拔时，还会有一种心理恐惧感;别人都比我年长很多,我能够震住他们吗?因此,作为饭店高管,在需要使用新人时,一定要了解新提拔人员的内心需求,并针对他们的需求进行及时的培训,将新的管理平台的性质、内容、特点等做一些基础培训,再教会他们新岗位的工作方法和工作技巧。通过培训解除他们内心的纠结和迷茫,让他们勇敢地挑起肩上的重担,有底气地走上新的管理岗位,这就是激励培训的作用。

(3)对优秀人员的奖励培训。在星级饭店里,大力提倡的是优质服务,特别是一线直接对客服务的优秀人员,是饭店内宝贵的人才。而且每个饭店内部,也都特别重视这些优秀人才的骨干作用和带动作用。实践告诉我们,培养一个忠诚的优秀服务人员是十分不容易的,要经过新员工的培训,经过工作岗位的磨练,经过无数次的待客经验,还要加上本人的悟性、对本职工作的热爱程度、对饭店的忠诚度等,才能成长为优秀的服务人员。这些优秀的服务人员,堪比一个优秀的销售员,他们的得体言表和优质服务会赢得宾客的青睐,很多老顾客就是凭借对他们的良好印象成为饭店回头客的。因此,他们的作用不亚于一名优秀的销售员。饭店留住这样的人才,是提升效益的法宝。如何留住他们呢?当然多种措施并举为好,其中一条非常值得推崇的经验就是奖励培训。

通常来讲,服务水平高的优秀员工,首先是一位忠诚的员工,他们热爱本职工作,热爱本饭店的环境,才会真诚地服务好每一位宾客。其次,服务优秀的员工还是一位悟性高的员工,他们能体会宾客的需求,有超前服务意识,有良好的服务技能和温馨的待客态度。优秀的员工也是一位擅长学习和提高的员工,他们不仅对本职工作十分钻研,还会主动学习和钻研服务心理学并追求技能多样化。因此,作为饭店管理者,要细心体会这些优秀服务员的内心需求,及时给予他们培训的机会,让他们感受到饭店给予他们的关注、爱护和成长的机会。

员工离职的理由往往是"薪酬待遇不满意""环境不适应"等。其实,很多时候,员工的离职不仅是因为待遇的多少,也不仅是因为环境适应不适应,更多的员工是心理感受如何？每天能否心情舒畅地工作？饭店领导是否关注自己的成长？而他们更看重的是自己的成长空间如何？特别是饭店内的新一代员工，80后、90后，他们对自己的成长过程有着精细的设计蓝图，在饭店内工作多少年，自己发展到什么程度，都会有一个小规划。如果我们关注他们的内心情节，及时提供培养学习的机会，他们就会在自己的成长轨迹中更加努力地工作，更加热爱他的岗位和这个集体，所以，我们挽留优秀员工最好的方法之一，也在于奖励培训。

如何实施奖励培训呢？一般饭店内基础的培训是新员工培训和日常培训，日常培训会根据每年的情况，设定一些必要的课程，这些都是常规的培训思路和做法。在这里，笔者要强调的是饭店在顾及日常培训的同时，一定要将奖励培训的内容考虑进去，作为非常规内训的必要课程之一。其实奖励培训的课程很好设计，可以根据各个岗位的工作实际情况，收集并编写案例式的教学教材，每年举办若干种专业提升培训班，按照每个专业特点进行培训即可。奖励培训班，每次人数不宜太多，最佳的是小班培训，一个班15人以内，以专业知识和服务技能为主。小班教学的优势在于，引入优质服务案例或者服务失败(客人投诉案例)等案例，让参加培训的学员进行讨论，在讨论中发挥头脑风暴的作用，让他们结合自己日常的工作体会和经验，讨论自己是如何做好服务宾客工作的，有哪些体会和案例？应该着重从细节上讨论如何预知宾客的需求，做到超前服务，甚至让宾客惊喜。在这样的奖励培训班内，主要目的就是提升员工服务意识和服务技巧，提升待客服务的内涵。同时，在讨论中还可以收集到更多的服务案例，以填补我们的培训教材。

在饭店内，除了对一线直接待客服务中优秀人才的不断培训外，还应该照顾到二线优秀人员的需求。对二线工作出色的员工，也应该开办专业提升培训班，以激励他们更加优秀，业务技能更加出色。二线的奖励培训，也要以专业为主，分专业进行培训。但是二线岗位人员的特点是，每一个岗位可能就3、5

个人，不适宜以专业岗位组织培训。这也无妨，我们可以扩展思路，将本部门的专业内容整理提炼成册，进行综合培训。例如，财务人员，分工不同，有收银、出纳、会计、审计、成本核算等，这些都属于财务管理范畴，触类旁通，可以将本部门的各门知识做成培训教材，进行通培，让大家通过培训了解到各个岗位的专业特点、操作程序。这样做的好处还在于，一旦某个岗位人员短缺，其他人员由于进行过相关的业务知识培训，可以马上上岗顶替，以解燃眉之急。再如，工程专业，更是专业性很强，有电工、水工、空调、电梯、高低压配电设备操作等，如何组织他们的优秀员工进行奖励培训呢？有两种办法，一种是将相近的专业进行通培，凡是带电的性质的工作，如电梯、空调、高低压设备等，可以组织一起培训，让他们了解相关的知识和操作特点，使他们便于相互沟通和协作；另一种办法是，培训他们组织和管理能力，打下管理协调的基础，从中培养管理人才，使他们的佼佼者很快能够成为基层管理者，继而成为中层管理人员的后备军。因此奖励培训还具有培养管理人员后备军的优势。做好奖励培训的作用是不可小视的。

（4）奖励旅游加培训激励机制。在星级饭店里，特别是高星级饭店，高管人员都十分注重向同行学习。笔者了解到，很多高管经常通过工作考察了解饭店新的信息和发展趋势，有的高管利用休假出去旅游，专门入住外资品牌饭店或者入住新建的高星级饭店，目的就是了解饭店信息，学人之长。还有的高管经常利用业余时间自己步入本地新建高星级饭店，了解高科技含量的设施设备在饭店中的运用等信息。当然更多的高管还会利用每年的各种行业会议，与同行有识之士进行交流，以扩展饭店发展新的知识。在信息时代里，飞速发展的智能技术层出不穷，日新月异是现代社会的普遍规律。管理人员必须认识到这种飞速发展对酒店业带来的挑战，不仅自己要学习提高，还要培养员工的超前意识和学习精神，特别是对那些具有良好发展空间的员工和基层管理者，要给予他们长见识的机会。其中奖励旅游就是一举多得的做法。

通常饭店的奖励旅游，其目的就是单纯为了让员工得到荣誉，并给予他们放松的机会，暂时放下繁忙的工作，组织到外地风景秀丽的旅游景点去游玩。我们可以利用这种奖励方式，加上培训的内容，成为一个新的奖励概念，即奖励旅游加培训的套餐模式。当然，这种奖励培训的方式，需要精心设计和精心组织。

（1）饭店要提出旅游加培训的课题。在组织先进员工奖励培训时，管理者首先提出本次旅游加学习培训的目的和学习内容。例如，打算组织考察学习最豪华酒店的管理和服务，那么就可以选择澳门旅游，并入住外资豪华饭店，以体验国际顶级饭店的最新设备设施和智能化设备的使用，同时体验饭店的管理水平和对客服务的绝佳技能。之所以提出到澳门旅游，主要目的是看重澳门是国际大品牌豪华酒店聚集地，那里有最顶级的豪华饭店，有最先进的饭店设施和智能化设备，有很多有特色的优质服务特点。所以，做酒店的服务人员，有必要到那里去长见识，去亲身体验待客的特点。作为饭店评选出的优秀服务员，有机会亲自去体验别人对自己的服务，就是一次非常生动的培训课。

（2）饭店方设计旅游路线和目的地。作为组织者，饭店要事先设计奖励旅游加培训组团具体事宜，包括出团时间、旅游路线、行程方式等。同时还要在组团人员中做好明确分工，有领队、副领队、生活管理员、目的地联络员等细节的安排和落实。

（3）让参加人员带着课题参观学习。由于是奖励旅游加培训，在组团出发之前，先向所有参加人员讲清楚本次旅游的目的和学习体验的培训内容，可以出几道题目给大家，要求参加的人员做些预备功课，事先查阅资料，了解澳门地区的地理环境，澳门有哪些品牌的顶级酒店等，了解要入住体验饭店的特点等，这样才能不打无准备之仗。

（4）随时组织讨论会进行交流和总结。由于是旅游加学习培训，那么与通常的旅游要有所区别，不能一味地吃喝玩乐，要带着题目，注意观察和体验，在每入住一家饭店之后，要及时组织所有人员进行体验交流。例如，在入住某家饭店后，大家可以坐下来，共同讨论入住饭店的特色、能够学习和借鉴的地方，对比自己饭店和自己岗位，找出要学习借鉴的地方。再如，研讨客房设备设施的智能化特点，研讨餐饮的多样化特点，研讨服务的特点，等等。这种研讨方式最好在入住体验时来做，这样可以身临其境来研讨所要学习的内容。如果大家在讨论中有共鸣的东西，还可以在这家酒店做一些进一步的观察和体验学习。例如，某位成员观察体验到饭店客房中仅一个遥控器就可以躺在床上操纵客房的各种设备设施，包括窗帘的开关、灯光的强弱、音响的调节等，如果有的成员没有仔细观察和体验，那么便可以即时在客房中进行操作和演习，使大家印象更深刻。再如，入住饭店的餐饮、餐厅、厨房有比较突出的特点，有做餐饮的成员关注到了，其他成员就可以再深入考察和了解。这种学习中的及时交流和共享，其收获是事半功倍的。

（5）旅游回来后，组织再次研讨，并拟写考察报告。在旅游行程结束后，作为这样的旅游加培训团队，不应该解散了事。一定要在回到饭店后，再组织研讨，进一步深入地研讨，这次可以具体对照本饭店和本岗位的情况进行对比和研讨，这样的话，这次旅游加培训的印象会更加深刻，收获会更大。同时，要将大家研讨的内容进行整理、分类，并拟写考察报告，在全饭店各个部门和岗位进行交流和学习，使考察学习成果得到共享。这样的奖励旅游，其成员一定会欢迎，这比单纯的旅游收获大很多。

特别是在现代社会，各种智能设备齐全的情况下，我们在考察学习中，还可以利用照相机、录像机、手机、iPad 等多种便携设备做一些拍照、录像。回来后，不仅是文字的考察报告，还应该整理照片、录像等资料，分类提炼并做成 PPT 等，供饭店其他岗位共享，也是饭店培训的宝贵资料。

6.6 如何运用好提职、加薪、奖金等激励机制

作为饭店员工，当然更希望自己的业绩得到认可，希望更快提职，更多地加薪，或者得到更多的月度奖、年终奖等。这些激励不可没有，但是要做得适当，做得公平合理，才有最好的效果。否则，虽然利用了这些手段，但是可能效果不佳，甚至引致矛盾和不满。在提职、加薪、奖金激励等方面应该注意哪些呢？

（1）管理者要去掉个人成见。例如，一个十分优秀的员工，业绩突出，人缘关系好，客户也非常认可，但是可能他与本部门的主管有过摩擦，于是这位主管在内心形成了个人成见，始终不愿意激励他，在奖金发放、有加薪机会时总是不愿意关照到他，最终的结果是导致这位优秀员工辞职，流失到其他饭店了，这种案例并不鲜见。很多管理者内心狭隘，不容下属的缺点和不足，更不容下属曾经的不尊重或顶撞过自己，他们的报复手段就是不给这位员工激励的机会，甚至压制他的发展。这是管理上的大忌。管理者的狭隘和成见障碍，在他所管辖的小环境中不利于优秀员工成长和发展。因此，管理者必须做到胸怀宽广、宽容和大度，不能以私利和个人成见作为工作的出发点和判断事物的标准。这一点是管理者必须自我修炼的。

（2）管理者要在奖励和激励员工时做到公平、公正。除了上面的不计前嫌之外，我们作为管理者，做事还要把握公平、公正的原则。否则，你的下属和你的部门、班组是不可能有正气，也不会有和谐氛围的。在日常接触中，我们看到管理者内心对员工是有各种看法的，这个不奇怪，也是正常的心理。但是在处置各种事务时，不可以用这种偏见、个人好恶来对待你的下属。特别是在遇到分配奖金、提职、加薪机会时，必须做到从公正的立场出发，客观地对待每一位员工。要知道你的裁决和处置，关系到员工的个人成长、发展，关系到他每天的情绪好坏。如果让员工带着领导处事不公的内心纠结去

做服务的话,他是无法发自内心做好待客服务的。奖金、提职、加薪等都是激励的手段,既然是激励员工,就要一碗水端平,不能让激励变成负面的东西,导致更多的不满和不愉快。

(3)要以日常的业绩累积作为奖励的依据。如何才能公平、公正地做好各种奖励方式呢?如何去掉个人成见公正地对待每一位员工呢?最好的办法就是以数据说话,以日常的业绩记录作为依据。不管是一线经营部门,还是二线管理岗位,都要设立考核机制,将日常的工作细化为可操作可记录的数据,以日常的积分作为其对员工的工作记录。例如,一个餐饮岗位的员工,他的工作记录有每日的考勤、考核、接待人数、服务评价等,这些都可以转化为数据管理,到一个阶段,这些数据的累积就是业绩的表现。在需要奖励时,将每一位员工的日常数据列出来,自然可以分清楚谁优谁劣了,然后按照这些数据说话,大家都会心服口服。当然,这需要我们管理者事先做好功课,细化每一项工作内容,做成考核的分值,并在日常进行数据管理。相信在公平的数据面前,激励操作是有根据的,员工也会认同。

6.7 如何运用好"赞美""赞赏""赞扬"的技巧

除了上述实质性的激励措施之外,我们作为管理者,还应该学会运用赞美、赞赏、赞扬来激励下属,这也是颇具激励作用的一种工作方法。

在管理岗位上的我们,多年以来的思维方式是寻找问题,纠正错误和不足,这与传统思维定势有关。因为在我们小的时候,更多的记忆是家长和老师总是说你身上存在什么缺点,需要如何改正;某某同学哪些地方做得比你好,应该向某某同学学习;要多找自己的缺点和不足才能进步等。这样的话我们听得很多很多,特别是家长更喜欢拿自己的孩子跟别人家的孩子比,通常是拿自己孩子的缺点跟别人家孩子的优点比,即便看到了自己孩子的优点,也不愿意多表扬,怕孩子骄傲。这就是传统的思维方式,也是我们多年运用的教育方式。其结果呢？很多孩子被比得丧失了自信心和创造力，被比得感觉自己就剩了缺点和不足。这样做的结果无疑抹杀了小孩子的自信心，很多孩子是在这种自卑的心理状态下成长起来的。长大以后，到了工作单位，还是被领导经常指责和批评。似乎不管一个人多努力，只要一有闪失，就没有好的地方了，全是缺点和不足了。这样的思维方式实在不利于人的心理健康，作为现代管理者需要转换思维定势和管理理念。

我们提倡在做管理时，摒弃传统的思维模式，并将其转变为积极的激励模式。不管是对下属还是对同事，都应该采取激励的思维模式。首先改变关注的观念，要多寻找别人的优点和长处，多看到别人身上积极的一面，并且多运用鼓励的语言来激励同事和下属。学会运用赞美、赞赏和赞扬，在管理岗位上运用赞美、赞赏和赞扬，会使你的员工树立自信并更好地发挥自己的长项，弥补自己的缺点。

（1）赞美。例如，一名员工在服务中，能够体会宾客的感受，并能够及时、超前地满足宾客的需求，经常得到宾客的表扬信，但是他日常表现得比较固执，总是坚持己见，且不喜欢与大家融合在一起。作为管理者，不应该总是指责他：你怎么这么固执?为什么不与大家友好相处？虽然你待客很好，那也不能总是坚持己见呀！我们可以运用反向思维，肯定他服务热情、待客如宾的优势，并从语言上经常鼓励他。例如，在班前会上，多赞美这位员工待客服务的特点，赞美他得到了很多宾客的表扬信，激励大家向他学习，以他为榜样，做好服务工作。相信他经常被这样赞美的话，不但会更加自信，服务也会更加出色。要求大家向他学习，这样的语言，在团队中不仅树立了这位员工的威信，同时这位员工也会更容易靠近大家，越来越喜欢与大家交流。长此以往，他与大家的距离感会缩短，融合度会增加，慢慢地缺点可能也会变成优点了。

（2）赞赏。学会赞赏，也是一种工作方法。我们每天与自己的下属接触，要多寻找每一位下属身上值得赞赏的地方。例如，一位男员工头型总是那么利索、衣着总是那么整齐，整个人总是非常有精气神，从来没有看到他疲惫的表现，这就是这位员工的长处。我们要经常赞赏他的仪表，赞赏他的气质，在班组里树他为榜样。相信这种赞赏会更加提升他的爱美之心，提升他更加注重仪表气质，其他员工也会不断改善自己的形象，更加注意如何做到得体的仪表和优质的服务相结合。如果每个班组里这样的员工多起来的话，会给饭店整体的形象带来正能量，从员工个人仪表气质中展现饭店的文明程度。做饭店管理的都知道，一家饭店有一家饭店的文化特点，每家饭店的员工就是这家饭店文化特点的传达者，若想要求自己的员工文明、整洁、有气质，最好的办法就是找到榜样，通过赞赏，提升所有人的仪表气质，这是最佳的工作方法，既省力又富有效果。

（3）赞扬。赞扬也应该是我们管理者经常挂在口头的词语。当一名员工拾金不昧时，我们要赞扬他。当一名员工主动帮助其他同事时，我们要赞扬他。当一名员工考取了外语达标的证书时，我们要赞扬他。当一名员工拿到了职业证书时，我们要赞扬他。总之，经常性地多使用赞扬的语言，鼓励员工身上的每一个闪光点和一点一滴的进步，相信我们的团队必定是积极向上的团队，富有朝气的团队。

提倡赞美、赞赏、赞扬，是不是就看不到员工身上的缺点，是不是就不敢纠正员工的问题了，不是的。激励的作用就在于：先赞美、赞赏、赞扬，后纠正问题，这也是工作技巧。当使用正激励的方法赞美了你的员工的同时，再向员工提出如何改进不足，如何纠正问题，他们会发自内心地接受并牢记在心，他们会主动地、诚恳地、认真地去改正自己的问题。相反，如果只是一味地批评某个员工的话，他的内心是反感的、抗拒的，即使表面接受意见，也多是被迫的，不是发自内心的。

从心理学的角度来讲，人性的一个特点就是爱听顺耳的话，不爱听逆耳的话。不管官职多大，不管年龄多长，都具有这个特性。而且，人在顺耳的时候，也能顺从。做管理，需要更多地研究心理学，研究人性特点，从人性特点出发。采取激励的语言，是最不具成本的工作方法，也是最简捷有效的工作方法。从这个角度而言，员工激励也是员工需求层次的一部分，需要我们很好地研究。因此，激励机制也是管理者必须掌握的一门技巧。

本章所谈的员工激励，是员工需求层次的比较高级的层面，也是精神层面需求的初级阶段。这里主要从人的精神需求角度来研究为什么要采取激励方式，也是从现代管理的理念出发，探讨管理方法，是批评效果好还是激励效果好。从笔者多年的自身体验和观察角度看，激励是使人进步的精神支柱。为什么这样说呢？可以举一个案例来分析。

案例：一位60岁开外的老者，在谈起自己如何能够上大学的经历时，颇有感慨地说："我没有上过中学，但是为什么跳过中学，上了大学呢？是在自己成长的关键阶段得到激励的结果。当年恢复高考，自己是凭借着在军垦兵团里经常写家书的文字功底，考上了大学。当时父母分别在不同的干校下放劳动，而我在祖国的最北边农垦劳动，相互的思念，只能靠经常给父母写信，汇报自己的思想和工作情况来解脱。父母每收到一封来信，都说女儿写得很好，但是还要认真批改，包括纠正错别字、标点符号等，并要求自己再重新写一遍后寄给父母。连续几年的书信往来，在父母的激励和帮助下，文字能力提高不少，后来我在军垦兵团做秘书时，发挥了自己的特长，不断得到部队领导的赞赏，接连不断地写，接连不断地被表扬。在读大学期间，得到校方的认可，毕业后留校教书。再后来成为事业有成的高管人员。"

之所以举这个案例，是因为这个案例对我的启发很大，也非常能够说明激励的作用。一个十四五岁的女孩，在自己远离父母的年代，搞不好就会颓废下去，但是家书中得到父母的激励和帮助，使得自己有底气在兵团中努力工作，得到兵团领导的不断肯定，后来又走上了知识的殿堂，在大学里得到激励，成为教书育人的讲师并走上管理岗位，作出了不凡的贡献。在关键年龄段得到的关键激励，使她一路顺利成人、成才。

这个案例给我们管理者重要的启发是：为了让自己的饭店多出人才，需要激励；为了让自己的饭店多出效益，需要激励；激励是让员工更加优秀的法宝；激励是不用付出太多成本的投资。

把批评、指责、训斥、纠正的言语，换作激励、鼓励、赞赏、赞扬、赞美的言辞，不妨试试，其效果如何？

激励，是一种手段，一种方法，其特点是在精神层面给予员工的享受、满足、快乐、幸福感。人得到了享受、满足、快乐、幸福感，就会精神愉悦、情绪高涨，就能发挥主动性，并愿意多付出，甚至做出超过自己能力若干倍的事情来。管理者借用激励手段，达到员工的满足感、幸福感，是既省力又具效果的管理，是智者的管理。激励机制是现代管理智慧的结晶！

如何建立"民主"机制，
如何真诚地与员工"沟通"

　　本章谈及员工第七层次的需求：民主机制的管理，即星级饭店如何建立民主机制，如何做到与员工无障碍的沟通，具体介绍：饭店内如何设立总经理接待日、经理与员工沟通日、员工座谈会等制度；如何通过QQ群、微博、微信、贴吧等沟通渠道来正面引导员工。

　　本章要谈的是在星级饭店内如何施行民主管理机制的问题。这个层次的问题，也是员工较高层次需求的管理。有关"民主管理"的解释是这样描述的："民主管理是相对于绝对服从绝对权威的管理而言的。即管理者在'民主、公平、公开'的原则下，科学地将管理思想进行传播，协调各组织各种行为达到管理目的的一种管理方法"。因此，民主管理从深层次讲，它符合人们的心理要求或"以人为本"的管理思想，也是管理者所追求的一种管理艺术，事实上民主管理做得科学到位的话，能够唤醒人的主体意识，弘扬人的主体精神，发挥人的主体能力。因此，民主管理的最高境界是在民众参与下的多数人管理多数人的管理。

从这个意义来看，民主管理就是："管理方法、管理艺术"，是在群众参与下的多数人管理多数人的管理。当然，在企业管理中我们早就实施了民主管理，其最显著的特点就是设立企业职工代表大会制度，施行厂务公开，职工参与换届民主选举、民主决策等。这些都是民主管理的重要内容和程序，已经是成熟的法理性的东西，在这里不必多谈。笔者研究的是在员工管理环节中，如何施行符合员工特点的，能够被员工喜欢的民主管理方式，也算是在职工代表大会制度下的一种补充形式的做法，是在日常管理中寻求达到真正民主氛围的开放式的民主管理平台。也就是说，我们还可以开放一些民间性质的民主渠道，让我们星级饭店的员工享受人的主体精神的管理，发挥人的主体管理能力，达到精神境界的一种追求和满足。在实践中参与了一些务实有效的做法，笔者认为这些做法可以普及和借鉴，愿意推荐给同行作为参考。

我们还是先从员工需求层次的角度来谈论这个问题。员工在满足了自身生活的低层次需求之后，他们一定会追求精神层面的需求，这是毋庸置疑的。上一章谈到了激励机制如何满足员工的精神激励需求，本章让我们来了解如何满足员工主体意识、员工主体精神的需求，即员工参与民主管理的需求问题。

大家知道，企业的民主代表大会通常是任期3~5年，每年至少召开一次会议，企业的职工代表是按照5%的员工比例选举产生，在任期内实行民主管理。这些都是非常好的制度，给予了员工参与民主管理的权利和义务。但是有几个问题不得不提出，即那5%以外的多数员工如何表达自己的意愿？也就是说其他95%的员工如何行使民主权利？如何表达个人的意愿？除了定期召开的民主代表大会，员工还有哪些渠道可以表达自己的意愿？日常如何行使员工参与民主管理的权利呢？在代表大会闭会期间多数员工又如何表达自己的主体意识？日常可不可以建立民主管理渠道，员工可不可以随时提出合理化建议呢？

特别是现阶段，饭店员工基本是90后的年轻人，他们接受现代思想和理念的渠道居多，企业不可能封杀各种信息资源。在日常管理中，我们发现员工有很多意愿要表达，如果没有正规渠道表达，可能会私下里表达或以非理性方式表达。对于员工的意愿，与其堵，不如疏。从人的本性来看，员工都具有主体意识，遇到事情，都有自己的判断和想法。既然有想法，应该给予员工表达的窗口才是。在饭店里，作为开明的管理者，应该开渠放水，让我们的饭店管理成为员工共同参与管理的透明体系。除了职工代表大会之外，还可以敞开多条渠道，让员工参与民主管理。

目前在星级饭店中，我们了解到有如下一些做法非常符合员工的需求，也能够及时地收集到员工的各种意愿和建议，而且，管理者能够最直接地与基层员工接触，能够最直接地听取到员工的声音，也是及时解决各种问题，不使矛盾隐蔽或激化的最好办法，下面一一介绍。

7.1 设立总经理接待日

在星级饭店里，总经理是日理万机的最高管理者，可以说是全天候地投入在管理中。但是如果总经理长年不接触下面的人和事，不深入基层，就会被架空，所了解的信息有可能不完全、不准确或失真。不完全、不准确的信息对于总经理判断事物、做出决策是不利的。如果想要做一个接地气的总经理，时时抓到准确的信息，就必须通过民主渠道了解下属的情况，包括员工工作和生活等各层面的情况，还要了解员工的疾苦和快乐等各种情绪。如何做到真实了解饭店各方面的信息？一个简单的方法是，设立总经理接待日，这是总经理了解真实员工情况的一个窗口。

某国有这样一个电视剧，表达的是总经理暗访他所属企业基层员工的故事。剧情是一位企业的总经理经过一番化妆后，来到他所属的门店应聘新员工岗位，到岗后，他每天都很认真地跟着师傅（下属）学习操作技能，并与员工混得很熟，随意聊天，从中得知这位女员工是一位6个孩子的单身母亲，生活非常拮据，但是幸运的是目前找到了即将结婚的男朋友。这位女员工非常珍惜自己的工作岗位，尽管操作间里闷热难耐，她都不以为然，而且十分勤快地手脚麻利地干着这份工作，为的是拿到工资养家糊口。在暗访中他还得到了大量的基层员工的信息。在一个空气不流通且闷热的操作空间里，他体会了员工工作环境的冷热不均，在聊天中他得知这位员工不幸的家庭遭遇，也了解了员工每日超负荷的工作量和自觉认真的工作态度。然后，又以同样的方式到另几个工作岗位微服私访。就这样，他经过对几个岗位真实的考察和了解之后，回到自己的办公室，经过思考，拿出了解决工作环境问题的方案和解决员工生活困难的方案。当他正襟危坐在总经理办公室，叫来第一个他实习岗位的女员工时，女员工惊呆了，简直不敢相信自己的眼睛，心想："这就是那位跟我学习业务的新员工吗？太神奇了！"他一本正经地跟这位员工谈话，提出了立即改善工作场所闷热不透气的方案，然后拿出5000美金，告诉她，这是你孩子的生活补助金，又赠送她一个假日旅游的豪华套餐预订方案。该女员工惊诧着、激动不已地告别了总经理。这位总经理还逐一将他实习岗位的员工请到办公室，逐一给出了解决他们生活和工作问题的方案和真金白银，有的赠送高达10 000美金，用以解决其家庭困难。这是一个电视剧的剧情，也许不具真实性，但是，给我们管理者的启发应该是很多的，他的做法是可以借鉴的。

其实在现实生活中，一家饭店的总经理是公众人物，他不可能乔装打扮得别人认不出来，也不可能到某个公众岗位做员工。因此，让我们回到现实，设立总经理接待日，用这种方法接近员工，了解民情是可以做到的。具体做法如下。

(1) 设立总经理接待日制度。在饭店职工代表大会上，也可以在总经理办公会上，提出设立总经理接待日的方案，并提出执行日期，如自××年1月1日开始执行。并拟定一些相关的工作制度，公布于众。

(2) 设立总经理接待办公室。总经理接待办公室，可以设在总经理办公室内，也可以设在饭店的某个会议室。这个接待办公室应该相对固定，不应一次换一个地方。如果设在总经理办公室内，是相对方便的做法。

（3）设定具体的接待时间。例如，每周五下午2点是总经理接待日，每次两个小时。要做到雷打不动。不管总经理如何忙，有什么事情，都应该保证这个时间，信守承诺。否则，假如因为忙于事务，请别的副总代替或者经常推迟时间的话，慢慢就会失去信任，让员工感觉此制度是形式主义，不够真诚，员工也就不当回事了。

（4）公开接待时间和地点。在做出上述决定之后，要在员工公示栏内公示接待时间和地点，使每一位员工都知道，并诚邀所有员工可以通过申请程序到总经理接待办公室来畅谈自己的想法和看法。

（5）做到平易近人，友好相处。在总经理接待日的时间段里，不管哪位员工来，都要起身欢迎，并邀请员工入座，给员工和蔼可亲的笑脸。在谈话的开头，总经理一定要运用诙谐幽默的语言，让员工在你亲切和平易近人的态度中放松下来，愿意袒露自己的心声。

（6）认真聆听。在员工与你谈话过程中，总经理最好不要接听手机电话，也不要处理任何事务，以免让员工感觉到你在分心和不够认真。

（7）如何答复员工的尖锐问题。当员工提出了比较尖锐的问题，或者矛头直指某一件事时，总经理不应该回避，要根据当时的真实情况和员工的情绪，首先拉近与员工的距离，其次，能够当时答复的可以答复，不适合当时答复的，可以承诺解决的方案和条件。但是一定要做到信守承诺，事后解决好所承诺的问题。

（8）做好谈话记录。每次总经理接待日，都应该有秘书做谈话记录。事后，对谈话记录进行整理并归档。

（9）定期公布总经理接待日情况。既然设定了总经理接待日并认真执行下去，就应该做到定期公布接待次数、接待人数、所涉及的问题及种类、解决了哪些问题等，以取得员工的信任，便于更多的员工愿意前去反映问题。

这个总经理接待日，不应是单纯解决员工遇到的问题，更多地应该培养员工的民主意识，积极参与饭店管理，参与建言献策的民主过程。在与员工谈话时，可以引导员工多谈谈对饭店各项制度的意见和建议，谈谈如何进一步做好对饭店各个方面的管理。相信在员工中会有很好的想法和建议。

在实践中，我们曾经在员工接待日中，收集到了许多非常好的建议，许多非常有利于饭店管理的好点子。例如，谈及饭店如何提高节约意识，有哪些具体节约做法这个话题时，很多身处一线的员工们会讲出许多关于节约的点子。再如，谈及服务工作，一线员工会谈出宾客需要什么样的服务，如何为不同宾客提供最需要的个性化服务。他们还会出很多好点子，帮助饭店解决一些死角和不太容易发现的问题。

当员工提出的建议得到重视，当员工提出的好主意得到实践时，员工会发自内心地高兴，而且他们会更加关心饭店，更加以主人翁的态度积极参与理政，提出许多自己的真知灼见，帮助饭店不断改进服务工作和后勤管理等工作。相信我们的总经理接待日坚持做下去，会一点点培养员工的民主意识和参与管理的意识，培养员工善于思考、敢于提出自己建议的良好行为。

因此，总经理接待日的设立，是一个开放管理的窗口，是饭店民主生活的一个组成部分，而且是能够及时与员工互动的最直接的通道。

7.2 设立部门经理与员工沟通日

在星级饭店的各个部门中，很多中层管理人员是深入群众、深入实践的，他们每天不脱离服务岗位，与员工一起服务宾客，及时解决各种现场问题。但是要说到与员工沟通的问题，他们多数人则比较单一，更多的是业务上的沟通，服务上的沟通，是围绕服务工作的沟通。而在思想上与员工的沟通，恐怕很少。原因是，一方面部门经理日常都是非常繁忙的，处理具体事务会占据绝大多数时间和精力，特别是在饭店的旺季，经常加班加点，每天很晚才能结束工作，身心疲惫，能够在工作中与同事一起忙碌并应对好每一天，已经不容易了。另一方面，现在的管理者并不重视做员工的思想工作，只要员工服从，能够做好本职工作，就认为是好员工了，他们缺乏在思想上、心灵上与员工的真诚沟通和交流。有一些部门经理日常更多的是命令式的管理，发号施令，布置工作，检查工作，评价工作，而关心员工的心理动态、了解员工的思想情绪就比较欠缺了。为了解决这方面的欠缺，为了增进部门经理与员工的交流和沟通，设立一个部门经理与员工的沟通日，也是非常必要的。

讲到部门经理与员工沟通日的做法，可以比照总经理接待日的模式，也是要明确地设立一个接待日期，在这个日期和具体的接待时间内，部门经理直面员工，坐下来与他们谈心，最好撇开日常事务性的工作，专题谈心、聊天，了解他们日常的内心，工作中的疾苦，与同事之间的合作，家庭中有什么问题，等等，就像聊家常一样。这样可以使员工感觉到管理者温情的一面，感受到组织的关怀。往往在他们畅谈个人想法和抒怀内心时，已经拉近了相互之间的距离，促进了管理者对员工真正的了解。在相互交谈中，自然就能够听取员工对部门管理的感受，此时也可以引导他们谈谈对部门的意见和建议。实践告诉我们，将民主化为谈心的方式，会收到比较好的效果，会听到真实的反馈。这种制度坚持得好的话，员工的内心是舒畅的、豁朗的、没有压抑感，他们会发自内心地热爱集体、热爱本职，愿意倾心地投入每日的繁忙工作。即使有怨言，由于其有释放的空间，不会积累成山，突然爆发。同时，这种接待日的作用，也是加强部门中民主生活的一种方式。在与员工沟通中，员工除了谈及个人生活、工作之外，也会谈及对部门的管理，提出好的建议，可以帮助部门经理民主决策，有员工参与的决策，员工执行起来是自觉的、自愿的，是配合的、融通的。这种良性的民主生活机制，有百利无一害。有员工参与的管理，一定是员工能够接受、愿意服从的管理。我们作为部门管理者，运用好这种方式是最为省力的管理和收效最大的管理。设立员工沟通日，最关键的是要注意做到与员工平等沟通。具体操作步骤介绍如下。

（1）设立部门经理与员工沟通日制度。从饭店角度，要求各个部门要设立部门经理与员工沟通日，并拟定一些相关的工作制度。

（2）设立沟通日接待办公室。可以设在部门经理办公室，有条件的也可以设在饭店的某个会议室。

（3）设定具体的接待时间。例如，每周一次或隔周一次沟通日，每次1~2个小时。要做到雷打不动。如果有特殊情况，可以改期，但这个沟通日的时间要有保证。

（4）单独接待每一位前来沟通的员工。这种沟通方法，最好是一对一的谈话和交流，这样做的好处是：员工有什么私聊的话题，便于畅谈，不受约束。如果是几个人一起谈话的话，那么，许多员工想私下与经理沟通的话题必然受阻，不能够谈出来。可以具体规定，每个沟通日接待多少位员工，每位员工谈话多长时间，如每人谈话20分钟，每次2小时，大约可以有5位员工参与沟通。每一位谈话的员工从进来到谈完，是大约20分钟，但是不可能一分钟不差，可能有的时间长一点，有的时间短一点。因此，每次可以预约5名员工，顺序进行沟通谈话。

（5）做到朋友式的交谈。在沟通日的接待时间内，不管哪位员工前来，都要起身欢迎，并邀请员工入座，最好给员工倒一杯茶或者送上一杯咖啡。在谈话时，要让员工放松心情，以朋友式的气氛与员工交谈。此时，作为谈话主要方的部门经理，可以营造家庭氛围，以哥姐相互称呼，相信员工一下子会觉得拉近了关系，愿意谈出自己内心真实的想法。

（6）认真倾听。在员工与你交谈的过程中，要让员工多说，自己多听，遇到敏感或不友好的话题，当时不做解释，不指责员工，可以婉转回答或换个话题。在谈话期间最好不要接听手机电话，以免让员工感觉你不够认真。

（7）做好谈话记录。每次沟通，都应该做谈话记录。事后，对谈话记录进行整理并归档。

（8）定期公布沟通日情况。定期公布接待次数、接待人数、涉及的问题和解决的办法、员工提出哪些好的建议、解决了哪些问题等，应做到记录准确、透明度高。只有取得员工的信任，更多的员工才愿意与部门经理平等沟通。

实践表明，建立部门经理与员工沟通日这种制度是十分必要的，这种平等沟通的效果十分可观。很多平日压抑在员工心中的情绪，得到一定的释放，很多员工想表达的意愿，得到无障碍的表达，这是一个方面。另一方面，民主参与管理的效果也是很明显的。每一名员工，可以说就是一个小智囊，很多员工不仅心灵手巧，还具有管理智慧，如果得以交流，客观上帮助我们开发了管理智库，很多工作中的问题便可以得到解决。总之，这个平台的设立，不仅给了员工发扬民主的权利，也更多地给了我们管理者得民心顺民意的机会，拉近了与员工间的距离。

这种平等交流的另一个好处是，员工更加理解管理者的工作方法和思维方式，促进了日常的相互理解和宽容，促进了管理者与员工的相互融合。如果没有这种沟通的平台，平日就是程序化地工作和交流，就是上下级的服从关系的话，很多时候，你即便管理有方，员工也难免有误会和不理解的时候。或者因为某次工作中的摩擦导致了不快，如若积累在员工心中时间较长，没有释放的机会，就会形成疙瘩，如果没有解开的机缘，也许会导致优秀员工的离职。

民主意愿是每一个正常人思维的一部分，不表达不等于内心没有，不给予其释放的机会，不等于不释放，与其让员工怄气、私底下去释放，不如阳光操作。

允许员工民主意愿的表达，是开放性的管理，其效果是促进了管理的提升，给予管理者一个兼收并蓄的平台，何乐而不为呢。

7.3 设立员工恳谈会制度

还有一种可以在饭店施行的民主做法，即员工恳谈会。这也是开放管理、民主管理非常有效的一种方式，也是受到员工欢迎的做法。什么是"员工恳谈会"呢？即在饭店内可以不定期地举行的小型座谈会，以饭店管理方的名义邀请员工参加，称为恳谈会。每次可以邀请10~15人，事先出好恳谈题目，将要恳谈的主题告知参加人员，请他们有所准备。届时，有饭店主要领导参加并主持会议，请前来参加的员工根据题目内容进行交流。这就是恳谈会的基本做法。

有了饭店总经理接待日、部门经理与员工沟通日，为什么还要设立恳谈会这种形式呢？这是又一种与员工民主交流的方法，与上面两种方式不同的是，上面两种方式，主要是一对一的交流和谈话，具有一定的私密性，可以做深度的思想交流。而这种恳谈会的方式，是多人参与，每次就一个题目或两个题目进行交流，属于定向交流。多数情况下，交流的题目与员工共同关心的内容有关。例如，一段时间以来，员工普遍对员工餐的伙食不满意，饭店管理者便可以召开员工恳谈会，听取大家的意见和建议，以便根据大家的意愿改进伙食。再如，员工感觉业余生活比较单调，希望有丰富的内容活跃氛围，管理者也可以召开恳谈会，听取大家的意见或建议，在饭店内增加业余时间的活动，适时适度地搞一些员工喜闻乐见的演唱会、音乐欣赏会、体育比赛项目等。再有，为了体现饭店管理者的民主管理，还可以适时召开有关经营、销售、市场分析、市场预测等方面的恳谈会，请员工集思广益，听取员工提出的有关经营和服务的建议，等等。特别是在旅游大环境受到某种影响的情况下，可能饭店的经营不够理想，这时，也可以召开员工恳谈会，请员工提出好的建议。员工在饭店的一线，深知如何做好经营和服务，他们中间会有很多好的主见和想法。采取恳谈会的形式，听听他们的意见，也许可以帮助饭店管理者启发心智，至少可以得到一些启迪，吸收其中一些有积极意义的建议。这就是员工恳谈会的作用。

如何召开员工恳谈会呢？当然也需要有一个规范的程序。

（1）建立员工恳谈会制度。首先，饭店要在员工大会上宣布建立员工恳谈会制度，并宣布这个制度的内容和做法。

（2）提出员工恳谈会的操作条例，并公布于众。让员工普遍了解这个恳谈会是饭店开放管理、员工参与民主管理的正规渠道。

（3）设定组织管理部门和具体操作者。可以设定饭店的总经理办公室（行政办公室）为组织召开员工恳谈会的管理部门，并根据情况作出定期或不定期召开会议的相关规定，要指定一名秘书作为主要操办人员，负责根据饭店领导意图提出召开会议的时间、地点，确定会议内容等具体事宜。在会议召开时秘书负责召集人员，并做好记录。在会议结束后负责整理记录，并提交饭店总经理审阅。如果饭店总经理根据恳谈会的内容有相关批示，秘书还要负责传达到有关方面，并监督落实情况，反馈落实效果等。

（4）提前公告。当确定需要召开员工恳谈会的时候，饭店管理方要提前一周，在员工信息栏内发出公告，做到广为人知。要提前通知到参加会议的员工，将本次会议的恳谈内容发给参会员工请他们做好准备（参会员工可以根据报名情况随机抽取名额，也可以指定）。

（5）布置会场。虽然是饭店内部的员工恳谈会，也要做得正式、严肃、认真。会场氛围要精心设计。一般采用较小一点的会议室为宜，便于集中。人员每次不宜太多，20人以内。最好是圆桌会议的形式。会场可以打出电子屏幕，将本次会议主题投影在屏幕上，并将本次会议的参加人、会议要求等清楚地告知参会者。

（6）主要领导为会议主持人。每次召开员工恳谈会，饭店领导层要高度重视，最好有饭店的主要领导参加并主持会议。这样的话，一方面员工感觉到会议的重要性，他们会十分严肃认真地参与，并恳切地提出自己的见解。更重要的是，饭店主要领导可以通过这个场合直接听取员工的建议，了解员工在想什么，有哪些诉求，有哪些好的建议等，也是了解基层员工情况、发现人才的机会。

（7）认真做好会议记录。秘书要完整记录员工恳谈会每一次恳谈会的谈话内容，详细记录参会人员、发言人员、发言内容等。最好做到原原本本地记录他们发言的口气和内容，便于日后整理和归纳。

（8）整理会议纪要。会后，秘书要及时整理会议记录，做出会议纪要，将本次会议的内容提炼，作出相关统计：一共多少人发言，提出多少条意见或建议，涉及哪些问题，共同关注的问题是哪些等。将这份会议纪要及时提供给饭店总经理办公会研究。

（9）饭店管理方应作出回应。每次员工恳谈会后，饭店管理方应该有所回应。将其中的主要问题和解决答案公布于众。这样才能取得员工的信任，也才能激发员工的民主意识。

（10）每次会议记录和纪要都需妥善管理。每次会议记录和纪要都要统一进行整理，打印存档。不能仅存会议纪要，会议记录也需保存。会议记录是原始的真实记录，会议纪要是经过整理归纳的提炼内容，二者需一并管理和保存，便于日后查考利用。

通过以上10项要点，我们可以看出，员工恳谈会是一种非常实用的民主管理形式，它的优势有如下四点。

（1）及时便捷。所谓及时便捷，是与员工代表大会相比较，员工代表大会是一年或二年甚至三年一次，而员工恳谈会可以随时随地召开，没有那么复杂的程序和严格的时间限制。而且每次恳谈会的题目可以少而精，不必攒到许多问题才召开。

（2）民主参与。这种形式可以很好地体现员工参与民主管理。管理者可以直接与员工对话，直接听取员工的心声，直接了解员工的诉求。管理者也可以利用这个平台阐明饭店的宗旨、政策、方针、战略思想和具体实施方案，让员工直接了解管理者的意图和想法。通过这个平台，让员工畅所欲言，管理者阐明经营管理的意图和想法。这种双向的交流，既平等又平和，免除了以往不透明决策的弊端。这种沟通非常有利于民主管理，员工会在理解饭店管理的意图之后，明明白白、清清楚楚地去执行，而不是盲目执行。这样的效果好于管理者单方面发号施令，员工盲目执行。

（3）解决问题、落实问题、贴近员工。这种民主管理形式，其好处在于所要解决的问题，来自于员工群众的意见和建议，解决方案会直接贴近员工群众的需求，不但可以真实反映员工意愿，更可以从根本上解决饭店管理中存在的问题，也可以兼收并蓄，改善饭店的经营、服务和管理。

（4）员工恳谈会的范围和方式。至于员工恳谈会的范围和方式，是没有任何限制的，可以以多种方式组合召开。例如，老员工恳谈会、中年员工恳谈会、新员工恳谈会、一线员工恳谈会、二线员工恳谈会等，这是范围。至于方式，更是灵活多样，可以是现场会的形式，圆桌会的形式，甚至是冷餐会的形式等。范围和形式的设定都可以根据恳谈会的内容和召开的机缘而定。这样可以多方听取到员工的心声，多方了解员工的需求，也是多角度让员工参与民主管理的方法。

员工民主恳谈会的建立并能够坚持长期做下去，是饭店建立民主意识和民主制度的良好形式，是饭店培养员工民主参与管理的良好形式，是饭店管理者开放思维、兼收并蓄的明智之举。

这种开放管理、民主参与的恳谈会，需要注意的问题如下。

（1）聆听与解释。在恳谈会上，可能有的员工会不冷静，情绪激动，反映的问题过于偏激或者不合理，此时，我们的管理者（会议主持人）应该不被他的情绪所影响，作出认真聆听的姿态，请员工发泄完毕，再言语温和地归纳其中合理的部分，称赞其建议的必要性，肯定他的直言和毫无保留。然后话锋一转，指出过激言语的不当，并作适度解释即可。不能过于纠缠其中，主要是会议主持者要压住场面，不能让这种不礼貌或者不理智的情绪占据主导。

（2）采纳与摒弃。很多时候，员工都会从积极的、正面的角度出发，提出自己具有建设性的见解和对饭店管理的合理化建议，但是也难免有员工比较偏激或者谈问题的角度不够全面，这是正常的。从员工的层面看问题，有其角度的限制，不可能会很有深度或者很有高度，但是员工毕竟是一线人员，他们身处实践中，有着真实的感受，所谈内容可能是正确的、合理的、有生活来源的、有亲身经历的。所以要聆听，但是听后要分析，要有取舍地采纳，有的要经过调研、核实、确认，再吸收其中合理的部分，摒弃不适用或不合理的部分。

（3）激励与引导。在每次员工恳谈会上，都要鼓励员工大胆发言和提出自己的见解，要激励他们的直言和认真程度，甚至可以对参与恳谈会的员工适当地发放小礼品（小家电、小日用品等），这是激励的手段，建议管理层要坚持这样做。同时，在员工发言中，主持人要因势利导，积极引导员工正面的言论，及时灵活地疏导员工提出问题的导向，不要让场面发生尴尬现象或者激烈争论现象，要做到可控，主流引导为主。

（4）事中与事后。在恳谈会现场称为"事中"，在恳谈会之后称为"事后"。事中：我们要做到控制场面，正确引导，每次恳谈会的效果要比较理想并能够听到有分量的建议，会议应该在和谐积极的氛围中进行。事后：在会议中提到的一些敏感问题或者有人表现出比较偏激的话题，事后要做有针对性的谈话，不能会后没有跟进措施。可以采取与个别人谈话的方式，进行一对一的交谈，在交谈中允许其充分阐明自己的观点和所涉及的问题，然后，进行必要的解释和引导。如果是比较偏激的问题，饭店管理者也可以从正面解释为什么他的建议不能接受，如果仍不配合，还是坚持自己的看法的话，可以运用饭店的一些相关规定作出解释，或者与他达成某种协议，缓释问题的焦点，采取拖的方式，让时间证实问题的合理性或不合理性。之后，还要关注这位员工的情绪，并通过部门管理人员做一些相关解释，不至于使问题激化。当然这是个别情况，会极少发生。要相信绝大多数员工是通情达理的，是能够正确处理自己的见解与饭店总体利益的关系的，也是能够少数服从多数，个人服从组织的，他们可以保留自己的看法，但是不会与饭店的总体意见和决策相违背。

7.4 适当利用好QQ群、微博、微信、贴吧等现代信息传递工具

现代社会的发展，最具代表性的特点是信息传递方式的日新月异和多样化。很多新的信息渠道和工具成为相互联络、互通信息的手段，取代了很多传统的沟通方式。从各种媒体看，都加入了现代信息传媒方式。作为企业，能否也适应时代的发展，在民主管理方面开放现代信息传递手段、接纳新的交流方式呢？笔者认为是完全可行的。

记得前几年，当新浪中出现了"贴吧"这种形式的时候，一些员工利用这个贴吧表达自己的意愿和看法。有的饭店管理方不能接受这个新事物，甚至如临大敌，特别是看到一些员工发表了比较激烈的言论，或者指责某位领导如何如何时，便紧张、焦虑，要求电脑部的人员进行干预，唯恐这种风气在饭店内形成浪潮，使得饭店无法维持秩序。其实，事实并没有那么可怕。员工中绝大多数是通情达理的，是能够正确看待事物的。如若个别员工发表了有情绪的言论，多数员工也是具有分辨能力的，不会胡乱跟风。

近几年，QQ群出现、微博的广泛使用、微信的兴起等，完全取代了传统的信息传递方式。不管哪个单位、哪个群体都无法阻止这样的信息时代的发展，而顺应潮流，因势利导才是明智之举。那么，在星级饭店里，如何因势利导，运用好这些新的信息传递工具呢？

（1）要持开放的态度。管理者既然不能够阻止这些信息手段的使用，为何不作出开放的姿态，要有能力在开放中进行管理，在管理中做到有序，在有序中做到有节，让现代信息工具为我所用。

（2）纳入民主渠道管理。我们前面谈到了几种民主管理的手段和方式，在这些方式充分发挥作用的同时，也将QQ群、微博、微信等现代信息传递手段作为饭店与员工沟通的渠道，敞开大门，欢迎使用这些工具进行民主管理，让员工通过这些渠道发表自己的见解，提出自己的看法，反映自己的需求，征得员工各种建议，也不失为改善管理的途径之一。

（3）做到有序管理。开放这些渠道是不以我们的意志为转移的现代潮流，使用这些工具是必然趋势，我们能够做到的是如何有序管理。在饭店里，要设立现代信息管理中心，由饭店主要领导牵头，电脑中心等部门组成管理机构，公布饭店的 QQ 群、微博、微信等账号，提出饭店管理具体措施和条例。在监控中放开使用。

相信，我们作为管理方，做到信息公开、透明，管理有序，在各种信息渠道中体现民主管理，吸纳有益建议，引导员工正确使用各种现代信息工具，是一定能够做到利大于弊的。

如何创立"企业文化"，
使之成为"企业之魂"

本章谈及员工第八层次的需求——企业文化的管理，即企业文化内容、企业文化理念、企业文化宣传、企业文化贯彻、企业文化与企业氛围的一致性等，讨论如何让企业文化真正接地气，成为企业之魂。

8.1 两个真实的企业文化案例

企业文化是一个比较大的题目，应该专题来谈。但在谈员工管理时企业文化却是不能不涉及的一个方面，因此，在这里就局限在员工管理的一个层面来谈谈企业文化。

谈到企业文化，笔者经历了40多年的企业生活，可以说在企业文化中畅游了40余年，我不想从高深的理论来谈，也不想从较大的企业范围来谈，只是谈谈本人的真实感受，谈谈企业文化在员工管理中的作用及重要性。

案例一：自然形成的企业文化最为珍贵

笔者自18岁进入一家国企工厂，那个年代的青年人，相对而言思想单纯，见识不多，对于从学生时代初次迈入社会的我们来说，可以视同一张白纸，对社会没有任何感性认识。甚至是很盲目地步入了社会之中。俗话说：近朱者赤，近墨者黑，果然不假。这个国企工厂，是一家军工企业，坐落在隐秘的深山老林里。当年能够进入这家工厂的人员，都是经过层层筛选后才能进入。优选之后进入该企业的人员真的是素质高，品行好，自然形成了一个良好的人际氛围。加入到这样的工人群体中，我们有了"近朱者赤"的先天条件，工人师傅珍爱我们这些小徒弟，如同自己的兄弟姐妹，毫无保留地传授各种技能技艺；我们生活和工作的圈子受厂址条件的限制，虽然小，但是正能量氛围包围着我们。对待工作，大家都是任劳任怨，主动加班加点；对待生活，大家都是服从组织，不提个人要求；对待同事亲如手足，互帮互助。记得，有一年的夏天，部分员工惧怕北京的暑热，没有回京休假，而是尽情享受山里的凉爽空气。有一天，突然工厂里的"大喇叭"（广播）响了：各位在厂的同事，某车间的×××突然生病，急需输血，请各位B型血的同事马上到厂部集合，做好输血的准备。当时，本人也在厂里，听到广播后，B型血的我，感到义不容辞，快步赶到厂部，一看，来了不少同事，都焦急地争着抢着去输血，经过医生的筛选，有5~6位同事被选中，幸好我也在其中。我们马上赶往附近的小医院，为这位正在手术的同事献血，挽救了他的生命。这是真实的一幕。它佐证了当时我们企业人际关系的氛围。

该企业员工共度了从青年到中年的岁月，见证了工厂从建厂、发展到搬离的过程，2000多人转移回京，各奔前程之后，经过岁月的蹉跎，人逐渐老了。但是那个年代的军工情节却越来越浓，越来越珍贵，珍贵到大家能够每年大聚会一次，日常小聚不断。很多同事每年夏天一起回到山里深情地去探望已经荒废了的原址。大家自觉地凑到一起回忆往事，共同出书，将军工生活写成400多页的《×××厂志》。

讲这段故事，回忆军工经历，给我最深的感受是企业文化的熏陶，有同事总结了这2000多人心头永不散结的文化内核，归结为"家"文化。为什么是"家"文化呢？其实，当时在二十世纪六七十年代，世界上还没有企业文化这个概念，即便刚刚开始有美国人在总结日本企业特点，并初步提出企业文化的概念，但是由于当时信息的不畅，在我们工厂里，肯定没有人意识到这个概念，也没有人刻意塑造企业文化来聚拢人心。那为什么我要总结这家工厂的内核是源于一个好的企业文化呢？这正是笔者对企业文化的理解——企业文化更多的是自然形成的，有人为成分，但是最根本的是一个圈子里起主导作用的人的文化理念，这是形成企业文化的内核，即现在所说的一种理念：企业文化即老板文化，本人认为这个论断有一定道理。

还是拿这家企业为例，当时，派到这家工厂来的最高领导是经历了抗日战争、解放战争并有战功的军人高管，后来调至国企做管理者。他是一位胸襟开阔、高瞻远瞩、经历丰富、敢于担当的领袖级管理者，具有非凡的凝聚力。在他视察了即将开工的军工企业雏形后，向当时的上级领导提出了一大堆日后员工在这里工作生活所需的条件，细致周到地考虑了年轻人的特点和需求，争取到了各种日后我们才体会到的太重要的"福利待遇"。在这样的领导手下，能没有"家"的氛围吗？这位领导虽然战功赫赫，名气很大，却每天总是微笑，总是深入到工厂的各个角落，与小员工拉家常，问寒暖。这位"家"味十足的"家长"，不但从物质上打下了"家"的根基，更从氛围上建立了"家"的模式。虽然我们当时都远离父母，远离自己的亲人，但是却融入了新的"家庭"，即同事之间的大家庭，是一个温暖、和谐的"大家庭"。

阐述这段经历，就是为了要阐述企业文化在管理中的重要性、必要性和主导作用，而且企业文化确实是员工需求层次的一个组成部分，是不可或缺的精神支柱。由于当时的企业文化氛围像家庭，由于在这种企业生活氛围中熏陶了近二十年，我们虽然后来分散到了各个单位，又经历了30多年的变化，但是大家的感受是还是军工企业的同事们亲，直至如今都像兄弟姐妹一样地交流走动。可见企业文化的根扎得有多深，影响有多久。

案例二：超强灌输的企业文化也可以同化心灵

还有一个比较典型的案例，一家本土的饭店管理公司，他们的企业文化味道可以用一个"浓"字来概括。在这家饭店管理公司旗下工作时间较长的员工一般都会被这里的企业文化所浸染，身心融入其中，从言语到行为都会带出企业文化的风格。这里的企业文化得益于"像军队"的同化作用，30多家饭店10 000多人，可以在一个指令下统一行动，可谓是"像军队"。同化到何种程度呢？外人只要走进这家饭店管理公司的任一家饭店，就会嗅到其中的共性味道，感受到其中的同化性。例如，在星级饭店检查时，一个由星级饭店管理专家组成的检查团来到这家饭店管理公司旗下某家饭店，感受了他们的企业文化氛围后，当他们再走进另一家旗下的饭店时，虽然从饭店的名称上没有标识是这家饭店管理公司所属，但是走进去的人文"味道"就让他们知道这是某家管理公司所属的饭店了。看似很神奇的现象，个中缘由就是企业文化的魅力所在。

这家饭店管理公司的主要高管不仅是饭店管理行家精英，更是知名人士，对管理十分精通，他把自己的管理理念提炼为企业文化的内容，用简单朴素的语言传达给所属的旗下管理人员，旗下管理人员首先自己融合这些理念，并在本企业内广为推行。此外，在推行中使用了全方位超强贯通的方式，从理念的学习背诵，到每个行动的落实，都体现企业文化的精髓，日久天长，所有管理者和员工自然而然地就被这种浓浓的氛围所包围并融化其中了。

为什么这样的灌输方式这么神通呢？其中的关键秘诀是企业文化是落地文化，是企业家优秀管理风格的延伸和浸染，不是外来人硬塞进来的美好言辞所架起的空中楼阁。

通过上述两个案例，让我们来总结一下企业文化的真谛是什么？现在在企业中，有这样两种企业文化的构建方式：一种企业文化是经过专家学者提炼，上升为时尚、现代感强烈的词藻，做成企业文化模板硬性推行，尽管字迹耀眼地刷在墙上、企业内部到处是宣传的痕迹，并制作手册，人手一本，但是实际上，如果没有融入到员工头脑中，不能落实到员工行为中的话，这种企业文化再华丽、再漂亮、再时髦、再现代，也只不过是浮云，是表面华丽的文化，没有根，不接地气，好看却不中用，没有落地。另一种企业文化是企业自然产生的，特别是主要管理者优秀管理思想、管理风格凝聚而成的，虽然言辞粗糙、条理性不一定多么强，或者似乎不够严谨，但是，它是接地气的、扎根的、适用的、与员工行为融通的，是员工能够吸收并化作行为习惯的。这种企业文化是有根基的，落地的，执行起来是有效果的。

这两个真实的案例告诉我们：企业文化的真谛来自企业主要高管的思想和理念，来自主要高管的主导行为。主要高管理念所构成的企业文化能够成功统领所有员工的思维方式和做事准则的文化，才是真正的企业文化。说白了，企业文化就是管理思想的渗透，有统帅能力的管理思想，才能渗透到他的企业人员思想中去，才能转化为一种风格、一种氛围、一种能量、一种推动力和创造力。之所以聘请专家学者总结的企业文化不能渗透，不能扎根，就是因为不具转化作用，不具渗透力，所以只能是浮云，不是真正的企业文化。

当然，企业文化也是需要提炼、宣传、灌输和运用这样几个步骤，是一个企业管理思想和管理内容不可或缺的组成部分。自然形成、提炼总结、因势利导、宣传贯彻是管理者要做的一部分工作内容，是企业文化落地的必要步骤。下面就谈谈如何顺应员工需求层次中的较高层次，将员工对企业文化的追求和融入做一个分解。

8.2 自然形成的企业文化

上面两家企业的文化，都带有自然形成的特点。他们没有聘请任何专家学者来总结和提炼，没有任何外来因素在企业文化中的影响。军工企业的"家"

文化与那个时代的背景有关，与那个老厂长的背景和理念及做法有关，与那个群体人员的素质有关。那家饭店管理公司的企业文化与那个高管本人的文化理念和做事风格有关。这些都带有自然形成的特点。而这种自然形成企业文化的特点是淳朴自然，与员工极易融合。例如，这家饭店管理公司企业文化的核心内容是"像军队、像学校、像家庭"。这个核心内容与饭店这个行业特点是非常契合的，这三个"像"是饭店管理和运作的基础。像军队，因为星级饭店的管理带有"像军队"的管理特点，堪称半军事化管理，这个特点业内人士都是清楚的。没有半军事化管理的功底，无法实施重特大接待任务的统一行动和严谨流程，无法实现上百人、几百人的重要宴会的整体操作和完美服务；像学校，星级饭店又要像学校，在星级饭店里，培训是极为重要的管理内容，不断培训和不断学习是做好星级饭店不断提升的必要条件；像家庭，是一种氛围营造的必要。这家公司提倡人性化管理，并从实际操作中营造像家庭的氛围和理念。从三个"像"我们可以捕捉到这家公司高管的治店方略：他管理风格严谨（像军队）、倡导进取创新（像学校）、以人为本（像家庭）。在这个基本框架下的企业文化，营造了非凡的执行力，万人行动统一、步调一致的企业是无往不胜的。在主框架"三像"企业文化的覆盖下，将一直以来严格执行的《员工待客基本行为准则》纳入企业文化中，员工接受起来便更加容易和自然。这家饭店管理公司，对管理者的要求是十分"苛刻"的，从制度到考核都是从严治理的方略，他们提出管理者要对下属"狠抓严管，深疼厚爱"，这是一种辩证的管理哲学，如果执行到位的话，非常具有人性化管理的效果，同时体现了"三像"中"像家庭"的理念，等等。这些在日常管理中自然形成的极易接受的内容，纳入企业文化，成为大家共同的行动宗旨，它的特点是好理解、好执行、好贯彻、好检查、好落实、好出效果。这就是自然形成企业文化的最大特点。其中渗透着企业灵魂的东西，所以这是真正的企业文化。而如果不是从企业灵魂中提炼的、贴近企业实际的文化，虽然从字面和逻辑性方面看具有严谨的逻辑关系，具有升华特点，但是往往其执行的效果都不佳。因为这样的企业文化不与员工的实际生存环境接轨，不符合企业员工的实际情况，员工会感到这些华丽的词藻距离自己很远，即便能够强迫性地接受，也融不进灵魂中，只是浮在表面。当然也有的企业将自身文化的内容打包，请专家学者提炼升华，然后做成统一的企业文化板块，再进行灌输，这种做法也有产生良好效果的。所以，企业一定要总结适合自己的企业文化内容，提炼自己企业中真正的有灵魂的积极向上的内容，这才是落地的企业文化，才能体现出一个企业真正的灵魂是什么。所以说，企业文化是有灵魂的东西。

8.3 企业文化需要"因势利导"

即便企业文化有了自然形成的基础，也不能任其自然盲目地发展，还是需要管理者因势利导的。这因势利导的作用就是魂中之魂。如何因势利导呢？

（1）提炼精华，提升高度。在一家企业中，对于普遍存在于员工中的一些好的思想、好的行为、好的口号，我们作为管理者应该用心去关注，并注意收集，注意抓住核心的内容，给予加工、提炼、升华，在成为比较固定的内容后，要积极倡导，使之成为普遍遵循的一种好的风气。然后再进一步扶植这种来自员工的企业文化雏形发扬光大，使之成为员工中的主流思想和日常行为。在这种情况下，要再进一步进行提炼，归纳，使之上升为易上口、易记、易背、易理解的口号性词句。举个例子、在饭店企业文化内容里，有一个"宁可自己千辛万苦，不让一线一时为难"的口号。这个口号的提出，很快就被员工接受，并易记上口。一时间，成为大家非常欢迎的口号。很好地解决了一线与二线员工在工作中的相互关系。这个口号是怎么来的呢？

大家知道一线员工是直接服务于宾客的，他们的岗位直接面对客人，很多时候，需要二线（后台）员工的配合与合作，才能完美地服务宾客，而二线人员要积极克服各种困难，才能保证一线服务的需要。例如，一位宾客要紧急加洗一件衬衫，需要尽快完成。那么，二线的洗衣厂人员从拿到衬衫，到洗涤完成是有一套程序的。如何尽快完成，就需要打破常规，从头到尾盯住这件衬衫的洗涤过程，要在各个程序上一路放绿灯，才能尽快完成，送到宾客手中。他们需要千方百计克服程序中的许多困难。在经常接到这样的任务时，员工们喊出了"自己辛苦我不怕，为了一线服务好"等口号。管理者发现了这样的朴实口号，发现了他们积极配合的做法，由此关注，并积极倡导这种做法，及时表扬二线员工顾全大局的态度。管理者就这个口号，联想到了为什么不提炼这个口号，使之成为一种服务一线的精神呢？于是他们经过加工和整理，编辑成为"宁可自己千辛万苦，不让一线一时为难"这样的一句话，并作为二线服务一线的固定口号。员工听起来顺耳，读起来顺口，记起来不难，很快就成为大家经常说的一句话。由于这样的口号来自于基层，有根基，就容易成为企业文化的一个内容固定下来。这就是提炼精华、提升高度的经典案例。

（2）注意收集和整理。在员工中经常会流行一些朴素的语言，当然有的是积极的，有的是消极的。作为管理者，要做的是如何摒弃消极的东西，引导积极向上的东西，使积极向上的东西成为主流，成为要倡导的思想和价值观，并让这些来自员工的正能量的内容成为员工的主流思想和价值观，这才是管理者的大智慧。例如，某星级饭店的培训原则是："学以致用"。他们提倡实用性加国际性。这样的口号是如何提炼出来的呢？在这家星级饭店中，老板非常注重对各个层级人员的培训，而且指定一位主要领导负责抓培训工作，在他们广泛了解各个层级人员的培训需求时，大家比较共同的想法是：我们需要什么就培训什么，要与我们的实际工作接轨，以我们所欠缺的内容作为教学的主导内容，我们所学习到的东西要能够运用到工作实际中去，而不是空中楼阁的理论，好看不好用。还有的干部员工表达了愿意学习和接受国际化的管理理念，使自己在工作中尽量与国际接轨。他们的理由是：因为我们是本土饭店，又是高星级饭店，我们面临着与国际知名品牌饭店竞争的局面，不能不积极进取，不能总是以我们的传统观念来经营和管理。听了大家这些想法和要求，作为饭店的总经理，认为这里面有管理者和员工的培训需求和渴求提升的愿望。总经理认为可以从中提炼出精华，成为培训原则，同时要作为企业文化的一部分内容归纳进去。经过总经理本人的深思熟虑和总结大家的共同观点之精华，于是提出了要成立酒店培训学校的想法，在酒店培训学校成立之际，总经理作了题词："学以致用"。仅仅四个字，非常精炼地提出了培训的方针，关键是这四个字好记好用。同时，总经理在强调全方位培训的重要性时，又归纳为：我们的培训内容要做到实用性、国际性。做到：需要什么培训什么，缺什么补什么。就这样三层意思，都是非常朴实的词句，但是表达明确，概括了大家的意愿，并指出了培训的方针政策和方向。这个对于培训政策的归纳和提炼，很快成为这家饭店企业文化的一部分。这是十几年前的决策，饭店连续不断地按照这个方针培训了十几年之后，其管理人员和员工的基本素质大有提升，其管理理念和管理水平紧跟世界潮流，其培训效果不亚于专业学校。现在看来，这位总经理的思想是超前的，提出的方针政策是英明的。英明之处在于他善于从群众的意愿中找到管理方略，提炼精华并融入企业文化。

8.4 企业文化中应包括对管理者的引导

企业文化不仅包括积极引导员工的内容，还应包括积极引导管理者的内容，才能成为比较完整的企业文化。很多时候，我们在编辑整理和形成企业文化的过程中，更多地关注的是员工这个层面的内容和需求，而忽略了管理者所需要的企业文化内容和导向。这是在编辑和整理企业文化内容时需要注意的一个问题。

案例：一家管理公司的老板，非常注重对下属管理人员的教育和管理，在设计多层面的教育中，注意提炼出比较精华的适用于管理者的企业文化内容。把复杂的管理内容概括为简单的"三个负责"来表达，"对员工负责、对客人负责、对上级负责"，简称"三个负责"。这个口号既精炼又全面，又好记。

在这"三个负责"的内容里充满了辩证的管理关系。让我们来分析一下。首先，把对员工负责摆在了首位，这是现代理念中对员工要以人为本的管理思想的体现，要求企业管理者首先要对你的下属负责。这个负责包含着方方面面的内容，宗旨就是要对员工施行以人为本的管理，把员工利益放在首位，而不是把经营效益看得比员工利益还重。"对员工负责"的意思应该包括了本书对员工管理的所有内容，也就是从员工的需求层次考虑设计管理理念、管理内容、管理方法、管理效果。其次，对客人负责。对客人负责表明了星级饭店的经营方针，不是把收益放在最为主要的经营策略上来，这也是体现以人为本的理念。时刻为宾客的利益着想，对每一位到店的宾客负责，不仅提供优质的周到的服务，更是体现从宾客利益出发，让宾客有"家"的感受，让宾客度过每一个美好的夜晚，在饭店里留下美好的回忆，并使宾客物有所值，甚至物超所值。最后，对上级负责。这个"上级"包含了饭店管理者的上级管理公司和业主公司。这里的负责是指要对你的上级管理公司负责，不仅做到完成每年预定的经营指标，还要做到认真完成管理公司提出的各项要求和工作指标，包括人工成本的合理化控制、各项经营成本的合理化使用，每年都要体现节俭作风，精打细算地管理好各项经营成本，还包括各项管理指标都要优化好，管控好，这才是对上级管理公司负责。而且对上级负责，就要接受管理公司每年的全方位考核，不仅是经营指标和经营利润的考核，还有员工满意度考核、宾客满意度考核、业主满意度考核等。对上级负责，还包括做到对业主公司负责。因为这家管理公司是受托管理方，其所经营管理的星级饭店是接受了业主方的委托进行管理的，这就要求对业主公司的利益要高度负责，与业主的合作既要体现管理公司的利益，也要体现业主公司的利益。对上级负责还要体现处处从业主公司的利益出发，为业主利益着想，不仅是完成每年的经营预算，上交经过业主公司认定的经营利润，更重要的是要从长计议，对所管理的饭店在硬件上做到认真维护，精心管理，对业主公司给予的经营和管理费用做到精打细算，合理使用，时刻贯彻增收节支的思想，要像自己家里一样，做到节约为本。对上级负责还体现在管理中要教育员工，在对客服务中充分体现星级饭店的豪华和周到服务，在内部要体现紧缩政策和节约意识。对上级负责，要求总经理在考虑各种利益的时候，要站在业主的角度，换位思考，积极维护业主公司方方面面的利益，让业主公司信得过，并将管理的权利放心地交给管理方。

"三个负责"四个字，字面简单易记，但是却充分体现了其对管理人员的极高要求，把这三个负责融入企业文化之中并不断深入培训，就是对管理者的企业文化管理。

8.5 企业文化管理应包括服务质量的管理内容

现代星级饭店最突出的特点是非常注重对客服务的质量，就是通常所强调的服务质量，这是星级饭店服务的重要特征之一，而且星级饭店最为突出的管理特点就是对客服务质量的管理和控制。从某种意义上讲，星级饭店竞争的核心内容就是对客服务质量的优劣。通常在星级饭店林立的商务圈中，哪家星级饭店的服务好、口碑好，就取得了竞争的优势，就会有许多的忠实客户，就会在宾客中有好的口碑。所以得到宾客一致认可的星级饭店，是不愁没生意可做的。那么，如何将星级饭店的服务质量也纳入企业文化管理呢？

作为饭店管理者，我们日常会不断强调服务质量，并拥有一套服务质量管理的要求和做法，这是每一家星级饭店都能够做到的，但是把服务质量管理纳入企业文化的饭店恐怕不多。

如何把服务质量纳入企业文化管理呢？首先要确定你这家饭店在服务质量管理方面的主导思想和控制目标。如饭店管理者对服务质量的要求只是客人不投诉，出租率不降低即可，那么，这家饭店的服务质量不可能达到完美，更不可能达到服务的极致。这种服务质量的理念只是一般化，纳入不纳入企业文化恐怕意义不大。如果这家饭店非常注重服务质量管理，并且在这方面的权重很大的话，最典型的特点就是管理者日常把服务质量挂在嘴边，总是在各种场合不断强调服务质量，并采取各种措施控制服务质量。那么，就可以把这家饭店对服务质量的要求提炼成比较精炼的口号,纳入企业文化当中,与企业文化其他内容融为一体,一并管理。例如,某饭店管理公司对服务质量的要求提到了"服务质量是饭店的生命线"这样的高度来认识和要求,他们同时采取了一系列有效控制的措施,而且对饭店管理者的考核与服务质量挂钩,服务质量管理成为饭店管理者时刻不能掉以轻心的一个内容,这样的饭店及饭店管理公司,就可以把服务质量纳入企业文化管理之中去。那么如何将服务质量管理纳入企业文化管理呢?

(1)确定服务质量在饭店管理中的地位。注重服务质量,就要确定服务质量在管理中的重要性,例如,明确提出"服务质量是饭店的生命线",这样就确定了服务质量的地位。某饭店管理公司认为作为星级饭店,必须在服务质量方面胜人一筹,不强调服务质量的饭店,就不具竞争力,也不会有好的效益。服务质量不仅是保证星级饭店效益的重要条件之一,更是保证品牌经营和管理的重要条件。做高星级饭店管理,拼的就是服务质量,拼的就是优质服务和宾客的口碑,因此,确定"服务质量是饭店的生命线",就确定了服务质量在饭店管理中的重要地位。

(2)提出一系列服务质量管理的重要措施。当确定了服务质量的地位之后,更重要的是如何确保服务质量管理到位。他们提出了一系列服务质量管理的措施,包括每年的明查、暗访、专业抽查、单项检查等,并在执行力度上下较大功夫。也许这些措施并不新奇,各个星级饭店都有,但是控制力的强弱恐怕是有所区别的。这家饭店管理公司在服务质量的管控上,可以说是达到了"谈虎色变"的程度。不管哪家饭店,只要一提到服务质量这样的词句,饭店的各级管理者就会高度紧张,就会不遗余力地从各个细节做起,甚至总经理本人可以每天对饭店的每一个角落检查一遍,每一次走动检查都会提出整改的地方。他们经过多年的磨练,总结出来一整套服务质量管理的方法和措施,并制定了严格的操作手册。

（3）成立服务质量管理委员会。在饭店成立专门的服务质量委员会，从事服务质量管理工作。这家饭店管理公司中最为权威的一个管理部门就是服务质量管理委员会。这个机构有着绝对的权威，每年的管理和考核是其重要的工作指标，其管理和考核的力度大于其他部门，任何一家下属饭店和个人不得挑战这个部门，也不得忽视这个部门提出的任何一项工作要求和工作内容。这个管理力度保证了管理公司对服务质量要求的绝对权威性，保证了各个饭店在服务质量标准上的基本均衡，保证了任何情况下服务质量基本不走样的过硬功夫，其成效极其显著。

（4）贯彻服务质量标准并落实到每一个岗位。提出了服务质量标准，制定了服务质量管理措施，重要的是如何贯彻落实到位，如何保证统一的标准在每一家饭店都不走样。他们的做法是制定每一个岗位的标准化操作程序，在统一了操作程序的基础上，分解成为每一个岗位的培训内容和检查内容。例如，总机接听电话有十条操作程序，这十条程序就是员工操作标准，必须严格按照这十条进行操作和管理，包括新员工来到岗位后严格按照这十条进行培训，老员工每日按照这十条标准认真对待每一个接听的电话，部门经理按照这十条标准进行检查和抽查。饭店质量管理部门的监控人员，会定时不定时地进行检查。这是操作程序比较简单的岗位，其他很多岗位的操作标准都是数十条，甚至上百条，诸如餐饮的宴会工作标准程序、自助餐的工作标准程序等，他们也都能够按照程序逐条进行检查，丝毫不马虎。不仅饭店自身逐条进行检查和考核，管理公司服务质量委员会也经常定期、不定期地进行抽查和突击检查，以保证服务质量标准的不走样。在此基础上，他们还要求在操作程序标准不降低、不走样的同时，员工要练就一身优质服务的本领，除了一般的服务标准不走样之外，还要做到对客的超前服务、惊喜服务、个性化服务等超值服务，以达到宾客的完全满意。在质量监控的基础上，还有培训部门的配合和跟进培训工作，他们将优质服务做成案例，不断强化员工的优质服务意识及方法。

（5）检查监控考核指标与管理者的业绩挂钩。实践证明，饭店服务质量的检查和监控一旦与管理者的业绩挂钩，管理者就能做到"不用扬鞭自奋蹄"。管理公司将服务质量考核成绩纳入对管理者的考核指标，服务质量考核成绩是每一个管理者年度业绩的一个组成部分，同时与他们的业绩奖励挂钩（年度奖金）。这样的力度，确保了服务质量管理的地位。这样长期坚持的结果是饭店管理者的头脑中会形成强大的概念，把服务质量管理真正当作生命线来看待，并自觉地坚持做好，使得整个管理公司所属饭店的服务质量持续保持着良好的态势并不断提高。

8.6　企业文化与企业氛围要具有一致性

每一家企业都会自然而然地形成一种企业氛围，这种氛围的主导思想一般来自于主要管理者的主导思想，也是管理者所要提倡的理念和做法。那么，从这个意义上说，企业氛围应该与企业文化高度一致，企业文化应该引领企业氛围。企业氛围是个无形的东西，好似看不见，摸不着，但是能够感受得到，体会得到。这种氛围也是一种强大的管理趋势，不可小视。还是拿前面的案例来说，企业有了"三像"的企业文化主导，形成了"三像"的氛围，在管理中，就一定会体现出执行力强的特点，体现出具有学习力的氛围，体现出家一样温暖的氛围。在这样的企业氛围中工作和生活，大多数管理者和员工就会习惯性地服从各项管理要求，愿意不断进取，接受各种培训，并能够相互和睦相处。有意思的是，这种企业氛围一旦形成，其主流主导着企业的方向，任何单个员工都是无法扭转和抵抗的，只有顺应才可以身立其中。如果不顺应，个人只能出局。

这种企业氛围，来自强大的企业文化的覆盖，也来自各级管理者的主导和提倡，并且以身作则，才能形成覆盖性的氛围。我们看到在好的企业文化氛围中，员工是有良好的成长空间的，员工只要能够融入这个氛围，并经过自己的努力，在素养上不断提升、在专业上有所作为的话，其个人的发展就比较有空间。举个例子：一位20岁出头的年轻人，自己本人十分认可这家饭店的企业文化并努力做好本职工作，并没有预想如何自我发展或者设定成长目标，而是踏实肯干，为人谦虚，自我完善，自我提升。领导看到了这位年轻人的成长空间，并给予了发展的机会，虽然他本人在管理方面还不成熟，领导果断提升他到管理岗位进行锻炼，使其尽快成长和发展。还有一些从别的企业跳槽到这家饭店的年轻人，只要踏实肯干，只要接受这里的文化氛围，并具有良好的品格和做事风格，管理者都会及时给予个人发展的空间，提升到管理岗位，使其尽快成长。可见，好的企业文化还在于高层管理者善于识人、用人，给年轻人发展的空间。有了这样的氛围，在这家管理公司，很多年轻人挑起了管理的重担，成为饭店高层管理者。

综上所述，我们看到了企业文化管理的重要性、必要性，看到了企业文化在管理中的作用。同时，我们也看到了企业文化是一只无形的手，这只手潜移默化地存在于每一个企业之中，我们管理者的责任就是运用好这只无形的手，推动并创造出积极向上、现代风气浓郁、辅助年轻人尽快成长的良好氛围，让饭店中年富力强的、有良好素养的年轻人在这种企业文化的孕育中尽快成长。同时，良好的企业文化氛围，也给年轻员工提供了良好的熏陶和开拓性发展的条件，在好的企业文化氛围中得到身心的健康成长。

营造好的企业文化氛围，这是员工需求层次的较高层面的需求。我们管理者必须不断研究这个企业文化中深层次的内容，研究如何将企业文化的作用发挥到极致，如何让更多的员工融入我们的企业文化，并在其中感受到和谐融洽的氛围，得到羽翼丰满的成长机会，尽快成为饭店的中坚力量。

8.7　企业文化的形成与发展规律

笔者凭借多年在良好的企业文化氛围中的感受，对于企业文化的形成、作用、对员工的影响等做如下总结：来自民间、提升高度、体现风格、用词简练、用于管理、亲情体现、员工接受、融入内心、成为习惯、不可或缺、形成氛围。

（1）来自民间。一些形成企业文化内容的词汇，不一定是高管或专家学者的创造，而是来自员工中简单、粗糙、朴实、实用的口号或者流行语言或者来自员工们创造的工作氛围和工作习惯。

（2）提升高度。管理者要敏锐地意识到流行在员工中间的具有内涵的思想和行为，顺其轨迹适当提升，将简单、粗糙、朴实的口号或流行语言加工提炼为企业文化内容。要由管理者进行再次加工，提升为符合企业实际的具有现代感的企业文化素材，使企业文化内容的素材具有一定的深度和广度，最后形成企业文化词语。

（3）体现风格。要体现本饭店独有的风格，而不是看上去哪家饭店都适用。这个风格必须是带有管理者特别是高管所提倡的做人、做事风格，带有整个团队凝聚力、战斗力的风格。这种风格是自然形成的，其中的关键引导者是管理者。

（4）用词简练。在归纳总结企业文化内容时，避免使用冗长、复杂的词句，以便于全员理解和记忆，也便于朗朗上口。

（5）用于管理。企业文化内容不是用于好看，也不是为了单纯地塑造企业形象，更重要的是要认识到企业文化是你自己企业的灵魂，是统领的思想，即管理者要将企业文化内容变成思想，融汇于各项管理之中，使之成为管理的强大助手。

（6）亲情体现。纵观各种企业文化，均带有一个不约而同的特点，那就是不管哪一家的企业文化，都是体现亲情的，都或多或少地体现出以人为本的理念和做法。把亲情放到企业文化当中去，让员工在你企业内部感受到的不是僵硬的制度，不是冷面孔，这恐怕是所有企业家所想要达到的理想效果。

（7）员工接受。企业文化的内容和氛围一定是员工能够接受的，是员工喜欢的词句和氛围，并且使员工能感受到自己本身就在其中。

（8）融入内心。在宣传和贯彻企业文化的过程中，方法要适度，宣传的尺度要把握好，最好的效果是能够让企业文化的内容融入到员工的内心中去，使之成为他们做事的规则，思维的方式。

（9）成为习惯。好的企业文化，会引导员工形成好的作风，不管在什么地方，都会习以为常，如礼貌用语，即便员工在公众场合、在家里，都习惯地使用礼貌用语，否则不能开口讲话，这就形成习惯了。习惯是一种作风，也是一种素养，好的习惯使人高雅、大方、得体，受人尊敬，这种习惯养成会让人受用终生。

（10）不可或缺。企业文化是不可或缺的，没有管理者的引导和提炼，也会在企业中存在着无形的文化氛围，因此，作为管理者要积极引导，将不可或缺的东西引导为积极向上的风气，进而转变为良好的企业文化内容。

（11）形成氛围。在企业中让良好的企业文化凝练成笼罩式的氛围，让全体管理者和员工受益其中，这是管理者的硬功夫，也是治店有方的谋略。有了这样的企业文化氛围，在企业发展的同时，管理者和员工都得到发展，在企业成长的同时，员工也能快速成长。

8.8　企业文化属于精神管理的范畴

笔者认为，企业文化管理与其他制度管理、生活管理不同之处是这是一种精神的管理，素养的管理，提升的管理，氛围的管理。既然是做管理者，就应该做一个文化的管理者，深入探讨本企业企业文化的特点和作用，让企业文化成为提升企业形象、提升员工素养的基础，全面贯彻企业文化，让企业文化成为精神支柱，是对员工全面提升和管理的精要所在。

有人说企业文化是一种精神管理，颇有一些道理。大多数人都是有信仰的，又都觉得自己是有灵魂的，甚至在人离开这个世界后，还认为这个灵魂仍然存在。这些都说明了人生在世，需要精神层面的东西。通常我们所说的精神境界、精神食粮，就是人们精神需求的表述。企业也同样如此，不管什么样的企业，不论企业的规模大小，也不论企业存在的时间长短，都会有一种精神的东西在支撑，并随着企业的发展而发展。这种精神的东西，就是企业文化。它如同一个人的灵魂，似乎没有可以用来形容这个"魂"的词汇，但它却是支撑企业的精神支柱，没有它，企业会像一个人丢掉了"魂"一样，就会表现得魂不守舍。而这种企业的灵魂——企业文化，是不以人的意志为转移的，是与企业同生长的，没有人可以人为地不让"它"存在，而只有积极引导，使之成为好的企业风气、好的氛围才是管理者应该做的事情。这个企业的"灵魂"，一定是管理者对员工精神需求管理的一个组成部分。在企业中绝大多数的员工是会受到企业文化的熏陶，并被感染的，因此我们作为企业管理者，最重要的职责是因势利导，将员工中存在的积极向上的风气和文化塑造成好的企业文化氛围，给员工一个舒适体贴温馨享受的精神世界。让他们在付出劳动的同时，得到精神的升华，得到精神上的享受，这种企业文化就是成功的企业文化，能够在这样的文化氛围中生活和工作的员工可以说是最幸福的员工。所以，我们作为饭店的管理者，一定要认知企业文化的积极作用，并从精神层面做好企业文化管理工作，用精神的魔力管理员工的思想和行为，给员工健康成长的精神食粮。

企业文化是素养管理。企业文化既然是精神层面的东西，那么，我们所要管理的不仅仅是员工的行为，更重要的是塑造有良好素养的员工。可以打一个比喻，作为星级饭店的管理者，如同一个家庭的家长，所有员工都是你的孩子，新来的员工是你的小孩子，老员工是你的大孩子，作为家长，你有责任和义务教育你的每一个孩子，抚育你的每一个孩子，特别是在孩子成长的过程中，他们的素养管理至关重要。一个人可以不成才，但是一定要成人，成人的道理，就是要成为有素养、有道德的人。作为饭店管理者（或者说家长），你的素养教育就融合在你的企业文化当中。所以，我们必须因势利导，将企业中正面的东西塑造为企业文化内涵。至于企业文化的具体内容，可以是朴实的词句、简练的语言，但一定是符合本企业实际的行为导向的语言。

在星级饭店企业文化管理中，员工素养教育是非常重要的一个课题，为什么呢？因为，在星级饭店里，特别是高星级饭店里，展示给宾客的员工形象，就是要彬彬有礼，就是要谦恭得体；员工从头到脚，都要整齐洁净，仪表堂堂；员工的举手投足都必须展现非常职业化的动作、手势；员工的言谈话语必须是文明礼貌用语。即便在客人大发雷霆的时候，我们的员工也必须是彬彬有礼地不予争论，不被他的躁动情绪所影响，这就是素养。因此饭店员工的素养教育和素养行为的培育就是我们最为重要的培训课程，每一位来到饭店的员工，首先要接受培训的就是这一课。这样说来，"员工待客基本行为准则"必须是员工每日必修课。我们的管理者，要在每日的班前会上不断重复员工待客基本行为准则，在每日的例行工作检查中，必须检查员工的基本行为准则，在每年的培训计划中，员工待客基本行为准则是永远不能取消的培训内容。一个明智的饭店管理者，主抓的就是员工待客基本行为准则，抓住了这个关键点，就事半功倍地解决了员工素养教育的问题。若长期坚持做下去，你这家饭店的员工素养一定不会差。

一个由全员良好素养组成的饭店团队，必定是最为出色的服务团队，其口碑必定名扬内外，必定是服务最佳的饭店。如果你是饭店管理专家，当你走进一家饭店时，从员工的举手投足就可以判断一家星级饭店的企业文化如何，企业素养教育如何？在饭店里受到良好素养熏陶的员工，会受用一生，他本人的形象塑造、他对别人的影响，甚至他对子女的影响，都会使其受益终身。有这样一个案例：一位饭店员工出身的管理者，后在国外改行做其他管理工作，他说他在一踏进社会时去的那家星级饭店对他的素养培育，为他打下了良好的素养基础，并已经成为习惯养成，不仅在新的工作岗位受到大家的尊崇，而且在社会上的朋友圈内也有良好口碑，大家称赞他是非常有教养的绅士。在家庭里，虽然有了三个小孩子，他还是衣冠整洁、彬彬有礼，以身作则地给小孩子作出了绅士的榜样，不论小孩子如何调皮，从来不发火，从来不指责，而是用自己的绅士风度和得体的言行举止影响小孩子的行为。这种教育是成功的，成功的关键就在于自己给小孩子营造了良好的素养环境，素养管理就是这么重要，无论是在家里还是企业。

企业文化是氛围管理。企业氛围是营造企业文化的基础，企业氛围是衡量一家企业是否充满正能量的标准。但是企业氛围无法用各种指标衡量，也无法用规则来规范，她是企业长期积累的结果，无法复制也无法效仿，即使效仿了也不是那个"味"。企业氛围中蕴含着企业的管理风格，其关键所在是其创始人或老板风格对其的影响。但是，再好的企业文化也不是随其自然就可以形成的。作为管理者，要有意识地营造一种好的企业氛围，在好的氛围中，提炼升华企业文化的内容。那么，如何有意识地营造良好的企业氛围呢？

首先营造者的个人魅力及其影响力是主要因素。营造者即饭店最高管理者，或饭店高管层管理团队，他们是营造饭店良好氛围的主导力量，他们个人的行为举止就是在无形地营造氛围。例如，在高管团队里，管理者相互勾心斗角，互不服气，在决策过程中，不是为了共同的目标，而是掺杂个人利益，在这样的管理团队影响下，饭店的氛围也一定是各个层级人员相互不信任，相互不配合。大家互相抱怨，做事互相扯皮，互不支持。在这样的氛围下，各级人员都心情不好，工作不舒畅。此外，有的高层管理者自视清高，见到员工不屑一顾，那么，你的中层管理人员也会效仿，当与员工见面时，经常是不屑一顾的态度，让主动与其打招呼的员工感到羞辱和无地自容。如果这个员工一旦也被提升为管理者，尽管是最基层的管理者——督导人员，他也会效仿他的上级，对下属采取不屑一顾的态度，长此以往，这家饭店的管理者所营造的氛围，就是管理人员自以为是，员工怨声载道，甚至背后谩骂领导。表面一团和气，背后相互撒气，遇到不顺时就不择手段地出气，没有地位的人十分泄气。这样的氛围不利于团队建设，不利于员工成长，不利于管理者发号施令，这也是一种企业文化的表现，这样的企业文化是失败的文化，一定会导致饭店的失败。相反，如果高层管理者相互配合默契，有良好的民主氛围，遇事民主集中，决策得民心顺民意，那么，这个高层领导下的管理团队氛围是友善的、团结的、具有凝聚力的、具有雷厉风行作风的。高层管理者能够以人为本地关爱各级管理人员，各级管理人员就会平易近人，对下属的生活关怀备至。高管人员带头创造了和谐的氛围，其下属也会营造和谐的氛围，这样的饭店氛围是和谐的、有执行力的，其员工之间也必定是友善的，和谐的、相互配合的。有了好的氛围，在维护饭店利益方面、善待宾客方面都会展现一流的水平。这就是管理者营造氛围的秘诀——从自身做起。

其次，将企业文化的内容融入到企业氛围之中。我们经常看到很多企业的企业文化口号做成大幅标语，悬挂在显眼的地方，做成宣传板块，张贴在员工通道，做成手册，人手一册，这些做法无可非议，都是非常值得称赞的，这是营造氛围的宣传手段。但是更重要的是行动，是管理者要有自觉带头执行企业文化的行动。能够将企业文化内容贯彻在管理者本身的言谈话语中和做事行事风格中，才是最根本的宣传方式。在管理者带头执行、身体力行的前提下，再适当地做一些培训和宣传是必要的，如利用每日的班前会，不断传播和宣讲企业文化内容，可以通过企业中发生的故事宣传和解释企业文化内容，这样做效果更佳。再如，在员工餐厅，每日中午员工用餐集中的时间段，利用宣传片的形式，播放企业文化内容，做到有声有影，生动感人，也是一种企业文化宣传的有效方式；在饭店的各项培训中，利用角色扮演、情景剧等形式，将企业文化的内容分解为具体的情景剧、演示片，也是宣传企业文化的有效方式。如此这般的宣传方法很多，关键是我们管理者要带头营造好的氛围，才能将企业文化潜移默化地植入到员工的内心深处，成为自觉的行为规范。

8.9 将企业文化与企业氛围进行统一管理

如果说企业文化是"魂"的话，那么，企业氛围就是"体"，魂要附体，就是文化和氛围进行统一、有效管理。在这种管理下，企业才会人才辈出，人才能够带动经济效益，经济效益创造品牌，品牌打造饭店荣誉，这样的正能量和良性循环才是一个有抱负的管理者所要创造的佳绩。

虽然饭店的员工大多没有什么高深的学历，虽然饭店的员工也不可能是学者、研究员，但是，在现代社会环境下，一定不要小看每一名员工，他们虽然是基层员工，可他们并不贫乏现代社会的信息。现代知识熏陶下的年轻员工，可以说各个身手不凡，都有自己的智慧和头脑，都有自己的特长和知识面，他们深知企业文化的特点和对自己成长的重要性，对自己经历的重要性，他们也会很挑剔地审视一个企业的文化氛围如何，很多时候他们之所以到某家企业去打拼，目的就是冲着那里的企业文化和氛围去的。例如，一位年轻的女孩，先后经历了十几个单位，感觉氛围都不如意，努力寻找适合自己的工作单位，最后跳到一家品牌公司的旗下饭店，在这里找到了能够融入的感觉，踏下心来寻求发展，果然在这家饭店良好的企业文化氛围中得到成长，在不到6年的时间里，做到了中层管理的岗位。还有一位青年，是个电脑工程师，从一家饭店跳槽出去，经过了几个单位，尽管其他单位的收入都比第一家饭店高，但是最后还是回到了第一家供职的饭店，问他为什么？他说：这里有亲情，有好的氛围，再加上制度严谨，管理有方，还是适应这样的环境。一句话，道出了企业文化与企业氛围在管理中的作用和重要性。

说到底企业文化和企业氛围是员工赖以生存的坏境。"魂要附体"，就是企业文化要附着在员工身上、心灵上。现代员工追求的不仅仅是金钱、薪酬福利，更多地追求的是企业环境。这个企业环境不仅是高档装修、宽大舒适的办公室，更重要的是人文环境，是能够融入、能够适合自己发展的人文环境。这种人文环境，就是企业文化和企业氛围的组合体。因此，作为饭店管理者，必须将企业文化和企业氛围当作自己的管理功课，倾心研究这里的学问，倾心打造好企业文化和企业氛围这种人文环境，让更多的年轻人喜欢他所供职的氛围，热爱自己选择的企业，并从中得到双赢。

总之，企业文化如同磁石和磁场，你这家饭店如果具有良好的企业文化和企业氛围，就具备了磁石般的吸引力，不怕深巷无生意，也不怕无人知晓，一定会吸引好的员工加入团队，一定会给予优秀员工成长的机会，也一定会宾客盈门，带来好的经营效益。企业文化不直接产生效益，但是能带动企业效益不是传说，就看你这家饭店的企业文化是不是有"真功夫"，是不是付出了管理者的心血。

如何将"培训"与"培育"
相结合，塑造优秀员工

　　本章谈及员工第九层次的需求——员工成长的管理，即星级饭店中对员工的延伸培训需求和专题培育的必要性。本章将展开谈谈培训的多种途径——内部、外部、出国考察学习等。谈谈培育优秀员工成长的各种方法——变换岗位、委以重任、工作考验、挫折训练、适时提拔、岗位锻炼、帮助成长等。

　　前几章叙述了八个层面的员工需求管理，接下来要说说对员工自身发展的需求管理了。这个题目是员工需求层次中较高层面的核心问题，也是员工成长中最根本的需求。将一名优秀员工培养成为管理者，这是管理者的职责和义务，也是饭店事业后继有人的战略思想。不注重培养人才的领导，可以说不是好领导。这不是危言耸听，这是有着培养人才经历的管理者的切身体会。一家管理公司，其饭店管理的发展速度很快，每年能够拿到3~5个新的饭店管理项目，这是喜人的局面。但是有一个问题总是绕不开，那就是"人才短缺"的问题。他们在考虑选派管理团队到新的饭店去时，总是遇到人才配备困难的局面，找不到合适人选，或者很多手下管理干部尚不成熟，挑不起大梁。拿到一个星级饭店的管理项目后，却纠结派谁去管理？总经理人选是经常令他们感到尴尬的事。该公司领导经过反思，发现在实践中只注意了日常管理和经营，注重了服务质量和培训，但是忽略了人才的培养和关注。待到需要用人时，总是感觉力不从心。我们借用军事的术语：不打无准备之仗。此话也适用于人才的培养和使用。如果我们的管理者平日没有培养人才的意识，没有预料到后继有人的需求的话，可能在平时忽视了对人才的选拔和培养，当管理项目扩张需要中高层人才时，往往是把不够成熟的管理者派往新的项目，其结果是被派去的人员管理经验和水平达不到管理一个项目的能力，工作吃力，管理水平低下，达不到理想状态。这就是管理与培养人才脱节的尴尬局面。因此，每一位在星级饭店总经理位置上的管理者，首先应该具有伯乐眼光，具有发现人才的敏感度，要有慧眼识珠、伯乐相马的本事。要能够准确地识别在平凡工作岗位中有潜力的优秀员工，即具有上升空间的员工，并要亲手及时给予其成长的空间。为了使人才尽快成长，在必要的时候，还要创造条件摔打你看中的"苗子"，给予挫折训练，以便让"苗子"长得更快、更成熟，能够早日勇挑重担。

9.1　人才培养的案例

　　案例一：一位帅气的小伙，大学毕业来到饭店。由于个子高挑且颜值也高，安排他做了行李员。一段时间过后，看他工作认真、踏实、肯干，就调到前台做接待员，再一段时间之后，又调他到客房做服务员，再过一段时间，又调他到行政办公室做秘书。这样频繁的调动，搞得小伙子也摸不着头脑，不知是自己干得好得到了赏识，还是干得不好，总是找不准位置？不管如何调动，这位小伙子凭着个人良好的基本素质，都是勤奋努力地干着，从没有怨言。经过这样多次调动，领导很快就提升他为管理层人员，先是做前厅部副经理，后做客房部经理。这位领导还是老规矩，不断地变换他的工作岗位，让他做过保安部经理、办公室主任等岗位。有一天领导突然决定把他派到了后勤部门做主管，从职位上看降了级别，从工作内容看，每天跟清扫垃圾、洗碗、打杂等人员在一起，管理后勤杂事。这位领导心中是在看他适应不适应，能不能承受得起这种打击。这种不按常规出牌的做法，这种大胆地过山车般的折腾一个年轻人，在饭店里确实少见。弄得饭店同事和小伙子本人都是"一头雾水"，大家感觉领导怎么总是和他过意不去，猜测总折腾他是为什么？就这样经过了上下折腾，岗位多变，才把他正式提拔到了饭店管理层的重要岗位，小伙子豁然明白，原来领导是在考验自己。

这是一个真实的案例，从这个比较特殊的个案来看，这位饭店管理者是伯乐，善于发现人才。当他发现某位员工可培养时，就给予及时的关注，大胆地给予其锻炼才干的平台，给予其挫折教育的机会，给予其多岗位实践的历练。这位饭店高管敢于摔打年轻人，使其接受挫折训练的做法确实不凡，看来是培养人才的高手。

案例二：还有一位从高校毕业来到饭店的男孩子，天资聪颖，人品极佳。虽然也是独生子女，但是没有"唯我独尊"的个性，非常能吃苦，能承受各种挑战。当领导发现这个"苗子"后，将其调到身边做秘书，其实就是熏陶和培养他的开始。几年之后，感觉小伙羽翼相对丰满了，就及时放飞，把他安排到一定的管理岗位进行实战锻炼。先到行政部门全面接触饭店内部管理事务，然后到专业部门学习营销、财务管理等知识，继而，调到餐饮部、前厅部、客房部等一线核心服务部门进行锻炼。同时，领导给予及时的指导和点拨，使得小伙子进入了快速成长的通道。这位领导也是培养人才的"大家"，在繁忙复杂的日常事务中，还能够亲自及时为有才干的年轻人铺就成长之路，使这位小伙子很快成长为五星级饭店的高层管理者。

当然不是每一位可培养的员工都有这样的成长路径。培养人才的路径也需各不相同，要根据每个员工的特点，给予其不同的培养路径，才能量才使用。有人说：垃圾是放错了位置的宝物。此话不假，世界上每一样东西都有其各自的定位，都是有用之才，只不过是看放在什么地方，是否放在了适宜的位置。同理，在饭店里，每一位员工都有自己的特长，没有不可以培养的员工，只有会不会培养员工的领导。我们要从人的不同特性选择培养员工方向的不同，必须认识到一个误区，即让员工当官，就是培养人才。这样的认识是不完全正确的，当然提升为管理者是培养人才的一个方面，但是还要因人而异，根据不同人才的情况，从不同的角度去培养，做到量才适用才是最科学的。

案例三：一位擅长钻研菜品的年轻厨师，饭店领导为了提升其业务精准度，把他交给当时非常著名的一位餐饮专业大师当学徒工。这位年轻的厨师善于学习，勤于敬业，很快成长起来。在日后的很多年里，不管他到哪家高星级饭店，饭店领导都推崇他的餐厨技艺，每次重要宴会都由他来主厨，每次重要接待，特别是国宾级的接待任务，都是授权他组织设计宴会菜单并亲自主厨。在每年的行业餐饮比赛和评比中，他获奖最多。于是，饭店领导及时派他到法国蓝带烹饪学院学习，由于他的个人天赋加努力，被法国蓝带烹饪学校聘为高级教官。在国内先后得到特级厨师、烹饪技师、总厨师长等名誉和地位。后来担任中国烹饪学会理事等职务，并被评为全国劳动模范。这位厨师虽然没走仕途之路，但是个人才能得到了领导的重视和及时的培养，成为全国餐饮界著名的大师，集勋章和荣誉于一身，为祖国的烹饪事业作出了突出的贡献。

这个案例非常典型地说明了培养人才不是都走仕途之路，量才适用才能把每一位员工的特长发挥到淋漓尽致的。

在员工成长之路的管理上，作为饭店高层领导，应该如何设计和实施你的培养人才战略呢？笔者经过多年的观察，有一些点滴的经验和做法，可提供参考。

9.2 人才培育就是"资本运作"

要善于发现人才苗子。在饭店里，90%以上的员工是年轻人，从某种意义上说，年轻就是资本。这种资本是无形的，也是有形的。说它无形，是指与看得见摸得着的真金白银相比，与固定资产相比，它似乎是无形的。说它有形，是指他们是活生生的个体，也许表面看只不过是个小小的没有太多经历的普通员工而已，甚至是羽毛还没有丰满的"雏鸟"，但是其中蕴含着成长空间的资本。作为管理者，如何开展"资本"运作呢？

（1）这种"资本"是指这些员工都是一个个鲜活的有朝气的年轻人，有着大把的时间可以塑造他们。当然他们不是现成的钱能生钱的资本，不是可以放到金融渠道里滚动的资本，也不是一夜暴富的资本，而是我们管理者手中的"宝贝"，需要我们珍惜他们，爱他们，并用爱的力量和方法识别他们，培养他们。

（2）这种"资本"的运作是慢功夫，不是一蹴而就见效果的资本。需要我们的耐心、爱心，需要给予栽培的土壤和肥料，需要时间和方法。

（3）这种"资本"不是个人财富积累的资本，不是为了个人的财产增值而经营的资本，而是为社会培养人才，为社会财富增值的资本。

（4）这种"资本"运作也有风险。也许可以增值，也许半途而废。我们管理者看好的人才苗子，不一定百分之百成功，在培养的过程中，有可能半途而废，但是我们不能因噎废食。怕培养不出来就不培养人才，这是错误的、胆小的管理者。

基于上述四点，作为管理者，想培养人才，想让你的人才库活跃起米，丰富起来，增值起来，就需要有眼力、有魄力、有决心、有爱心、有无私之心，只有这样才可以运作。有魄力、有决心、有爱心、有无私之心都很好理解，但有眼力有时让人费解。所谓的有眼力是指有善于识别人才的眼力。虽然一个饭店里90%以上是年轻人，虽然他们当中会有可培养的苗子，但是最初的选材和甄别可是要看眼力的。上面案例中的成功人才，起初并不起眼，都是看上去很平庸的小伙子，那么，怎么从众多年轻人中识别他们呢？

（1）具有观察的眼力。例如，那个被多次摔打的年轻人在一开始被发现时，是领导观察到他做事认真的态度，一丝不苟的精神。不仅如此，更重要的是还看到了他的忍让精神。当初他从学校来到饭店，还是一个刚刚22岁，没有任何社会经历的初出茅庐的小伙子，且是独生子女，看上去就娇嫩，领导最初疑惑这样的小伙子能承受巨大的压力吗？这位领导在大堂进行工作巡视时，发现这位新来的帅气的小伙子，一个人拉着一件件沉重的行李，有序地放置在大堂角落里，码放好并用行李网罩住。原来这是一个入住该饭店的团队的几十件行李，通常应该是几个人一起操作的活，而他却默默地毫无怨言地干着这样的苦差事。又有几次，领导观察到他运送的都是中国住店客人的沉重行李。这里要说明一下，在星级饭店里，行李员的活也可以说是个有肥缺的差事，可以经常收到客人给予的小费，但是需要技巧。技巧在哪里呢？团队的行李搬运，没有人给小费；中国客人来住店消费，也不习惯给小费，而外国客人通常在行李员将其行李放置到客房时，马上给行李员小费。这位小伙子初来乍到，并不知道这里的奥秘，饭店的老行李员会指使他去搬运团队客人的行李或者替中国客人搬运行李，而老行李员会专挑外国宾客行李搬运的服务。一段时间以后，这位小伙子显然也清楚了行李员的"潜规则"，但是他还是默默地一如既往，承接那些老行李员甩手不干的服务工作，饭店领导关注到了这一现象，感觉到在这一拨新来的服务员中间，这位年轻人不仅踏实肯干，而且具有一定的承受能力，并不把小恩小惠放在眼里。领导认为具有承受能力是一种做人的品德，而他踏实认真的态度、默默吃苦的精神，也打动了领导，这位领导意识到这位新员工有可培养的价值。这恐怕就是领导的"眼力"，就是"慧眼识珠"。这位领导是善于从细节上发现人才的人。这位领导之所以后来多次摔打这位年轻人，也是在验证自己看得是否准确，考验自己的判断力是不是正确。而经过几年的"折腾"，才最后决定使用这位年轻人，这也体现了这位领导审慎行事的作风。

（2）具有感受力。第二个案例中的年轻人，是慧眼的领导感受到了年轻人的忠诚度，从忠诚度识别人才，也可以说是慧眼识人的高明领导。感受力来自敏锐的观察力，当这位领导在用餐时，发现其中的一位男性服务员比较内向，甚至还有些腼腆。在整个服务过程中，当某个环节略有失误时，他首先出面承认失误，并主动承担责任，这引起了这位领导的关注。这位领导感觉到这么年轻的80后，敢于担当，是难能可贵的品质。经过了解，这位小伙子是学习文秘专业的，便调到身边做秘书。做领导的秘书需要忠诚度，能够做到不该说的不说，不该问的不问，能够做到不论何种情况，都能够三缄其口。虽然在领导身边所知道的许多内部情况很多，但是这位小伙子守口如瓶，即使在忍受了许多艰难困苦的情况下，也能踏踏实实做好领导交办的事情，从来不张扬。当领导感受到了这位年轻人的忠诚度时，便有意培养他。这也可以算是识别人才的一个突破口，当然这位领导也觉察到了这位年轻人的聪慧和发展潜力。

（3）具有定向力。再谈谈第三个案例，在20世纪60年代，一位初入餐饮行当的年轻人，开始学习厨艺。对人们普遍不看好的"厨子"这一行，他不自卑，有着专注的学习态度，他非常珍惜能够师从当时的名厨大师这样的机遇，每天潜心学习，钻研业务，勤奋探索。不久就在众多厨师中显露头角，并形成了一套自己独特的餐厨风格，在当时的一家著名的老饭店中突显了他的能力与厨艺。饭店领导也很开明，并没有按照通常的做法，提拔他为部门经理，而是送他去学习，让他开阔视野，增长才干，深入学习中餐厨艺，后来送他到世界著名的法国蓝带职业培训学校去进修。他不负众望，获得了蓝带勋章，成为蓝带俱乐部会员和高级教官。这位厨师，由于领导的定向正确，厨师本人也很专一，后来成为全国最著名的餐饮大师之一，享誉极高。这个案例，说明领导的定向力也十分重要，要适度把握对人才培养的方向。培养人才的方向正确，人才才能如鱼得水，其聪明智慧才会得到充分的释放。选择人才，是领导的慧眼，把握培养方向，是培养人才的重要战略。

上述分析让我们真实地看到了人才如何从普通员工成长为独挡一面的管理人才的。其成长的关键在于其是否遇到伯乐，是否有慧眼识珠的管理者。而管理人员的管理责任之一，是如何尽早识别人才，如何尽早把握培养人才的方向。这是我们管理者不可推卸的责任，也是我们人才战略中最重要的步骤。那么，如何及早了解人才和及早培养人才呢？简单来说，就是四个字："培训、培养"。即对可培养人才的特殊培训和培养路径。

9.3　对可培养人才需要专题培训

一般较具规模的饭店管理公司，都会配有正规的培训机构，有的是注册的正式培训机构，有的是没有注册的内部培训机构。不管是否注册，其培训功能是具备的。他们的培训内容一般分为两部分，基础的培训包括新员工培训、员工业务技能培训、操作流程培训等以服务技能培训为主，这部分培训内容，一般的单体饭店内也能够做到。另一部分内容就是提升培训，管理人员的管理知识培训。提升培训是指员工即将被提升管理岗位时的必要培训，主要是基层管理者的管理知识、管理技能、管理沟通等相关技能的培训。提升培训中还有一个层面的培训是对管理人员的管理知识培训，它主要是指针对中层以上人员的进阶培训，不断给他们输入新的饭店管理理念、饭店发展前瞻性的知识和信息等。

总体来看，饭店的培训不外乎这样几个层面：针对员工的培训，多数是业务技能的培训，饭店服务流程的培训，服务态度和技巧的培训；针对一般管理人员的培训，多为管理能力、管理方法、管理技巧的培训；针对高管层的培训，输入较新的理念和前瞻性的管理理论和方法以及饭店发展方向等培训。这三个层面的培训是饭店主要的培训内容和步骤。笔者在《星级饭店培训管理》

中另有阐述。这里要谈的是如何针对人才的专题培训。这种专题培训是指在上述几个层面培训的基础上进一步要做的培训，其有别于上述培训内容的显著特点是它是基于上述培训之后的有针对性的、比较个案性的人才培训。这样的培训如何操作呢？

首先谈谈有针对性的内部培训。当我们从一般员工中发现了比较有潜力的员工时，要及时作为内定的被培养人才的"种子"。作为"种子"选手，就要给予小灶"进补"。这个进补，必须是合理的、公平的，不被其他人所嫉妒的。一般来说，一同进入饭店的新员工，在被分配到各个岗位之后，各自学习所在岗位的业务，由比较成熟的老员工带领，在岗位实践中学习服务知识，并进入操作实习阶段，慢慢地成为熟练的服务员。在这个阶段里，我们是一视同仁地对待所有员工的，这是指在新员工的起步阶段。这一阶段是公平的、公允的、一视同仁的。但并不代表我们为了公平，就人为地埋没人才，即使发现了较好的苗子也权当看不见。真是如此这般"公平"的话，我们就会耽误人才的培养。因此，在公平的前提下，还要有"不公平"的眼光，也就是说，要在众多普通现象中找到不普通的人才苗子，关键问题是我们作为管理者如何慧眼识珠，如何从中发现具有上升空间的人才。在前面的案例中，我们也看到了，一位总经理，在巡视大堂时，眼光独到地发现了一位沉默却认真工作的小伙子，并发现了他身上的闪光点——善于忍耐。这就是慧眼，这就是公平中的"不公平"的眼光。在这位领导发现了这个小伙子的时候，他首先要确认在他身上的与众不同之处及可培养的基因。如何确认呢？他果断地把这位小伙子调到另外的岗位——前台接待员的岗位，开始了步履独特的培训之路。

（1）技术操作水平的锻炼。对可培养人才的内部强化培训的第一步是换岗位、换角度观察。前台接待员，是一个比较前沿的服务岗位。其特点如下：①需要娴熟的电脑操作业务，这个电脑操作中不仅仅是办理宾客的入住和离店手续，还要上传宾客的主要资料到有关部门，把握和及时觉察宾客中的特殊人物，并及时与有关方面沟通，以便帮助协查特殊宾客。②需要娴熟的房价把握能力，在星级饭店的旺季和淡季，都需要灵活地掌握房价销售技巧，甚至在某一天里，房价的落差也是很大的，会随着宾客入住率的变化而提高或降低房价；在入住率极高、房源极为紧张的时段内，房价都是随时变动的，这就需要技巧和把握时机操作了。③前台接待员需要有娴熟的外语能力，在高星级饭店内，外宾占有一定的比例，与外国人的沟通是非常重要的接待能力之一，没有良好的外语沟通能力，其接待质量会逊色很多。④前台接待还需要掌握大量的宾客询问的信息。例如，回答宾客的房间朝向是哪边？能看到什么样的风景？饭店周边的环境特点有哪些？周围景点和购买场所？交通工具的种类和远近程度？……此类信息都需要烂熟于心，随时回答宾客的询问，随时给予准确的服务信息。⑤需要良好的语言沟通能力，在与宾客的接触中，为了展示饭店的实力和吸引更多的回头客，需要有娴熟的沟通技巧和得体的语言能力、与宾客交朋友的技巧、留住回头客的技巧和处理各种投诉的技巧。⑥需要有良好的心态，在每日进出大量现金和房费价格的灵活操作中，做到持一颗平常心，不被金钱所诱惑。这不是耸人听闻，之前有个别的前台接待员心态不正，栽倒在金钱面前的案例。行话叫做"黑钱"，他们由于太熟悉前台业务技巧，从中发现漏洞，在管不住自己良心的情况下，成为"黑钱"高手，到头来甚至锒铛入狱。所以，前台接待也是考验一个员工品德和自制力的岗位。这位总经理把一个要培养的员工（苗子）放在这里，别人不会有什么感觉不公平的地方，这是非常正常的工作调动。但是换岗位培训，并继续关注才是总经理要做的事情。这是锻炼"苗子"的第一个步骤，即饭店前沿业务技能的学习和锻炼。

（2）承受能力的锻炼。为了给予"小灶"，继续多角度培训。在更换了这位员工岗位一段时间后，总经理又作出了调动岗位的决策。总经理为了尽快让他熟悉饭店一线业务，把他调到客房做服务员，表面看是整天打扫卫生，清理客房，实际上是在观察他能否吃苦的表现。在业内，大家都知道，干客房卫生的工作，是十分辛苦的差事，一般情况下，一个员工每天要做十几间客房的卫生。按照标准操作，一间客房的卫生，大约有几十道操作程序，即使十分熟练的员工，也要半个小时做一间客房。如果是"走客房"，恐怕还要时间更长才能做完做好。什么是"走客房"？即当天客人离店的房间。一般客人是上午10点以后离店，有的会在12点之前离店，在入住的宾客中，有的宾客素质很高，客房不会弄得很乱，但是有的宾客却不是这样，他们会把客房弄得一塌糊涂，收拾起来颇费力气。如果一天里遇到这样的房间居多的话，员工的体力消耗是相当大的。有时为了接待的需要，员工还要"抢房"，即在最短的时间内打扫出若干间客房。调到这样的岗位锻炼，其目的一是可以锻炼吃苦精神，二是体验饭店普通员工的辛苦，这是作为总经理培养人才的一个重要步骤，也是内部培训的一个必经之"点"。通常情况下，在这个点上通过了考验的员工，其他岗位的辛苦程度就不在话下了。

（3）社会环境的锻炼。在饭店若干岗位中，最了解社会环境的岗位算是保安人员的岗位了。饭店的保安岗位分为：内保、外保、消防、中控等。饭店总经理为了增长所要培养人才的见识，将这位小伙子调到了保安部，先是熟悉内部保安业务，每天巡视整个饭店的各个点，包括客房、餐厅、楼道、消防通道等各个角落每天走几遍，这样便能够很快熟悉饭店的每一个地方，通常人们不会走到的角落也在其中。之后做消防员，熟悉消防业务，了解饭店消防系统及操作技能。继而又调到外保，熟悉与饭店安全有关的外部环境和业务管理渠道。在保安岗位，可以了解到社会的复杂性在饭店中的特点，了解到公安系统是如何把控饭店与社会的联系，如何把控各种人员的活动场所与饭店的关系等内容。在这个岗位上熟悉了业务，就知道了饭店保安的关键内容和如何安全地管理每 天。

（4）提升培训。在通过了上述几个关键岗位的基础锻炼之后，及时输送学习就成为主要的培训内容。首先是内部学习，在有管理公司的情况下，可以送到管理公司举办的人才培训班进行学习，如果没有管理公司的单体星级饭店，那就要依靠到各个部门进行专题培训或送其到有关培训机构进行培训了。

9.4 对优秀员工进阶管理岗位的提升培训

对于有培养前途的员工，他们在经历了基础岗位的历练后，需要的提升培训就属于为即将做管理岗位打基础了。这种提升培训，最好是输送到管理公司的正规培训机构参加提升课程的学习。例如，上面所说的那位年轻人，饭店领导及时把他输送到管理公司的培训学校进行提升培训，学习如何做基层领班、做主管的管理技能和沟通技能等基础管理知识。学习之后回到饭店，即被委任为前厅部的主管，开始了管理岗位的磨练。这是内部提升培训的一种途径。如果没有管理公司的单体饭店，想要培养你的人才，除了在基础服务岗位锻炼之外，可以在内部培训机构学习管理知识，然后再到基层的管理岗位实践，由所在部门的中层人员手把手地带领他学会做管理。这也是可以操作的方法之一。因为在饭店里，能力的提升主要靠实践活动的累积。这里说的仅仅是内部培训人才和提升的途径之一。如果想真正培养有前途的人才，仅内部的培训是远远不够的，还必须送其到社会上的培训学校去增加阅历和知识面。这就是输送外部培训的必要性。

下面再来谈谈输送到外部培训的做法。外部培训机构很多，包括社会上的各种培训机构和国外酒店培训机构，其中最为知名的是瑞士洛桑酒店管理学校。在20世纪80年代改革开放的初期，在中国酒店业大发展之初，国内一批具有培养前途的年轻人被输送到瑞士洛桑酒店管理学校进行深造，回国后，成为近三十年来中国饭店管理发展中的栋梁之才，他们带回了国际化的管理经验，带回了成熟的管理知识和前瞻性的管理理念，在祖国饭店业的发展和与国际饭店业接轨的过程中起到了带动作用。我国的饭店业之所以在改革开放后发展迅速，与他们回国后的作用不无关系。下面谈谈几种输送培训的选择。

（1）将选出的人才输送到社会上的培训机构培训，这是通常都在做的一种培训方式。但是需要注意有多种途径可选择，不必千篇一律，要看人才的情况来决定哪种方式更适宜。例如，具有本科学历的年轻员工，可以鼓励他们继续攻读，到各大学中攻读在职研究生，这种在职研究生，不一定还局限在酒店管理方面的知识，可以是各种管理的科目，其主要目的是补充管理知识和学习更为前沿的管理理念等，为今后做管理岗位打基础。在他们边工作边攻读的过程中，饭店管理者要给他们创造一定的条件，如工作安排上给予方便条件，班次的安排、考试复习中需要占用一定的工作时间等，都要开放"绿灯"。再有，如果有条件的饭店，还可以考虑在他们学业成绩优秀时，给予报销一定比例的学费，等等。

（2）对于没有什么高深学历，但是具备可培养潜力的员工，可以输送到社会上的培训机构进行短期的培训和学习，在取得相关的管理结业资格或者某专业知识的结业资格后，再回到饭店做管理岗位，这样的培训属于较为多见的做法。主要是通过短期培训，取得相关的资格，如总经理资格证书、中层管理资格证书、厨师长资格证书等。这样的输送培训也适宜专业人才的再深造，如有发展潜力的厨师，可以输送到相关培训机构进一步学习厨艺，走专业化发展的道路。

不管是回到大学继续深造，还是输送到某个机构继续培训，关键是饭店高管对人才的培养要投资，能够给予时间的投入和一定资金的投入。把这些培训作为培养人才的一种途径，给予时间上的支持或者给予学费上的帮助。实践证明，从时间和财力上给予支持是对在岗人员继续深造的莫大支持。在做法上，首先是给予时间上的支持，允许他们半脱产或脱产接受提升培训。尽管饭店是十分繁忙的，优秀人才所承担的岗位肯定是非常重要的，但是考虑到长远利益，要千方百计让可培养人才抽出时间，保证他们业余参加培训或者短期脱产参加培训的时间。再有就是资金上的支持，现在的业务学习和深造，其学费都是比较昂贵的，参加学习的人员，可以自己承担一部分学费，饭店也应该拿出一部分教育培训基金作为补充来支持你的人才的进修。有的饭店的做法很有借鉴意义，当输送的人才参加完培训，并拿到好的成绩时，饭店给予一笔资金作为奖励和支持，这种做法也是激励学员努力并取得好成绩的一种手段。通常来说，在饭店管理方给予大力支持时，参加学习的人员都会珍惜机会，并尽其努力完成学业，他们毕竟是成年人，知道这样的机会可遇不可求，这样的深造是进阶的关键一步。当然有的老总会想，培养人才义不容辞，但是花了学费，给了时间，培养之后跳槽了，岂不"赔了夫人又折兵"。笔者一直认为，这是短视的眼光，开明的管理者不会这样想。不管你培养的人才能否留得住，只要他是人才，为社会上作出贡献，你就是赢家。

（3）输送到国外机构培训。有的人才可以输送到国外大学进修，一方面可以强化外语培训；另一方面可以补充酒店管理知识培训。还有的人才可以输送到国外知名酒店中进行实践学习。这种直接地深入国外酒店学习的方法，可以深入内里了解国外成熟酒店的管理机构、操作方法，是最直接、最有效的学习途径。很多从国外酒店学习回国的饭店管理人员，直接嫁接国外的管理模式并与国内的管理模式接轨和融合，大大提升了本国饭店的管理水平。当然，国外的经验再好、再先进，也需要与本国的实际情况相结合，不能盲目地嫁接，需要有步骤地、有选择地嫁接。总之，外派人员深入到国外知名酒店内里学习的途径是最直接最有效的，也是提升我国饭店管理水平最为可操作的方法。如果有可能，可以选派优秀人才到国外知名饭店学习深造。

笔者所知道的某饭店集团，为了尽快出人才，凡是外语基础比较好的，业务优秀的人才，都分期、分批输送到国际知名饭店去进行短期培训，一般是半年左右的培训期。回国后，所选派的人员普遍感觉受益匪浅，并且会更加热爱自己的饭店，都将所学到的东西输入到本饭店或本岗位中，对现有的管理岗位进行输入提升，见效明显。而且，一般情况下，但凡能够输送出去培训的优秀人才，回来后，都会更加忠诚，更加努力付出。

当然，这里绕不过去的疑虑或者"纠结"有两点，一是是否怕跳槽的问题，二是是否有超越现有高管能力的问题。第一个问题，也是大多数高管所担心的问题。他们有心要培养出类拔萃的年轻人尽快出道，尽快成为高管人才，但是，也非常担心这些比较有能力的员工，一旦翅膀硬了，羽翼丰满了，是否不满足现有岗位的待遇或者不能够满足自己继续发展的需要，就会产生跳槽的"危险"。是的，这种情况是不可避免的，是有可能发生的。这就要看我们的高管领导们如何考量这个问题了？是从战略的角度考虑，从国内饭店业发展的角度考虑，多输送人才，多出人才，还是从自己的小圈子考虑，从自己饭店的切身利益考虑，如何留住人才？各有道理。但是，作为国际化进程如此快和如此不可阻挡的今天，我们还是需要从大局考虑，从整个饭店业的发展考虑，如果你输送的人才回国后，能够得到成长，即便跳槽，也会给我国的饭店业发展作出贡献，岂不是你的功劳呢？再有，即便你培养的人才有更大的发展，我们也不必多留，要给予更广阔的空间，让其展翅高飞。相信，如果是你给予了及时的帮助，如果是你的伯乐眼光发现的人才，他们也不会忘记你的恩情，也会有不同的回报的。笔者所知道的一宗案例，一位后来非常优秀的做饭店管理的年轻人，当时的饭店领导输送他到瑞士洛桑深造，回国后，他继续攻读博士，后来成为我国饭店业的栋梁之才，这样的栋梁之才能够捂得住嘛？能够总让他在一家饭店里吗？这不太可能。这位博士并没有忘记自己的老领导、恩师，没有忘记自己出道的饭店，经常回去看望自己的老领导，看望自己的母体饭店。经常与老领导切磋饭店管理的新做法、新信息，这种互通信息的做法，大家都受益，有利于当前自己祖国的饭店业挑战国际知名品牌饭店，有利于国内饭店业与国际接轨，是相互促进的最佳途径。第二个问题，是否担心人才培养后有超越自己的可能？这个问题也很现实。长江后浪推前浪，一浪更比一浪强。这是必然趋势，历史就是这样发展的。怕下属超越自己的领导一定是"武大郎开店，高人莫进来"。为什么要怕呢？普遍来看，能够升任为高层管理者，年龄都会在40~50岁及以上，如果你不培养30岁左右或30岁以下的人才，就面临着管理人才断档的可能，当你退休之前再找适合的人选，是否为时已晚。此外，如果没有可超越的人才出现，那么，整体的管理水平一定会呈萎缩甚至倒退状态。因此，培养出超越现有管理水平的人才，才是发展的需要，让他们超越我们，社会的管理才能向前推动。其实，后人超越前人没有什么可怕的，可怕的是不能超越我们。想通了这个道理，持有战略眼光和博大胸怀的总经理们才能克服阻力，随时选择人才苗子并大胆培养优秀人才。

9.5 对可培养人才的特殊培养路径

如何培养优秀的饭店管理人才？从上面的案例中，我们可以领略到卓越的总经理是如何有步骤、有战略地培养人才的。他们主要的培养路径大致是多方位地轮换岗位实习、给予挫折训练的机会、在工作中进行考验、放到重要的岗位大胆使用、在给予各项特殊锻炼的同时亲自帮助其成长。

（1）到一线岗位多方位轮岗实习。饭店是操作型的企业，管理者必须是有实践经验的操作者，从一线服务员出身的管理者，其管理才能深入到位。如果想要培养具有专业知识和操作经验的后继人才，通常第一步做法是：放到一线主要岗位实习。上面的案例中，总经理将可培养的那位员工频繁调换岗位，在最初的阶段，所调换的岗位都是一线直接服务宾客的岗位，其目的就是让他从实践中积累直面对客服务的工作步骤和操作方法。这种实践锻炼是非常必要的。一方面让这位员工亲身学习每一个操作岗位的工作步骤和操作程序；另一方面，使他在实践中了解一线员工的真实处境和服务工作的酸甜苦辣，了解直接面对宾客时的服务特点、沟通特点及在遇到各种各样不同身份的宾客时如何灵活以对，如何让宾客满意你的服务并留下深刻的印象，甚至如何做到与宾客成为朋友。这是深入一线岗位锻炼的第一步。这段时间应该多长呢？饭店一线岗位的操作和熟悉过程一般需要三个月的时间，才能基本做到对业务知识的掌握和了解。每一个岗位的实习时间不应少于三个月。

总经理让可培养员工真实了解一线重要部门和岗位的工作情况和实践过程是非常必要的步骤。在饭店里，很多实践表明，如果对一线操作岗位没有实践经验，没有切身体会的话，当你成为管理人员时，经常会指挥不当，甚至看不准问题，找不到问题所在，或者被有经验的员工糊弄和欺骗。所以，要给予可培养人员深入一线的时间和学习的机会，而且不是戴帽下去走过场，一定要当作普通员工来锻炼他们，这样做，对他们今后做管理是绝对必要的一课。

（2）放到饭店经营和管理的主要部门进行实习。在经过了几个重要的一线岗位实习之后，还应该将这样的培养对象放到经营和管理的主要岗位去学习。例如，一定要放到市场营销部去锻炼，了解一个饭店市场和营销工作的全面情况，具体的操作步骤和营销理念是什么？特别要了解饭店如何把握市场，如何做到对市场的细分，如何针对市场竞争的特点决定对策。还要从社会角度了解现代饭店营销理念、营销策略、网络营销和在网络时代新的营销手段等。了解市场和营销工作，是饭店经营的核心部门的主要业务。作为管理者，在竞争激烈的饭店营销中，如果对市场和营销一窍不通的话，又如何有能力在夹缝中生存，如何取得好的经营效益呢？因此，市场营销管理部门是可培养人才不能不实践的一个部门。

除了市场营销部门之外，再一个重要的部门就是财务管理部门。饭店的财务管理，不仅是重要的经营部门，也是重要的管理部门。一方面，饭店每日的营收管理是一个系统，有许多操作的环节和人员在不断地索取数据、整理数据、分析数据和利用数据，这是日常财务管理的具体业务。更重要的是每年的财务预算管理、营收管理、成本管理、资产管理、库存管理等，这些都是饭店经营的核心内容，这些内容不仅与饭店的经营密不可分，而且还有很多的管理技巧和管理策略，是饭店能否经营得好，能否赚取更多利润的关键管理内容。即使一家饭店地理位置好，营收不愁的话，其财务管理水平高低也与每年的总营收和总利润大有关系。管理有方的饭店，其经营利润可以占到总营收的50%

左右，管理欠缺的饭店，其经营利润甚至是零，或者负利润(这里不是指的财务做账的技巧)。很多饭店就是这样，看起来似乎生意兴隆，每日宾客出出进进，但是到年底，一看总营收报表，利润少得可怜。因此，饭店经营中财务管理是一门很深的学问，可培养的对象需要到财务管理岗位去实习，去具体了解饭店财务管理的分支有哪些，每日的操作步骤有哪些，了解年度预算的过程和如何预测下一个年度的经营和收入情况，如何具体作出财务预算，还要了解成本管理，饭店中的主要成本有哪些？如何做到有计划地运用成本，如何有措施地控制成本？如何做好人工成本的管理和控制？如何做好饭店各个库房的库存管理？如何做到既不积压过多的物资，又能够节约使用，合理流转，等等。这些内容，都必须亲临其境，才能深入其中，获得真实的第一手资料。很多不懂财务管理的总经理，看不懂财务报表，不懂经营和利润的关系，不知道如何控制成本，这样就对财务管理失控，导致不应有的损失，这是很可怕的。如果你是一位财务通，其中的管理奥秘全知道，就不会被欺骗，甚至自己可以拿出各种账本，看得清清楚楚，明明白白，还能找到问题所在。这样的话，你的管理就管到了点子上。

除了上述两个重要的经营管理岗位必去实习之外，员工后勤部门的管理岗位也需了解。所谓后勤部门的工作主要是二线服务一线的岗位，这块工作与饭店员工每日的生活需要紧密相关。一家饭店的生活后勤部门的管理是体现员工管理如何的重要部门，决不可忽视。按现代理念"饭店员工是内部客人"来看，如何照顾好饭店内部员工与如何对待宾客的态度应该是一样的。作为正在培养的管理人员，深入内里了解和熟悉这一部分工作，也是必要的。在这个部门实习中，主要要了解员工餐厅的运作情况，员工对伙食的满意度如何？了解员工宿舍、浴室等生活设施和方便程度如何？了解饭店在员工生活方面需要进一步解决的问题有哪些，等等，以便在今后管理中做到心中有数，能够从员工需求的角度不断改进员工的生活设施，不断提高员工的生活舒适度。

（3）生存训练。除了上述一线部门和二线管理部门轮岗位实习之外，对于可培养人员还应该给予必要的生存训练。这也是必要的一课。据笔者了解，有的饭店为了培养过硬的管理人才，特地设立了生存训练课程，组织部门经理和有培养价值的员工到穷乡僻壤的山村去进行10天的艰苦生活生存训练。在生存训练前，饭店提出要求，不允许他们带更多的现金，大约可以携带50元以下的现金，目的是为了让他们在吃苦的过程中不打退堂鼓，不利用手中的金钱购买食品或用品。他们的做法是：饭后开车将这批生存训练的人员送至一个事先联系好的偏僻山村，这个山村不通公路。车子将他们送至村口，人下车后车子即返回，他们自己步行进入深山里，大约要走5公里之遥的步行路程，然后自己与老乡联系住处，在住下之后，与房东一起同吃同住同劳动。每天下地劳动，干很多在城里从来没有接触过的活计。与老乡一起吃饭，据说吃的是没油少盐，清汤寡水的饭菜，最多在炒菜时加一点荤油，就是改善生活了。睡在老乡家的炕头上，每天清晨5~6点钟，在老乡起床时，他们也不得睡懒觉，一起下地干农活、喂牲口等，吃水要到很远的地方去挑。他们从来没有挑水的经历，很多人不会挑，磨破了肩膀。为了节约用水，他们都是只用一口水刷牙，洗脸就用手巾抹抹。在这10天里，是没办法洗澡的，城里去的他们很不习惯，只有忍受。如果是夏天去的话，他们多数人被蚊虫叮咬了无数个大包，全身奇痒难忍。冬天时，迎着北风上山背柴，冻得满脸通红，柴火捆压得喘不过气来。甚至很多参加生存训练的人员全身长满了虱子，回家的第一件事就是先透洗一个热水澡，将衣服煮烫后晾晒。这样的生存训练虽然很苦，现代城里年轻人简直无法想象那样的生活。但是所有参加生存训练的人回来后都倍感受益。不仅了解了贫穷地方的生存环境和生存现状，体验了艰苦环境下如何生活，更重要的是知足，知道珍惜自己现有的一切，也倍感大好时光不容错过，趁年轻要努力奋斗。生存训练过的人员有了偏僻山村的艰苦生活，在工作中遇到任何困难，也不觉得难了，而且更加专心地投入在自己所热爱的饭店事业上。

有人会觉得这样的生存训练是否过时，是否没有什么必要。但是笔者认为，现在成长在城里的年轻人，没有见过农村生活场景没有吃过苦，可以说是"五谷不分"。可能在电视里见过贫困农村和山区景象，但是没有亲身体验，还是不了解艰苦环境是怎么回事。从培养人才和历练人才的角度出发，如果想让他们将来挑大梁，负重任，补上这一课是非常必要的。非但不过时，而且是很时尚的做法。

（4）挫折训练。像上面列举的案例中，那位年轻的员工得到领导赏识并多岗位训练后，被提拔到了管理岗位上。但是这位有眼光、有深度的领导并不认为这个人才就培养出来了，为了尽快让其成熟，他还要给予其挫折训练。在这位小伙子春风得意地走上管理岗位不久，突然调他到后勤部门，给予了低于现职位的一个主管职务，并给予他的管理职责是管理那些最角落、最艰苦的几个岗位，如后厨的粗加工岗位、洗碗岗位、绿化岗位、PA（清洁饭店内外卫生）岗位等。这些岗位的人员多是临时工大妈大爷，文化水平低，甚至没有文化，不识字，连自己的名字都不会写，他们只能干些粗加工、基础性的活计。所干的活没有什么技术含量，但是很累，也比较脏。管理他们时，既要让他们按照星级饭店的规矩行事，又要符合他们的接受能力。这就需要管理者既要体谅他们的辛苦程度，又要管理严格，不得让他们随意行事。这位小伙子在刚开始接触这些岗位人员时，很不适应，有些不知所措。因为有过生存训练的经历，他肯俯下身来深入基层，与他们一起劳动，一起择菜洗菜，一起倒垃圾，推洗碗车，等等，在接触中，员工们感知到这位年轻主管的亲历亲为，这位年轻主管也知道如何管理这些岗位了。但是，在一开始把他调到这个岗位时，他确实也痛苦了一段时间，不知为什么这样？回家跟家长诉苦，觉得委屈。家长非常明智地指点他，说你这么年轻就走上了管理岗位，其他与你一起进饭店的同学还在普通员工的岗位呢，你应该知道这是领导器重你培养你，权当这样的岗位是历练自己的机遇吧。

这种挫折训练是培养年轻人时比较极端的做法，不是每个总经理都有这样的胆识，也不是每一个年轻人可以经得住这样的折腾。关键是总经理须张弛有度地把握摔打的程度和火候，光有敢于摔打一个年轻人的胆识还不够，还要有能够控制和把握火候的能力。同时也要看年轻人的承受能力的底线如何，在摔打到承受能力的底线时，把握时机给予指点，这种指点要有"重量"，重到被指点的人茅塞顿开、恍然大悟、心领神会、终生受益的程度，达到"响鼓还要重锤敲"的效果。这才是挫折训练的真正意义。可以说对被培养的人员及时的指点和提携是帮助其成长的点睛之笔。

9.6 对可培养人才的历练式管理技巧

如何指点和提携具有培养潜质的人才，使其快速成长呢？这就谈到了帮助成长的话题。接着上面的案例叙述：在这位小伙子被过山车式地降低职务并派到艰苦岗位之时，领导很沉着，并不说明理由，也不多接触他。在开始阶段看到其情绪低落时，总经理并没有表示什么，目的就是考验他的承受能力。过了一段时间，当这位小伙子情绪逐渐平稳了，总经理也侧面听到了后勤岗位员工对他的好评之后，有一天，总经理突然亲自找到他并邀他一起共进晚餐。下班后，领导带他到附近一家餐馆，坐下后，点了简单的饭菜，开始询问他的感受、体会和想法。这位小伙子一时激动得说不出话来，多少天的感慨汇聚在一起，五味俱全。在谈话中，总经理敞开心扉，谈出自己对他的真切期望，谈到了自己之所以对他有很多不按常规出牌的意图和要达到的目的，谈到了他虽然承受了常人可能不能承受的过程，但是还需要更多的艰苦锻炼才能成长。这位小伙子感激涕零，深深感受到了领导关怀的真情真意。他感慨地说：一个晚上的谈话，胜过太多的思想教育课，既通俗又深刻，更受益匪浅，是关键时刻指点迷津的罗盘针。从此，他更加自觉地努力接受各种历练培训。

这样的帮助和指点也是有技巧的，可以是在看好某位员工发展前景时，进行及时的指点和帮助，告诉他如何走自我发展的道路。但是，当年轻人几乎没有什么社会经历，且年轻气盛之时，往往听不进去或者不能理解过来人的提醒或者不能完全理解上级领导真实用意。因此，还是要等年轻人具有一些社会经历或者遇到某些挫折时，再适时提醒和帮助更有效果。此外，管理者可以先给予其吃苦锻炼的岗位，从历练身心承受能力开始，培训他的吃苦精神和承受能力，在这种历练中，观察其心理变化和发展途径，再适当给予指点和帮助。像上面那样的案例中，给予年轻人一定的摔打锻炼，是一种较为大胆的做法，具有一定的风险性，因为现在的年轻人，如果遇到不愉快或者不能承受的环境，往往不会隐忍下去，选择跳槽离开的居多，很少有人会耐心地接受这样的历练，特别是在不说明缘由，本人不知情的情况下，更是如此。所以作为管理者在选人、用人、培养人的过程中，也不免会存在失败的风险，这点要有思想准备，不是每一个想要培养的苗子都能够顺利成才的。

9.7　多种途径培养具有潜质的人才

那么，更好的做法有哪些呢？根据现代人力资源管理的理念，最好的做法是，在年轻人进入工作岗位之后，就要与其直面关于个人发展计划的问题，将个人发展计划作为一项公开的帮助年轻人成长的战略，并以计划的形式制订出来，与年轻人做好沟通，双方达成一定的协议，谈好个人发展的步骤和路径，然后根据这个计划和路径，个人和组织双方共同努力实现。例如，一个新加入饭店行业的大学毕业生，他本人是学习人力资源专业的，到了饭店后双方谈妥，先安排他到一线服务岗位锻炼两年，然后再做人力资源专业管理工作。这样的话，这位年轻人就会情愿地在一线服务岗位锻炼，了解一线服务岗位的特点、人员构成情况、每日运作程序、服务中的各种情况等。待做满两年时，饭店方要按照承诺，将他调到人力资源部门接触人力资源管理专业知识和管理工作，如果这位年轻人发展顺利，可以及早提拔到主管岗位，并再次与之谈发展路径，承诺在经历了人力资源的各个主要岗位锻炼之后，可以做中层管理职务。这样的话，先安排他在人力资源的招聘、培训、薪酬福利等岗位熟悉情况，大约再过 2 年的时间，可以提拔到部门经理级的岗位使用。这样，不出

5年的时间，这位年轻人就很快成长起来了。如果是大学毕业进入饭店，5年时间进入管理岗位，这位年轻人在不到30岁的时候就成为中层管理人员，这是比较顺利的情况。这样的人如果再发展顺利，本人悟性又好，品行上佳，具有管理才能，可以继续进阶培养，在30岁出头即可成为饭店级的高管人员。

当然这是顺利的个人发展路径。如果对有的员工也这样设计发展计划并按照计划培养，在此过程当中，可能不那么理想，本人的发展空间或者个性不适宜如此快速进阶，就要与本人商议，修改发展计划，或者放慢速度，或者可以改为从技术角度培养。例如，一位大学毕业生，本人学习的专业是工程方面，那么，不一定非得往仕途的方向培养，可以从技术技能的角度进行培养，安排他跟着技能较好的师傅学习，让他在工程部几个主要专业方面学习技能。在学习和操作中，如果本人确实具有管理才能和潜力，估计在做了一段技术工作之后，也会有机会成为工程管理方面的中层管理者，实践中很多技术部门的骨干，到后来基本都走上了管理岗位。

此外，如果本人是具备专业技术才能的人才，可以像上面第三个案例中的厨师那样，走专业技能发展道路，成为行业里顶尖人物，这也是培养人才的途径。

总之，按现代社会的人力资源理念，不再是让员工盲目地成长，需要给予及时的指导和帮助，需要与其共同制订发展计划，需要在其发展的过程中给予发展方向的指导或者矫正，要从本人性格特点、兴趣爱好和发展空间帮助其选择发展方向，并尽力帮助其成功。

9.8　发现人才，留住人才，是饭店管理者的重要职责

能否发现人才，留住人才，是现代星级饭店管理者，特别是高管人员的一个重要课题，从某种意义上说，也是考验管理者能力强弱的考核指标。笔者所了解的饭店总经理中，有的慧眼识珠，及时培养了各个不同批次的管理人才，

他们现在都成长为星级饭店的栋梁，担任五星级饭店的总经理。也有的总经理恐怕下属超过自己，千方百计压制有能力、有潜质的年轻人，致使很多年轻人纷纷逃离他的手下，另寻发展之路。因此，不是饭店里有没有人才，而是饭店的高管之人力资源理念及做法如何？在笔者接触的年轻人中，很多人想发展，但是自我感觉盲目，不知道自己在本饭店里自己的发展前途在哪里？不知道自己是否能够尽快成长？有的30岁出头了，还是员工，不仅工资较低，而且不了解自己的目标是什么？面临着结婚生子、养家糊口的现实情况，他们实在等待不到发展的机会时，辞职另寻发展途径是必然的。曾经有一个非常优秀的小伙子，工作也十分出色，在饭店里有5~6年的工作经历，一直是员工身份，薪水不高。在即将结婚之际，左右考虑是否辞职，面对自己员工的身份和微薄的薪水，考虑到今后养家糊口的重任，下定决心提出了辞职。此时，饭店领导层层找他谈话、挽留，甚至答应给予较高职务，调高薪水。但是，他对等待了几年的痛苦过程让他已不再抱有希望，离职决心已定，虽然对这家饭店具有一定的感情，可为了本人的前途和生活需要，只好谢绝挽留，离职。这样的案例告诉我们，没有明确的培养目标，没有透明的发展路径，员工在迷茫中是不会等待多久的，特别是心怀致远的员工或者较为出色的员工或者是具有较好技能的员工，你不培养，他必定去找能够被培养的新的单位，不会在一个地方耐心等待下去。所以，有时我们自己抱怨好的员工留不住，骨干流失严重时，要从主观角度找原因，是不是我们的人才战略有问题？是不是我们的人才培养理念落后所致？

当然不可能每一位员工都是出类拔萃的苗子，也不可能每一个员工都是管理人才，这个问题将在最后一章中阐述。

本章阐述的主要内容是员工管理的较高阶段，是对员工自我发展需求的管理，这种自我发展需求是每一名员工内心的愿望，不管他们是否表达出来，所有员工内心都有自己寻求发展的愿望和目标，只是许多人比较内敛，特别是自我提升自我发展的想法，生怕说出来被人家笑话，或者怕别人说风凉话，等等。但是，这不等于员工内心没有追求，不想发展自我。作为管理者，应该将心比心，想象自己年轻时是否也有着强烈的上进愿望，是否也有过自己的梦想和理想，是否也是一步一步走到了今天的。需要换位思考，从员工的角度思考这个问题，特别是从年轻员工的角度思考，谁不想早日出人头地？谁愿意一辈子总是做员工岗位呢？管理者要了解员工内心的追求，给予他们发展的机会，要把人才培养摆在管理者心中重要地位，并成为在所不辞的重任。能够在总经理手下尽快出人才的饭店，才是好的饭店；能够在管理岗位识才和培养人才的总经理才是高瞻远瞩的总经理。

10

如何建立"品牌"自豪感，
培养品牌忠诚度

本章谈及员工第十层次的需求：品牌自豪感的管理，即员工管理与品牌的关系。在员工的需求中，较为高级阶段的需求还有对品牌的认知度和自豪感的需求。笔者根据星级饭店感受和管理经验，谈谈品牌指数、品牌重视程度、品牌建设措施、品牌提升意识、品牌与员工的融合程度等员工的需求愿望和感受。这些都是员工品牌忠诚度的高层次需求。

10.1　品牌就是诚信度

当今世界已经是飞速发展的"互联网+"时代、云计算时代，让人感觉大千世界变幻莫测。但是，不管如何飞速发展，世界如何变幻莫测，一条"法则"却还无法打破，那就是创造品牌的魅力。

说到品牌，现代人恐怕再熟悉不过了。就拿日常人们生活用品来说，不论哪种产品，购买品牌产品与购买不是品牌的产品，其价格会差之千里。这就说明人们认识品牌、青睐品牌、崇尚品牌、购买品牌，不是没有道理的。例如，在 2013 年的初夏，突然冒出来防晒服这一产品，一时走俏。货真价实的防晒服薄如葱皮，穿上既能防晒又有透气感，400 多元一件。没过多久，紧跟其后的山寨防晒服就满大街兜售，40 元一件。想一想，400 元与 40 元，差价 10 倍。外表看真没什么两样，甚至山寨的更花样翻新，更多姿多彩。但是，它的透气性就不敢恭维了。而在炎热的夏天，本来太阳就晒得人透不过气来，再穿上不透气的防晒服，感受如何？可想而知。如此这般，形形色色的生活产品具有易仿制的特性，也具有其低廉价格的市场需求，于是真正的品牌商品和山寨商品的博弈，在当今我国形成了一大特色。

从笔者这些年购买生活商品的经历中，越来越认可大品牌产品的可信度和舒适度，以至于如果不购买大品牌产品，自己就感觉是买了"烂货"。虽然小商小店的东西便宜，样式翻新，但是自己的体会是：原料很差，加工很差，容易破损，可以说是一次性产品。而大品牌产品虽然价格贵上几倍，但是其性价比都是超值的，购买之后，从不担心其产品质量。如今很多人不论购买有形产品还是无形产品，首先考虑的是品牌价值，从某种意义上讲，品牌就是诚信度的代名词。这是个人对品牌的生活感受。

10.2 试比较品牌星级饭店与非品牌星级饭店的不同

笔者经历了近 20 年的饭店管理实践活动，每年都要专题学习考察国际知名品牌酒店，也考察过几个国内五星级品牌酒店。积累下来，感受良多。这些年入住体验了几乎所有最顶级知名品牌酒店，写过 10 多个专题考察报告。我们的考察从硬件到软件、从大处到细节都认真地品味、体验过，并且专题研讨其品牌的奥秘在哪里？我们需要学习和效仿哪些东西？也同时与本土饭店做过对比。我们在学习考察之后，将领悟到的品牌内容，从学习效仿的角度用于改善自己所在管理公司旗下酒店的部分服务质量和管理质量，确实提升了所管理星级饭店的品味和服务质量。更重要的是我们试图通过对比研究并打造国内五星级饭店品牌特色。在认真对比国际知名品牌饭店的过程中，真实感受到了我们国内饭店的服务和管理水平与国际还存在着不小的差距，这其中有管理经验的差距、管理理念的差距、打造品牌投入的差距、市场目标针对性的差距等，然而最关键的是打造品牌的理念差距。

提到饭店管理品牌问题，也许有人会说，什么品牌不品牌，有生意能赚钱就行。是的，只顾眼前利益或者赶上好的市场机遇，赚钱是能够做到的。但是从发展的角度看，从本土星级饭店成长的角度看，想要加入国际竞争的饭店行列，绝不是短时期内饭店经济效益好与不好的短视问题。让我们通过一个案例来分析。

案例：一家四星级饭店，每日经营状况看起来似乎也是热热闹闹，大轿车停在饭店旁边，出入的旅客很多，也不乏国外黄头发蓝眼睛的旅游团队。表面看繁花似锦，中外宾客都有。但是，懂酒店管理的行家一看便知，这是一家管理水平较差的酒店。差距在哪里呢？

请看如下10个方面的比较。

（1）客源层次不同。上面所提到的饭店，是不讲究客源比例的，只要销售人员拉来客人就好。从每日过往的旅游大轿车，明眼人便可知道，他们的客源主要是旅游团队。而具有知名品牌的高星级商务酒店，在经营上讲究营销策略，其中商务散客、会议、团队的入住比例与该酒店完全不同。一般高星级酒店在通常情况下，入住宾客以商散为主，有的商散客人比例占到70%左右，即主要的客源是商务散客。会议为辅，且会议也是有一定档次的会议客源。即使接待团队客人，也是作为填充淡季的客房量而为，且是有选择的，一般只接待比较高档的旅游团队。这样的酒店，商散客人主要通过网络订房过来，所以网络订房会占据一定的订房比例。也就是说，如果是国际知名品牌饭店，很多商散客人比较熟悉和认可这样的品牌和服务特点，他们在出行前事先选择好要到达的城市和要入住的知名品牌饭店。这就客观上保证了高星级知名品牌酒店的客源质量是优质的。要知道，商散客人的房价和旅游客人的房价是不可同日而语的，差距很大。而且商散客人使用酒店用品基本不具破坏性，也是饭店节约成本的一个因素。那么，不分档次，不做区分，接到什么团队算什么的做法，只能是赚取较少的利润，却付出较多的成本。

（2）员工的服务质量不同。知名品牌酒店的服务与一般酒店的服务也不在一个水平上。一般饭店看待服务质量的尺度，只要不出问题，没有重大投诉，就是好的服务了，他们的管理者不会从每一个细节上追究服务质量如何。在这样的饭店里，随处可见的是服务员在低头玩手机，客人询问什么问题时，或者冷眼相对，默不作声；或者一句"不知道"算是回应；甚至白眼相送，也算是服务。这种冷淡态度非常伤害宾客的内心，很多时候宾客只得在内心狠狠地说，再也不来这里住了。而品牌饭店的服务理念是"让客人完全满意"，为了客人的青睐和客人的舒适度，他们可以竭尽全力保证宾客的利益，可以不计成本地打造一流的硬件和一流的服务。相信多数客人有如下体验，当走进一家享誉全球的豪华酒店时，大厅内进门处，几位漂亮斯文的、穿着时尚的客户关系经理微笑面对每一位宾客，随时提供宾客问讯服务、导引服务。到达前台办理入住手续时，由于已经在网上有过预订，服务员会亲切地称呼着客人的姓氏进行服务交流；在整个登记过程的几分钟内，服务员会有三次称呼到宾客的姓氏；入住登记办理完毕，服务员亲切地指引电梯的方向；此时行李员马上跟进，带领宾客进入电梯，并带领至入住房间；在进入房间时，行李员征求意见后把行李箱放置好，然后简单地介绍饭店设备设施使用方法及比较特殊和隐蔽的设施，并帮助演示如何使用设备设施。当宾客在客房内电话询问服务员某项事情或者需要某种用品时，接听电话的服务员总能礼貌地称呼宾客的姓氏，并给予快捷的服务。这是一个规范的服务流程，他们会全程按照服务流程服务宾客不走样。除此之外，服务员还会根据宾客的各种情况随时提供个性化服务、惊喜服务、超前服务。他们会细腻地观察到宾客细微的内心需求，并在察觉的同时就及时提供超前服务，让客人感觉亲切、惊喜。

品牌饭店对服务员的培训是严格的、有标准的、有程序的，并对服务员给予一定的授权，服务员可以根据接待宾客的具体情况，随时提供个性化服务。品牌饭店不仅针对宾客的特殊需求提供个性化服务，他们对宾客的个人需求和爱好都会专门记录下来，存入电脑中，当客人再次光临这家饭店时，其个人爱好会自动从电脑记录中跳出来，服务员会再次根据这个记录主动提供个性化的服务。例如，某位先生喜欢荞麦皮枕头，当他再次入住时，肯定摆放的是荞麦皮枕头；某位女士喜欢香水百合花，当她再次入住时，一定事先摆放了香水百合花；某位国内的宾客喜欢读英文报纸，当他再次入住时，一定提供了英文报纸在客房内。这些细微的贴心的服务随时可见、可感受。这就是高星级品牌饭店的服务特点。

（3）对饭店的设备设施爱护程度不同。业界人士都知道，饭店接待什么档次的客人，对饭店的设备设施的维护或破坏性是成正比例的。接待低档次团队宾客或者散客时，其破坏饭店设备设施的现象随处可见。例如，使用饭店的枕巾擦拭自己的皮鞋，待客人走后，服务员看到枕巾上沾满皮鞋油的黑渍；还有，在客房里，将所有物品弄个乱七八糟再走人，服务员打开门，看到一片狼藉，服务员见此情景都不知道从何下手整理客房。然而，在接待商务客人为主的星级饭店，这种现象几乎见不到。更多的时候，在客人离店后，发现客房内一切完好，几乎像没有动过的样子，服务员整理客房的劳动量小了许多。有素质的宾客，在入住饭店时，会像在自己的家里一样保持好的习惯，爱护饭店的设备设施。所以，接待高档商务散客的饭店，其设备设施的维修成本低，低值易耗品消耗少，棉织品的洗涤数量相对少，员工整理客房的劳动量少，这些也是饭店利润的一部分。

（4）饭店的保养水平不同。饭店的使用与保养是相辅相成的，使用是正常的消耗，但是没有及时的保养，其消耗成本就会成倍增加，真正懂饭店经营和管理的专家，不仅看重经营利润，更看重饭店的维护和保养成本，在使用的同时必须跟进保养措施。从这个角度看，不同饭店管理者对饭店使用和保养的理念是不同的。不重视品牌经营的管理者，多数也缺乏对饭店的保养意识。他们或只管经营，认为维护保养是业主的事；或不愿意投入资金对设备设施进行维护保养，认为辛辛苦苦挣得的经营利润，拿去一部分维修保养，岂不减少了自己的劳动成果？在他们眼里，客房壁纸有破洞了，可以凑合着用；饭店家具有损毁了，只要不影响使用，不用更换；饭店地毯很脏了，再坚持使用几年也没问题；饭店餐具有损毁了，有点破边破口的餐具照样可以使用，扔掉可惜。凡此种种现象，在不讲究品质的饭店里，似乎很正常，没有什么大惊小怪的，甚至认为这样才是省钱之道。与之相反，讲究品牌经营和管理的星级饭店，最重视的恐怕就是饭店的卫生状况和设备设施保养状况是否到位，绝不会出现上述现象。他们认为饭店里不管哪个角落，只要有一点卫生不到位，都是不允许的，都被当作服务质量的重大问题提出来，必须马上解决，绝不能把这样的情况呈现在宾客面前。他们卖给宾客的是优质产品，包括硬件设施设备和软件服务质量，他们赢得的是品质，是品牌。讲究品牌经营和管理的经营者，每年必须把维修资金使用到位，有计划地维护保养设备设施，做到未雨绸缪。他们不会等到壁纸大面积破损了才去修补，只要看到一道裂缝，就要马上维修；他们不会让宾客看到带油渍的和带着烫洞的地毯，也不会让宾客使用带缺口的餐具。员工只要在工作中发现有破损的地方，都会及时通知工程部，并要求及时维修好。而且，越是重视品牌的饭店，越重视饭店硬件的维护和改造，每年将一定比例的维修费用拿出来用作维护和改造硬件设施。他们的理念是，客房使用期限最多五年，不得超过五年就要重新装修。要永远给宾客崭新的感觉。同时在改造中不断提升硬件的档次和智能化程度，当然也会注意装修材料的环保性。

案例：某集团旗下的××大酒店是20世纪70年代末建成的五星级饭店，虽然是其本国民族品牌的饭店，但是该饭店的硬件质量及服务水平并不输于世界知名品牌饭店。仅从硬件维护角度来看，他们把维修改造当作经营的一个重要部分。笔者2011年到访时，并不知道这已经是一个30多年的老饭店，给我们的第一印象倒像是一家新开的饭店，不仅建筑豪华大气，内部富丽堂皇，而且客房内设备设施非常时尚，非常智能化，看不到老饭店陈旧的影子。特别是设备设施的智能化程度，不亚于新建高星级饭店水平。客房里基本都是一个摇控器便可搞定。躺在床上，可以开关窗帘、可以开关房间里所有的灯具并可以随意调高或调低灯光的亮度；电视电脑一体机，宾客打开电视，可以随时查阅自己的消费账单；写字台旁边的凹槽内，各种电器接口一应俱全，客人可以随意使用携带的各种电器设备。我们竭力想找到他们年代久远的印象，结果却是徒劳。不禁惊呼：这，这就是品牌。30多年的老饭店，却能保持新面貌和各种设备设施的潮流特点，其内里的奥秘就是不断地进行资金的投入，不断地装修改造，这才是做饭店的理念和水准。从长远看，这些投入并不是减少利润增加成本，而是能够赚回更多的利润，减少不必要的成本。始终保持饭店的先进性、高档豪华舒适性，就能赢得高档商务宾客的青睐，高档客户所带来的利润是丰厚的，而且对饭店的破坏性使用几乎是不存在的。笔者看到这家饭店顾客盈门，进进出出的宾客其消费水平都是顶级的，在这里举办的婚宴都是大手笔投入的豪华婚宴。这种消费所带来的收益是与不改造低档次经营的饭店不可同日而语的，这就是投入资金改造的收益效果。

（5）员工的心理感受不同。在现代社会里，很多员工在选择就业岗位时，不仅仅看薪水多少，更多地会关注所选单位的生存环境如何、人际关系如何、员工发展前景如何，甚至要看管理者的品味如何。具体说，对于从事饭店行业的员工而言，他们许多人更看重的是饭店是否具有品牌实力，是不是大集团旗下的饭店。笔者在考察饭店的时候，也曾考察过员工对自己所在饭店的心理感受程度。在入住一家三星级饭店时，虽然这家饭店也是所属地区知名的饭店，但是，明显带有非品牌管理的"招待所"性质，从管理者到员工都没有品牌意识，不重视服务质量和硬件质量。客人到店在前台登记时，服务员始终没有笑脸，按程序办理后把房间钥匙交给客人就完事了，与客人的对话中始终没有敬语，也没有祝福语。服务员在楼道内见到客人，不知道礼让，也没有问候语。客人在入住期间，到前台询问事项时，看到几个服务员有的在聊天，有的在吃方便面，有的在玩手机。客人想查一查当地的火车时刻表，坐在前台的几个服务员有的不搭理，有的说没有，还是照样干着自己的事情。于是客人随机与之聊天，你们这里有培训吗？说：什么培训？我们就是来挣钱的，没有那么多事。客人问：为什么吃方便面？没有员工食堂吗？说:员工餐不好吃，不如方便面香呢。客人问喜欢这里的工作吗？回答：不喜欢，没意思，但是没找到更好的地方，就凑合着了。客人感到无语！换个镜头，再看另一家饭店的员工感受：某某品牌旗下的一家饭店，其服务完美得无可挑剔。特别是员工始终微笑服务的态度，让客人感到舒服贴心。一次，客人在大堂门口等人时与门卫随便聊几句，便深深感受到了员工的骄傲和自豪。客人装作不知地问，你们是哪家品牌的饭店呀?这一问，一位帅气的门卫员打开了话匣子，如数家珍地说:我们是某某旗下的五星级饭店，在全世界共有××家这样的饭店，在中国内地有××家，分布在××城市，我们的同事共有××人，我们品牌饭店的服务是同一水平，同一标准，不管你入住哪一家，都会享受到热情温馨礼貌周到的服务。客人又问："你在这里感觉如何呢？"小伙子露出自豪的笑容说："这里非常好，我们的薪水高于同档次饭店，我们的同事都受到过标准的培训，甚至送至国外兄弟饭店实习，我们都有自己的个人发展计划，饭店正在帮助我们实现自己的发展计划。我们能在这样的品牌饭店工作真的很自豪。"笔者亲身感受的案例还有：一家中国人自己管理的五星级饭店，其老板十分追求品牌管理，并对他的下属不断强调做品牌的意义。在坚持品牌意识并经历了30年的奋斗后，打造出了中国人管理五星级饭店的典范，树立了民族品牌饭店的榜样。在这家饭店工作过的员工，都有一种自豪感，认为自己在这里做服务，虽然管理严格，要求很高，但是在业务上得到了最好的培训；在团队中有着家一般的感受；在不断强化的素质教育中还学到了如何做人、做事的真谛。这家饭店也有员工感觉管理太严，不适应，离开的。但是不少员工经过辗转，再次回到了这家饭店，其理由就是：所走过的几家饭店都没有这么规范，人际关系也比较冷漠，而且学不到什么东西，虽然工资高一些，但是心情不愉快，想来想去还是回到这家饭店来。

列举这些案例，可以说明员工在不同档次的饭店工作，其心理感受也是不同的。这些不同区别在哪里？最本质的区别就在于饭店是走品牌经营和管理的道路还是非品牌经营和管理的道路。经营品牌的饭店，能够使员工感到自豪；品牌饭店服务员接待的宾客个人素质相对较高，仪表气质相对高雅，在服务这样的宾客的同时，员工也能够受到熏陶，提升个人的品味。而只注重经营，不讲究品牌管理的饭店，员工成长环境相对不够优越，员工所接触的宾客个人素质和仪表气质等也相对较低，员工面对的宾客或者酒气熏熏，或者粗话连篇，或者穿着拖鞋，举着羊肉串就敢出入饭店，这样的形象对员工的影响与品牌饭店宾客的形象对员工的影响截然不同。因此，追求成长的员工，一定会选择具有品牌理念和管理的饭店发展自我，提升自我。

（6）社会的认知度不同。现代饭店如雨后春笋般在各大中城市不断发展。在与国际接轨的今天，商务活动的不断增加，加速了高星级饭店的发展，甚至一些二、三线城市都在建造和经营高星级饭店。特别是有些名气的民营企业家，也都争先建造豪华饭店。但是，笔者认为，眼下饭店数量的猛增与饭店质量的提升并没有做到同步发展，而是有着较大的落差。一些经营了几十年的老牌饭店，理念和做法一般比较传统，如果不聘请专业饭店管理公司管理，其经营效益也许还可以，但是多数都不具有品牌，也不追求具有现代理念的服务质量。有的民营企业家建造了豪华饭店，认为做企业自己是内行，饭店管理也没什么了不起，于是自己经营。由于饭店也是一个行业，不专业的管理与专业管理差之千里，他们的饭店经营和管理多数处在比较低端的效益和管理中。有的民营企业家为了省钱，聘请有过星级饭店管理经验的单个人员来管理，这个管理者可能会从社会上招聘一些人员组成管理团队，如果这个团队水平较高，还是可以支撑的，但如果管理班子水平一般的话，留下的就是很难收拾的烂摊子。也有的民营企业家建造的豪华饭店聘请了国内外知名品牌的管理公司管理，走的是专业发展和国际化管理的道路。这样的企业家是有智慧、有眼光的企业家，其饭店交给知名品牌管理集团管理，是双赢的局面。目前国内的星级饭店分为自己管理、请人管理和请管理公司管理三种情况，其管理效果如上所述，企业自己管理的饭店，由于不是专业饭店管理团队，会存在很多困惑；请单个人员管理的饭店，其管理资源较为贫乏，不具备集团化发展的优势，没有共享资源的支撑；只有聘请品牌化管理的集团来管理饭店，才可以走集团化发展的道路，享有国际化专业化的优势。总之，品牌管理和非品牌管理的饭店，其社会认知度是不同的。品牌管理的饭店，专业程度高、具有规范化标准化操作程序，具有较规范的人力资源发展规划，具有较好的企业文化功底，并依靠其服务水平赢得较高的社会知名度和认可度。现代社会中，多数商务客人只认可这样有品牌的饭店，而不会去那些没有品牌的饭店入住。有一位商务客人在某家饭店入住了上百次，成为忠实的回头客，为什么？就是因为这里的环境舒适、温馨、服务个性化水平高，具有品牌服务水准。实践证明：具有品牌理念、品牌经营手段、品牌服务水平的饭店才是具有竞争力的饭店。

（7）经营效益不同。饭店的经营效益，从某种意义上也代表着饭店的管理水平。即便是顾客盈门，生意兴旺，其经营效益也不一定上佳。因为构成经营效益的因素很多，经营效益首先是每日的营收是否能够达到预算数额，每月营收是否完成月度指标，每年营收是否完成或者超额完成年度预算指标，这些是常态的经营效益的表面情况。实际上，经营效益的构成还应该包括成本、利润两大部分，它们也是经营效益的构成因素。假如经营收益的年度预算指标是100万元，实际完成了年度预算指标100万元。但是减除掉经营成本、人工成本和所上缴的各种税费，也许利润是零，或者是负数，这样的经营谈何效益呢？懂管理精要的企业，成本控制是一个非常重要的因素，包括人工成本的控制，各项能源费用的管理和控制，各种低值易耗品的管理和控制，各种办公费用的管理和控制、采购与库房管理，等等。是否有好的管理，是否有有效的管理和控制，很大程度上要看成本与利润的结果。在善于品牌经营的饭店，总经理不但重视经营战略和策略，重视营收管理，更主要的是管理好每一天的成本控制，减少无形的浪费。而且会把节约成本、控制成本的理念和做法深入到每一位管理人员和员工的心中，让饭店所有成员都自觉树立节约意识，管控成本意识。在创造利润的同时最大可能地节约了各种成本，其收益才是合理的。

笔者所了解的一家四星级饭店，虽然经营情况尚好，但是每年的财务决算都是负数，依靠饭店背后的机构贴补过日子。为什么呢？我们看到其管理者一点节约意识都没有，员工大手大脚，客房的棉织品随便取用，从不盘点，也没有库房管理人员；厨房的粗加工只留菜心部分，很多还可以利用的蔬菜随手扔掉，他们没有加工的标准，也没有人过问细节的问题；餐具破损率、丢失率极高；饭店的生活用品员工随意使用，甚至偷拿者肆无忌惮地携带出去。特别是库房管理几乎为零，进账出账没有审计，没有核查，采购大批的餐厨具在库房里睡大觉，占用了较大流动资金数量，且这些餐厨具的样式已经陈旧，没有使用价值，也无人过问，更不及时处理。水电能源的使用没有节约指标，没有控制手段，甚至长流水的现象没人过问。耗油耗电量大的设备没有列入改造计划。此类现象构成了巨大的浪费资源漏洞，而这些漏洞每日消耗了巨大的经营成本，试想，这样的饭店能不赔本吗？

再看一家五星级饭店，他们的管理者不仅讲究经营策略，更注重管理和控制，每个岗位都有具体的细致的操作流程和工作计划，都有复核人员的检查和监督。在平时，将厉行节约的思想灌输到每一个成员的行动中，并提出在内部控制成本的计划和指标，到年底一并列入考核业绩当中。他们十分重视库房管理，做到每一件物品，不管大小，都有出入账目可查，都必须账账相符，占用资金较大的物品，必须及时清理或调拨使用。厨房里，每一道加工的菜品都有标准的出成率控制。所有员工在工作时，随时有质检人员的抽查和突击检查，如有违规操作者，必受到一定的处罚。在制度严密、管控严格的管理下，他们的经营成本控制得非常合理，既不损失宾客的利益，又不随意浪费每一项资源，从而节约了大量的经营成本，年度经营利润可以达到45%~50%。与上面那家饭店两相对比，可见其经营效益的不同。如果都做1000万元的年经营收入的话，一个是零利润或者负利润，还需投资方给予补贴才能继续经营；一个是500万元的利润。差距之大，输赢之差，全都在管理的功夫中。

由此可见，员工管理，不仅是对员工生活环境的管理、薪酬的管理，服务意识和服务质量的管理，还有员工经营意识的管理、节约意识的管理，员工日常工作行为的管理，工作制度的管理。这些管理做到位了，员工就会自觉地把饭店当作自己的家一样，该节约的环节不会大手大脚，该挣钱的环节也不会错过任何良机，该遵守制度的环节，不会无视制度和章程。因此，有品牌的饭店，在内部管理上也是品牌管理，有序管理，其经营效益的很大一部分就出自这种管理之中。

（8）员工出路不同。从品牌饭店与非品牌饭店看员工出路的问题，主要是同样都是在饭店工作的员工，其个人成长发展道路的不同。每一个员工的内心都会十分在意自己的发展前景，都想在工作岗位上有所发展，都想设定自己的目标是什么，不可能有任何一个员工会发自内心地想当一辈子服务员。但是不讲究品牌管理的饭店，恐怕也不把帮助员工自我发展放在员工管理的内容中，他们更多地是你来这里工作，我给你工资，就是雇主和雇工的关系，至于你想如何发展，对不起，我只管你在这里的劳动收入。通常没有品牌的饭店，也招聘不到有理想有抱负的员工，他们的员工构成大多有两种：一种是城镇青年人可能会在暂时没有理想工作单位的时候，先在这里落脚，再"骑驴找马"；第二种是一些文化水平不高的打工族，由于文化水平的限制，只好在大城市里找个没有很高条件的饭店做服务员。这两种人员结构中，第一种员工早晚还会跳出去，另寻其他出路。第二种员工，高兴的话，可能会多在这里服务几年，遇到不高兴时，随时都会离开。因此，没有品牌的饭店，其人力资源经理经常头疼的事就是招聘不到员工，总是缺位待补。越是这样循环，越招聘不到理想的员工，越没有好的员工作为基本的服务队伍，就越维持不住稳定的服务水平。即便这里的员工工作了几年想跳槽到好一点的饭店的话，估计他们也找不到很理想的饭店做员工，因为他们的文化基础低，在没有品牌的饭店工作时，得不到良好的培训，得不到规范的操作流程训练，得不到好的企业文化的熏陶，更得不到外语水平的提高，这些都会制约他们的发展。也许他们的颜值较高，身材很好，但是，因为没有良好的文化素养和规范的饭店服务基础，品牌饭店人力资源部门恐怕也不会低价招聘他们进去。因此，他们只能恶性循环，继续寻找差不多类似的饭店再去应聘。

然而，在具有品牌管理的饭店里，招聘的首要条件就是仪表气质好、外语好的应聘者，这样的应聘者一般文化水平也会高一些，更重要的是想到品牌饭店发展的员工，也通常会有自我发展目标，之所以选择有品牌的饭店，更多地看重饭店的规范管理、规范培训、有品位的企业文化氛围，有人性化的员工管理氛围、有国际竞争优势。到了这样的饭店，他们会如虎添翼，不但提升自己的服务技能，更重要的是提升自己的文化素养、道德素养、品位素养，开阔自己的眼界，其成长过程会显得比较有捷径。因为，凡是品牌管理的饭店，他们大多都有国际化管理水平，其培训人才是当作头等大事来管理的一个目标，他们更多地会将有提升空间的人才输送到国外同品牌饭店（或者旗舰饭店）中去进行实操培训。到国外去培训有几大好处：一是长见识，亲身体验国际品牌饭店一流的管理和一流的服务水平。二是外语水平会快速提升，身边所有人都讲外语、文件传递都是外文的环境下，其自身的外语水平必然会迅速提高。三是经过规范的培训，他们的操作技能和服务理念也会有较高的提升，再回到本饭店进行服务时，他们自然也是一流的员工。这样的员工起点高，有素养，一般可以很快得到职位的提升，走职业化发展的道路；即便跳槽，也可以顺利进入另外的品牌饭店，得到理想的职位。

这就是品牌与非品牌饭店的员工出路之不同的现实，品牌饭店打造的员工与非品牌饭店打造的员工，其发展前景会明显地呈现两极分化的现象。

（9）国内外竞争力不同。谈了这么多品牌与非品牌的不同，还要再谈谈竞争力的问题。当今社会，已经是全球一体化的社会，"闭关锁国"的现象已经不复存在。想要发展，必须走国际化发展的道路，不管企业是大是小，同样如此。至于饭店经营和管理，也是同理。不论饭店的星级是高还是低，不论饭店的规模是大还是小，都必须走国际化发展之路，否则，发展空间受限很大。当然这里所说的饭店不一定全都是高星级的，也不都是豪华饭店才可以谈品牌管理。现在，我们看到很多经济型饭店，其发展方向都是走国际化道路的。国外的经济型品牌饭店，很多已经打入国内，带动了国内经济型饭店走国际化道路的进程。我们所了解的国内品牌锦江之星和如家酒店等，已经成为品牌化发展的经济型连锁饭店。虽然经济型饭店规模小，设施简单，客源结构比较单一，但是其管理完全可以做到规范化、国际化，其服务质量完全可以与星级饭店比高低，这就是当今经济型饭店发展的方向。

例如锦江之星，发展规模已经覆盖全国各个大中城市，并成为上市公司。其管理水平达到了国内一流的经济型饭店管理水平。其服务之规范，制度之健全，管理之严格，理念之先进，都得益于品牌化发展之路。他们的服务质量控制手段非常先进，每年规范地进行明查、暗访，以此控制服务质量。其表格做到了全部精细化管理，录入电脑之中，不管谁来检查，都须按规范操作，使用同一标准评价每一家锦江之星的服务质量水平。其评价体系公平、公正、公开，纳入饭店管理者的业绩评价体系之中，并与绩效挂钩。经济型饭店之所以能够走品牌化发展之路，关键在于经营者的战略眼光和战略管理。锦江之星收购了全国各地很多的一般化管理的饭店，收购时其饭店管理水平低下，服务质量一般。一旦这些散在的、一般化管理的经济型饭店被纳入到具有管理公司品牌化管理之后，它们的管理水平得到了根本的改善，它们的效益得到快速提升。它们的服务得到统一规范的训练，他们的客源也极速扩展，并且得到很好的口碑。这就是不一样的理念、不一样的管理之差别，这就是品牌与非品牌之差别。

从目前国内一般非品牌饭店的情况看，也许有的饭店短时间内经营效益还可以，但是不具有品牌的管理和服务，永远制约着它们的发展，永远不可能具有国际化竞争能力。而品牌化管理的饭店，不管星级是高是低，都可以参与国际化竞争。它们可以招聘到较高层次的管理者和员工，获得较高水平的利润，甚至在国际一流饭店行列里占据一定的地位。

再谈国内竞争环境，在越来越多的国际化饭店和知名品牌饭店参与竞争的环境下，没有品牌的饭店，只能低档次循环，只能在"蛋糕"的边角分得较少的部分，并且总是面临着被兼并或者被瓜分的危局，在大环境有利的时候，可能经营效益还说得过去，但是一旦具有风险或者大环境发生巨变时，它们的风险就更加明显。

也许，有的饭店管理者会认为，我现在经营得挺好，没有看到什么风险和危机，我也不需要实行什么品牌管理，活得很自在。但是如果将饭店业放到国际化发展的大平台来看，品牌的重要性就显得格外重要，是不得不认真对待的问题。

（10）一定要认知品牌，做有品牌管理的饭店。上述关于品牌经营饭店和非品牌经营饭店的对比和分析，使我们看到了品牌与非品牌饭店的差距之大，这些差距并不在于表面的繁荣还是凋零，而在于管理者的内涵和现代管理意识。品牌指数、品牌重视程度、品牌建设措施、品牌提升意识、品牌与员工的融合程度是当今社会做企业就要考虑的首要问题。不仅是饭店，任何一个企业都面临着品牌竞争的现实。非品牌的企业从长远观点来看，不可能走基业长青的道路。当然品牌建设也不是一朝一夕的事，也是要不断精心打造，不断提升和发展才能够在社会竞争中站住脚跟。笔者做了近二十年的饭店管理工作，经历了民族品牌建设和发展的过程，深谙品牌建设的内涵，而且从管理的内核到外在的表象，深入体验了品牌与非品牌的差距。由于品牌意识深入骨髓，甚至为非品牌管理的饭店受到发展的局限性感到痛心，非常希望我国的民族饭店纳入品牌管理并走国际化发展道路。当自己看到很多县级市的所谓五星级、四星级、三星级饭店做得很差的状况时，就有一种冲动的想法，为什么这些饭店不纳入品牌化管理集团来管理呢？经过多年的观察，笔者认为我国饭店业整体进展还有较大空间，虽然一些打入我国各大中城市的外资品牌饭店集团占据了饭店业市场的优势，并带动了我国饭店的发展趋势，但是目前还有许多星级饭店没有认可品牌化发展道路的必然趋势，对集团化管理、品牌化管理的认知度还十分有限，众多的中小饭店也没有认识到走集团化发展道路的好处和必要性。笔者所在的管理公司接触过许多寻求管理公司管理的饭店业主，其中一些业主了解到要对管理公司支付管理费用和人工费用时，就打退堂鼓了，他们认为自己管理可以省掉上缴管理公司的管理费、省掉管理人员的人工成本。是的，品牌管理公司的管理成本是较高的，但是其带来的利润也是丰厚的，一个整年经营下来亏本的饭店和一个经营利润达到40%~50%的饭店，哪个更合算？实践证明，品牌管理公司所管理的饭店，即便上缴了管理费、支付了人工成本，也是能够给业主带来较大利润空间的。而且从管理的正规化程度、人员培训的规范化程度、管理资源的支撑程度、与国际品牌饭店的竞争优势，都是非品牌饭店所不及的。特别是对饭店使用和维护的成本，也是一块看不见的利润，不会管理、水平低下的饭店，大概经营两三年，其破损程度就相当明显了。而懂管理的专业化管理公司管理的饭店，即便使用了5年也如同新饭店一样。这其中的耗损与节省，没有亲身体验的人是无法看到的。

所以，在现代社会条件下，如果做饭店生意，就应该考虑品牌化发展的道路，相信品牌化管理一定会带来较大的利润和较好的口碑，并且是与国际接轨的捷径。

10.3 星级饭店要满足员工对品牌的追求和在品牌下的成长

通过上面10项对比，可以看出注重品牌建设的饭店与不注重品牌建设的饭店各个方面都呈现出大不相同的特点，其人员提升、经济效益、饭店发展前景等都是不可同日而语的。那么，如何进行品牌建设和管理？如何满足员工对品牌的追求和在品牌下的成长呢？

1.饭店经营者和管理者要有树立品牌管理的意识

品牌是现代社会企业管理的一个重要标志，品牌管理是指针对企业产品和服务的管理，是综合地运用企业资源，通过计划、组织、实施、控制来实现企业品牌战略目标的经营管理过程（此概念摘自网络）。笔者认为，对于饭店而言，品牌的明显特点在"产品和服务"上。星级饭店在打造产品时，主要应该本着两点做必要的投入：一是硬件设施的不断升级。要从消费者出行所需要的舒适度来不断提升和打造好的硬件产品，这是硬件管理的投入。二是服务品牌的不断提升。有没有让宾客十分满意的服务，有没有具有饭店自身特点的区别于其他饭店的服务优势，这是现代饭店竞争的核心问题，也是评价服务产品好与不好的主要区别所在。星级饭店的竞争，说到底就是硬件产品和软件服务的竞争。认清了这个简单的道理，我们不需要做什么深奥的品牌管理的解释，只要本着本饭店的产品和服务，创造具有优质服务特点的卖点，并综合运用饭店的资源，通过计划、组织、实施、控制来进行品牌管理，这就是品牌管理的奥秘。根据笔者的经验，每一家饭店都可以创造自己独特的卖点，或者已经具有潜在的独特性等待开发和提升，如果我们的管理者，特别是高层管理者认识到了这点，肯定能够理出本饭店品牌独特性的内容，只要在这上面下功夫打造产品和服务，一定是成功的品牌饭店。

说到硬件产品如何打造为品牌产品？其实也不是非得最豪华的设施设备才是品牌。例如，威斯汀的卖点就是命名为"天堂之梦"的床，他们着力在宾客所需要的休息硬件——"床"上做足文章，研究如何按照人体曲线的舒适度来设计和制造饭店客房中的核心产品"床"。喜达屋瑞吉斯打造的是"贴身管家"式的服务，他们瞄准高档商务客人的需求，创造性地打造"贴身管家"服务方式，为宾客提供一站式的贴身服务。他们将英国皇家传统的贴身管家服务特点，嫁接到饭店的服务之中，一举成为品牌。这是典型的品牌饭店的硬、软件品牌产品。这两件产品的特点具有非常明显的代表性，也成就了这两个国际品牌饭店集团的知名度和美誉度。很多我们国内本土饭店中也具有自身服务特点，关键在于管理者是否意识得到，是否在自身特点上下功夫研究和打造，使之成为享誉全球的名牌产品。

那么，经济型饭店是否也可以在产品和服务中创造品牌呢？事实证明是完全可以的。锦江之星的品牌特点是健康、安全、舒适的酒店产品，专业、真诚的酒店服务，清新、淡雅的酒店形象。始终保持产品的性价比处于同行业中最高，为我们的客人提供一个"品味自然健康、享受简约舒适"的经济型酒店产品。如家酒店的特点是提供标准化、干净、温馨、舒适、贴心的酒店住宿产品，为海内外八方来客提供安心、便捷的旅行住宿服务，传递着适度生活的简约生活理念，展示中华民族宾至如归的"家"文化服务理念和民族品牌形象。

简约、便捷、舒适、安全、健康是经济型品牌酒店的共同特点，锦江之星和如家酒店本着这个理念和特点所打造的经济型酒店品牌很快成为国内外众多经济型酒店品牌中的佼佼者。在我国，经济型酒店遍地都是，那么为什么锦江之星和如家成为知名品牌呢？其中的奥秘就是它们的管理者首先树立了品牌管理的理念，然后总结自身特点，并贴近市场宾客的需求，打造了虽不奢华，但却温馨舒适的"家"一般的旅馆风格。能否成为品牌，不在于饭店本身条件如何，而在于饭店管理者的眼光和视野如何，品牌理念如何。

2. 按照品牌要求综合提升日常的管理和服务

再举锦江之星的例子，他们打造品牌依靠的是在资源、组织、实施、控制方面有着强大的系统支持。他们在发展中坚持走国际化的经营管理方向，将国外著名经济型酒店集团有益经验与锦江之星的实际操作有机结合，建立了"质量管理标准系统、服务操作标准系统、运营支持保障系统、市场营销支持系统、计算机网络管理系统、人力资源支持系统"，依靠这些系统对各连锁店进行支持与服务，以保障连锁运营质量，维护提升品牌形象。质量、服务、运营、市场、网络、人资，六大系统的建立和运营，就是支撑品牌发展的日常管理和服务标准。这些系统的建立和运行并没有什么高深理论和操作难度，就靠一个品牌管理的"态度"。"态度"正确，按照这个体系认认真真地操作，就是品牌建设的秘诀。由此看出，任何一家星级饭店想要打造品牌，也必须建立符合本饭店运营的组织、质量、服务、市场、网络、人力资源等组织架构和运营系统，这些系统的建立和运营，只要符合本饭店的特点和运行操作方式，就可以行得通。不一定非得照搬国外什么组织架构、运行系统的模式，而且嫁接的过程也不是那么容易成功，但是可以参考品牌成功饭店的经验，可以模仿其做法，在模仿的基础上，创新出自己本饭店的一套运行模式。

3.用品牌意识和品牌建设同化员工理念

管理者提出品牌意识和品牌理念，设计品牌建设的思路和方法，这是主要管理者的战略考虑和发展目标，要实现这个方向和目标，并不是管理者个人的事，也不是仅限于管理层的事，必须成为所有成员一致的方向，必须成为员工的自觉行动才可以实现。例如，如家酒店在其使命中提出，要让我们的员工得到尊重，工作愉快，以能在"如家"工作而自豪；由此创造我们的"如家"品牌。可见，让员工得到尊重、工作愉快、感到自豪，这才是品牌管理的深层次内涵。实际上品牌的内涵在一定程度上反映了企业文化的特质。品牌不仅是对外销售的利器，同时也是对内（员工）管理的道德力量。有一个企业家说过，"没有品牌，企业就没有灵魂；没有品牌，企业就失去生命力"。想要打造品牌的星级饭店，在企业文化中，必须嵌入企业品牌理念，在培训时，要将品牌理念和品牌特点的内容融入整体培训当中，并坚持不断重复培训，以强化品牌意识在员工头脑中的地位。在这里之所以多次列举经济型饭店创造品牌的理念和做法，就是想表达，既然经济型酒店都能够按照品牌发展方向运作，那么，星级饭店是一定具备品牌发展潜力的，作为管理者不应该低估自身的优势。

4.要让品牌管理同经济效益成正比

在受托经营的饭店中，经营者不仅要认真贯彻好品牌意识，同时要让投资者获得稳定而有竞争力的回报，即获得良好的经济效益，这样才是打造品牌的经济意义所在。实践证明，品牌做好了，其经济效益一定不会差。一家国内五星级饭店，在打造品牌的30年里，努力瞄准同地区同星级同规模的外资酒店的经营效益比拼，创造了与外资酒店经济效益不相上下的神话，饭店的主要经营指标连续多年与周边外资酒店相比，稳定地排在前三名，即便在2003年的"非典"时期，在2008年年末2009年年初遇到金融危机的低潮期，其效益也不亚于外资酒店。这里使用了"神话"两个字，因为绝大多数中国人管理的饭店其经营效益与同档次外资饭店相比，都是相差较远的，而能够与同档次同星级外资饭店比拼经营效益的国内饭店是极少数的，所以堪称神话。他们竞争有目标——同地区、同星级、同档次外资饭店，即顶尖级的目标；经营有策略——设定的年度经营指标必须是跳跳脚够得着的数据，即不给自己设定舒舒服服就可以完成的经营计划指标；节约有方法——他们认为节省的资金就是利润，内部设定详细可操作的增收节支目标，特别是在能源、水电、用工等方面，坚持从每一个人做起，从每一个岗位做起；维护肯投入——在饭店设备设施维护方面，他们既抓大又抓小，抓大即每年投入大笔维修保养资金，保持饭店整体档次的不断升级，抓小即日常做到从一点一滴做起，维护每一件家具，每一个用品。由于投入有方，维护有法，投入的维修改造资金一定赚回更大的利润，做到了良性循环和发展，所以能够取得品牌管理与经济效益双赢的局面。

5.品牌管理是员工心中的王牌，是员工引以为豪的资本

本书依照马斯洛的需求层次理论，根据笔者多年的饭店管理实战经验，从员工需求的最低层次谈起，依次谈到了员工物质需求、环境氛围需求、精神升华需求等各个层次需求和如何针对这些需求对员工进行人性化管理。可以说从生活细节到精神世界，都列入员工管理范畴的话题。这是做企业必定遇到的所有问题，是对员工管理中不可回避的问题。人生规律告诉我们人在满足了生活需求层次的基础上，一定要追求精神方面的东西，至于精神需求的内容，通常我们认为人需要自尊、需要别人的尊重、需要自我发展的空间。在企业里，员工非常需要与企业共同成长的空间，这是前面谈到的员工各个方面、各个层次的需求。在谈品牌管理中，我们还要重点强调员工精神需求的最高境界——自豪感。

自豪感，通常理解是个人在某些方面有成就，有追求得到满足的成功感，才会自豪。这是从个人角度来理解自豪感。那么，从组织氛围中如何得到自豪感呢？这就是一个组织的社会知名度给员工带来的精神需求和精神享受。如果员工是在一个没有任何名声的企业工作的话，估计他们没有什么可以引以为豪的自豪感，因为感觉不到所在企业（组织）给自己带来什么自豪的东西。但是，如果员工在一家知名饭店或知名集团工作的话，他们多多少少都会有一种自豪感。例如，在上面曾经举过的案例中，一名外资酒店的门卫，为他能够在这家饭店工作而自豪，他感觉自己得到了一份在品牌集团下工作的职务，虽然是门卫服务的岗位，但是他是在国际大牌酒店集团旗下的门卫岗位，这家集团是世界上最大的酒店集团，拥有几千家酒店，遍布在全世界各个大中小城市，他为自己是其中的一员而感到自豪。再如，在国内一家最大饭店管理集团工作的许多员工，在对外人谈起自己的工作单位时，都是趾高气扬地说我是某某集团的，尽管他可能只不过是这家集团旗下的一个四星级饭店的员工，但是他自豪，因为他所在的集团在国内排名第一，在亚洲排名第一，在世界排名前十。这就是品牌管理的效应，这就是品牌管理给员工带来的精神享受。

员工之所以看重自己工作单位的名气、品牌，完全是人的精神享受的一种境界。这种精神享受是人们心理满足感的一个方面，每一个正常的人都会具有这种需求。因此，我们作为饭店管理者，应该了解这种员工精神需求的本能，并将这种精神需求作为员工管理的一项内容来进行管理。企业打造品牌，正是员工精神需求的需要。假如某饭店目前还不是品牌饭店，只要我们的管理者提出了要在本饭店打造品牌的目标和方法，相信所有员工都会与管理者在思想上、行动上一致，都愿意为饭店打造品牌付出自己的聪明才智，付出自己的汗水。因为他们知道自己所在饭店能够成为品牌饭店的话，自己的"身价"也会提升。

6.品牌管理是打造员工忠诚度的内核

作为企业管理者，都希望有更多的忠诚于本企业的员工和中下层管理人员。但是员工忠诚度需要管理者付出培育的资本和心血。如果管理者致力于精心打造本企业的核心产品，致力于打造知名品牌的饭店美誉，那么，其员工就会在其中成长。如果他们十分信任本饭店的成长路径，十分看好本饭店的品牌塑造愿景的话，就会有相当多的中下层管理者和员工提升忠诚度，愿意付出自己的努力与饭店共同成长。因此，品牌管理也是打造员工忠诚度的核心价值观的内核。作为管理者只要真心致力于品牌的管理和成长，就会形成一支忠诚度极高的员工团队。

如何让员工理解管理者建设品牌的良苦用心呢？那就是将品牌建设的方针、政策、目标、方法、本饭店品牌特点等进行透明度管理，让员工了解饭店品牌的目标性和可行性，让员工从内心深处愿意融入饭店的品牌建设之中，这样做，员工会从精神上得到鼓舞，会将精神力量转化为行为动力，会自觉为品牌建设贡献力量。在建设品牌饭店的工程中，绝不是管理者个人能够做到的，也不是只靠管理层就可以成功的，必须要唤起员工精神赞同和实际付出，这样才能让员工与饭店共同建设品牌。有这样成功的案例：一家五星级饭店，在打造本饭店的品牌中，最突出的是打造优质服务的员工形象，他们提出了"仪表、微笑、问候、让路、起立、优雅、关注、尽责、致歉、保洁"的二十字方针，并把这个二十字方针融进企业文化，每年重点贯彻这20个字，不管何时，都要突出这20个字。在员工每日的班前会上必须不断重复这20个字，在每年的服务质量检查和考核中，必须考核贯彻20个字的实际效果。久而久之，员工形成了习惯行为，并融化在血液中。这20个字规范了全体员工的服务模式，树立了优雅自信的待客形象。所有宾客从一进饭店门开始，就会感觉到每一个岗位的员工都是那么彬彬有礼，都是那么真诚地微笑，都是那么具有规范的语言和动作，都是统一按照操作标准服务。宾客不得不感叹这家饭店员工服务的品牌形象是那么深入彻底。

由此可见，能不能打造好品牌，关键在于想不想打造品牌，有没有自己的品牌特点，是不是下了真功夫。品牌管理是星级饭店员工管理的一个重要课题，必须列入员工精神层面的一个需求。做好品牌管理和没有品牌管理的饭店，其员工的精神面貌是大不一样的。在品牌之下的员工其自豪感会带来优质服务，会表现出得体的仪表气质，会视自己所在的饭店为骄傲。有了这样情感的员工，我们的品牌管理必然出效益，必然出人才，必然能成为一流的星级饭店。

本书前面5章所谈的员工管理之较低层次的管理固然重要，是给予员工舒适环境的基础管理之精要，是现代社会人性化管理的基础性工作。没有这些基础管理工作，就没有好的工作氛围，也就没有培养人才的环境。后面5章是最为重要的员工管理理念和做法，即较高阶段的员工管理，是对员工成长的关心、关注、关切和培养，这才是一家饭店员工管理的重中之重，关键之关键。

如何把握"选人"标准，
如何制定"用人"机制

在谈了 10 个需求层次的员工管理内容之后，还有一个员工管理的一般法则——"20%~80%"法则有必要在本书阐述。

本章谈及，在有人群的地方，一般就会有20%左右的优秀人员，是值得重点培养的人才；会有80%左右的一般人员，其中20%较好；40%一般；20%较差。根据这个普遍规律和原则，作为管理者如何把握选人原则、用人标准，如何把握促人成长规律，如何把握淘汰机制是员工管理的重要课题。

11.1　人的特性是有所不同的

本书前面章节所谈的星级饭店员工管理，是集多年饭店员工管理之实战经验，是现代饭店人性化管理的综合内容和具体做法，可以说基本囊括了饭店员工管理的方方面面，并按照员工需求层次分别叙述。

也许有人会问，这些做法是否对所有员工都适用？这样管理就可以使每一个员工都满意了吗？真的都能够达到他们 10 个层次的个人需求吗？

是的，但凡做过企业管理的管理者，都知道"众口难调"的道理。先拿"吃"来举例，一家饭店的员工餐厅，尽管管理者千方百计想让厨师做出使每一位员工都满意的伙食，可是一定会有员工不买账，甚至说三道四，不是认为菜炒得过火了，就是认为炒得太生了，不是认为油放多了，就是认为油放少了。尽管每周花样翻新，还是有员工会说伙食单调，不符合自己口味。特别是一年四季每天都在饭店用餐的员工，久而久之就会感觉伙食总是"老三样"，变化太少。但是换一个角度看，如果是一名新来的员工，还是这家餐厅的伙食，他的第一顿员工餐，可能会觉得好吃得不得了，品种太丰富了。这是什么道理呢？俗话说"隔锅香"，即长期在自己家里吃饭，就不觉得饭菜好吃了，而闻到邻居家的饭菜味，就觉得非常香。人在一个环境里时间久了，就会麻木，吃一种食品时间久了，就品不出个中滋味来。这个道理就是人如果跳出呆久了的环境再回头看，可能会更理性。

举这个案例，就是要说明，尽管我们的管理者千方百计要做好员工各个层面需求的管理，但是也不可能百分之百达到每一个员工心中最满意的极点。即便所有员工都感觉满意，满意的程度也是有所不同的。我们之所以要千方百计做好员工的管理，尽可能对他们各个层面的需求都照顾到，尽可能让饭店员工实现他们所追求的目标，因为这是我们管理者的责任所在，这也是管理者要追求的管理目标。这是从管理者的角度来看。

再从人性特点的角度来看，人的先天特性是有所不同的，有的人具有良好的成长空间，可以顺利发展。也许成为管理人才，也许成为技术人才；有的人尽管十分努力，但是其发展空间有限，可以成为非常努力的好员工和非常守则的好员工，但是可能永远也成不了顶尖人才；有的人尽管十分聪明，拥有一技之长，但是不能做管理人才，硬要给他推到管理岗位上反倒可能毁了他的前程。例如一个厨师，他有如何做好菜品的灵气，但若你把他放在餐饮管理的岗位，让他带领上百人做好本饭店的餐饮工作，组织各个餐厅的管理、运行、创新、经营，恐怕他使尽浑身解数，也带不好队伍，没有能力做好运行工作。这个厨师，如果把他放到一个厨房，做中餐或西餐专业操作工作，大概他倒能发挥出特长成为优秀的厨师长。我们在日常管理中，这种现象非常多见。这就是人的特性不同之所在。

11.2　20%~80%法则是科学管理的前提

20%~80%法则是一个大概率。可以引申到关于人才的管理和使用问题上。在本书的最后，笔者感觉有必要谈谈"20%~80%法则"在员工管理中的现象和如何通过我们的科学管理，运用好这个法则，既带出优秀人才，扶助管理人才成长；又管好一般人才，让员工各自发挥自己的特长，形成不同梯次的人才网络，发挥各自优势；既能够使员工在各自岗位上发挥专长，又在团队中协同作战。笔者认为：如果运用20%~80%法则达到这样的效果，就是我们管理者的最高管理境界。没有"不好"的员工，只有"不好"的管理者。这个"不好"，不是指管理者的本性不好或人的品质不好，而是指作为管理者，不会管理，不能科学管理的意思。

切记，运用20%~80%法则，并不是人为地把员工分为三六九等，或不平等对待，而是按照人才不同的取向，给予不同的平台，既不是小马拉大车，也不是大马拉小车。如果运用好这个法则，就可以加快培养人才，做到人尽其才，各有所得。这是循着规律办事，科学规划和科学管理的体现，也是现代开明管理者的管理法则。

如何选人用人呢？先来看看有朋友在微信里发的一条关于人才的说法：人才、人财、人材、人手。他把人的能力分为这四种情况。"人才"是指已经具有专业才能或其他才能的人。"人材"是指人的基本素质很好，还没有转化为企业需要的才能。"人财"是指直接能为企业带来财富效益的人，是企业经营中最需要的人，其特点是积极主动工作，创新性地完成岗位职能，能在团队中起到核心和主导作用。"人手"是指他人工作的助手，是帮助人财实现效益的人。

我们暂且按这四种人才的说法来论，笔者认为这四种人才中："人财"一般占员工总数的5%~20%，当然比重不一，因为企业的性质和人员组成不同。而"人财"在企业中不仅是高层，在各个层面都有，不仅在组织机构系统管理层面有人财，在专业管理层面，或者在专业技术层面都有人财。这些"人财"组成了企业的核心团队，只有拥有这些"人财"，企业才可以具有好的效益，才可以遇到问题时迎刃而解。

"人手"是帮助人财实现价值的助手，可以在人财的主导下复制性地完成工作，为企业带来规模效益。"人手"在企业中大概占30%~60%。人财离开了"人手"也能做事，但做成事情的数量和规模有限，就好比一位将军能杀敌，但是战场上不能只有一位将军，所以"人手"在组织中是必不可少的，占有一定比例。

如何从"人才"变为"人财"呢？企业中也有这样的一种人，确实"才华横溢"，貌似有能力，但把他放到一个岗位上，却不能独立作战，更不能解决实际问题，这样的人才不能为企业带来财富和效益。这里面有个人原因，也有组织的原因。"人才"个人原因是"人才"的个性比较突出，自我崇拜和自我欣赏，总感觉自己"怀才不遇"，尽管在企业中很长时间，但不能融入企业组织当中去。或者有的人心智缺陷所致，尽管有才，但不愿意贡献给企业，不懂分享，只愿索取不愿奉献。一般情况下，这种"人才"表面华丽，却可能一事无成。组织原因或是组织系统功能和资源不能使人才很好地发挥，或是企业文化与人才习惯的文化不能融合。企业管理者应尽量为人才创造发挥才华的机制和环境，让其个人才华与企业需要相结合，发挥作用，达到个人与企业都受益。企业还要给予这样的"人才"一定的个人空间，用其所长，不求全责备。对于自我欣赏的"人才"可以多沟通和做感化工作，让人才的心能够落地，成为企业某一方面的专业高手。但是如果是"人才"的心智缺陷不可克服、高度自私的话，最好请其走人，不要浪费企业的时间和管理者的精力。

最后说到"人材"，人材只是有基础素质，但才能还没崭露出来，企业需要给他时间和实践的过程，需要对他进行专业技能训练和文化素质培养，通过企业的机制系统发挥作用，然后转化为"人才"或"人财"。这里会有时间成本和转化不成的风险。究竟多长时间，没有一定之规。要看组织属性和内心的程度决定。

以上是笼统地谈谈企业中关于人才的四种说法。下面就具体谈谈在饭店员工管理中如何借用20%~80%法则，将这四种"人才"的说法落地。

11.3 对于20%的优秀（卓越）人才要重点培养

1. 选人原则

按照上述四种人才的说法，首先是选人，如何选择人才呢？笔者认为有几个梯队的选择法，一是管理人才的选拔，二是技术人才的选拔，三是优秀员工的选拔。即管理层、技术层、服务层，分别都有20%的人才可以选拔和培养成为"人财"。

管理层人才，一般具有沉稳、远识、大度、视野宽泛、自主性强、敢做敢为、善于指挥、有凝聚力等特点。在众多员工中间，如果发现具有这样特点的人员，就可以观察其工作表现和处理事务的态度和做法。例如，一批新来的员工在入职培训时，有的学员表现突出，开会首先发言，理解老师讲解的内容比较准确，并很快进入角色。在培训中，看到较多的学员与他亲近，关系融洽，或者比较听从他的意见，等等。发现这样的学员，就可以多做观察，可以在培训之后，将其放在直接服务宾客的一线岗位，并要选择一位比较成熟的老员工做他的师傅，带领他学习服务技能和待客操作流程。当他在操作岗位中对服务流程和接待流程都比较熟悉之后，可以尽早让他独立接待宾客，并观察其独立操作的能力和处理各种复杂事务的能力，还可以在人手少的时候，让他负责管理班组事务，作为考验和锻炼其管理能力的机会。如果这位员工真的表现有组织能力，把控能力，有独立判断事物和处理棘手问题的特点的话，就可以尽早与其订立个人发展计划，重点进行培养。

案例一：有这样一位女士，自身气质不错，具有两门外语的功底，跳槽来到一家五星级饭店的前厅部做主管，平时善于表达，具有较强的沟通能力，做事认真，理解力强，不仅善于团结同事，善于与宾客打交道，发挥自己两门外语的优势，得到宾客的好评，而且还善于与上级领导沟通，及时表达自己的意愿和想法，具有活跃的思维和做事积极的态度。饭店领导看到这位女孩子的不凡表现，在前厅部职位有空缺时，提拔她为部门副经理，再过一两年，提拔她为部门经理。由于饭店高管人员的相对稳定，没有可以将她提到高管的机会，饭店领导向集团公司推荐她，把她作为人才储备，并及时安排她到高管培训班进行深造。在高管培训班里她也表现出学习认真，成绩靠前，并具有领悟快的特点。当集团公司下属饭店需要高管人员时，她被任命为一家新饭店的总经理助理。在总经理助理岗位锻炼了一两年之后，这家饭店总经理提名她为副总经理，成为总经理的得力助手。

案例二：有一年，一家五星级饭店招聘保安人员，从部队复员兵中招来一批年轻的男孩子，一位个子高挑，长相出众的山东籍小伙子也在其中。由于自身形象好，饭店把他安排在门童岗位，属于保安部人员编制。这位小伙子在工作中表现出沉稳、干练、肯吃苦、能忍耐、遇事不鲁莽等特点，且保安专业技能掌握得很好，很快被提拔为领班，成为同伴中的佼佼者。继而被提拔为主管、部门副经理等职务。后来经过外派锻炼，又到办公室管理岗位实践等，均表现出一丝不苟、办事认真、管理严格的特点，领导适时提拔他做了四星级饭店总经理助理，再经过一段时间的高管岗位锻炼，很快成为副总经理，后来成为总经理。

案例三：早在20世纪80年代初，一家五星级饭店筹备开业，招聘了大约上百名当时的职业学校旅游管理系学生，饭店精心设计了培训课程，与职业学校联手进行定向培养。待饭店开业时，这批学员进入各个岗位成为饭店第一批一线服务员，当时都是20岁出头的年龄，气质形象都是一流的。有的在前厅做接待服务员，有的在餐饮做厨师或服务员，有的在客房做清洁员，有的在康乐场所做服务员。经过了十几年的时间后，情况发生了较大变化，一部分辞职转行，一部分仍旧在服务员岗位，少部分在岗位上表现出众的服务员成为后来的中层管理者和高层管理者。目前这批人员都已经50岁出头，大约有5%的人员目前在高管岗位，成为后来的管理公司旗下饭店顶尖管理者；有10%左右成为中层管理人员；还有5%左右成为技术骨干人员，如厨师长、工程岗位技术骨干等。这个案例很典型，正好应验了20%~80%原则。这批学员中约20%成长为现在成熟的管理者和技术骨干人才。

通过上述案例，我们看到在一群年轻人当中，一定会有少数出众的人才，他们的头脑冷静、性格沉稳、气质不凡、悟性好、办事认真，较早地彰显出管理才能等，这些就是日后成为管理者所具备的先天条件。作为各级管理人员，我们应该注意观察，及时发现年轻人身上潜在的管理才能，并大胆、适时开发，适时提拔到适合的岗位，给予培养和锻炼的机会。要相信，只要看好的苗子，再经过我们管理者的培训有方，使用适当，绝大多数都会成为后来的管理者。

所以，选人和培养人，不要等到一个人完全自然成熟后再提拔，作为优秀的管理者，一定要具有伯乐眼光，一定要提早下手，多从青年人当中寻找好苗子，并提早发现他们的潜质，有意识地加以培养。

选拔后备管理者人选的目标主要是：个人气质大度、头脑冷静、具有较好的口才、具有善于团结多数人的亲和力、具有办事雷厉风行的作风、具有严格管理的特点、具有自我克制的能力、擅长沟通、擅长解决复杂问题等。只要具有这些特点中的主要特点的年轻人，基本可以确定是可培养的苗子。

选拔技术骨干培养的目标主要是：个人擅长钻研业务，喜欢所从事的专业，工作时能够投入百分之百的精力，甚至达到对某专业技术着迷的程度。在与其同时进入本专业学习的员工中，理解能力最强，悟性最高，掌握技能最好，或者具有创新精神。善于总结，善于在原有技能基础上，进行新的开发和研究，并有一定创新成果等。具有这些特长的员工，基本可以判定是培养专业技术骨干的苗子，但是这样的员工可能存在个人性格腼腆，或者不善言辞，或者内向，或者不善于与人沟通等特点。如果是上述特点的员工，可以向着业务技术方面的人才培养，一定不要提拔他为部门管理层人员。实践告诉我们，如果不是善于做管理的人才，单纯地认为他的业务好，人品好，就向管理人才的方向培养的话，往往会毁掉他的个人特长，不但做不好管理，也耽误了他业务技能的发展和提高。所以如果是专业特点突出的人才，就要千方百计让他走专业成长的道路，成为重要技术岗位的专业骨干人才。这样的人才也是可以给饭店带来效益的。

案例：在20世纪90年代，一名技能超群的厨师长，被请到一家饭店做名厨，靠着他的技艺和名气，这家饭店的餐饮生意呈现火爆的场面，这个餐厅的营业收入占据了饭店营收的较大比重。这家饭店由于一个名厨火了一个餐厅，由于一个餐厅成为知名饭店。一时间，遍布全城都知道这家"××餐厅"的名气，而且每到饭点，这家餐厅就排起了长龙般的队伍，等待就餐的人络绎不绝。直到如今，在众多大老板、知名人士当中，能够请客人到这家餐厅用餐，都是十分光鲜的事，是最有面子的宴请。

因此，从多角度培养人才的观点来看，并不都是提拔为管理者才是培养人才，而重点培养出来的技术顶尖人才，更是管理者手中的法宝，也是饭店知名度的顶梁柱。作为管理者，要有眼光和能力培养专业技术人才，因为我们的星级饭店在很大程度上靠的是业务技能来发展，来赢得经营效益。特别是一线服务技术能手、厨师队伍中的能手、工程及保安专业岗位的技术人才等，都是重要人才，也是支撑饭店技术力量的主要骨干。而在实践中，专业技术人才不一定占到20%的比例，往往只占5%左右。如果一个饭店有100名厨师，估计能够有3~5个名厨就是了不得的事了。在工程技术岗位中，如果能够有2~3个技术全面的骨干人才也就支撑了饭店所有工程业务的台柱子。

案例：一名电话维修业务的技术骨干，在某饭店工作20余年，不仅维系了饭店几百部电话的日常管理业务，而且饭店里所有弱电系统，一旦遇到什么问题，首先找到他。一般情况下，只要这位技术骨干到场，一切弱电问题就迎刃而解了。一次这位技术骨干暂时不在饭店，电话总机出了问题，几乎整体瘫痪，严重影响到对客服务和饭店内部的联络沟通，此时，饭店最着急的事情就是赶快找到这位师傅。可见技术人才在关键时刻的重要作用。

循着实践中摸索出来的思路，管理者按照20%的比例选择人才苗子并重点培养，是饭店长远谋略中的战略目标之一。而其中15%的管理人才，5%的技术人才的比例，是个一般的规律，当然会有特殊情况和特殊性，那是特例。

为什么将星级饭店人才的培养看成是长远谋略和战略目标呢？因为有过这样的教训。

案例：某企业下面的星级饭店，将年纪偏大的老处长、资格较老的管理者安排在饭店做店级管理者，按一正四副（总经理加四位副总经理）编制组班子，这几位老总们一干就是若干年，店级队伍极度老化，无法使用现代化手段传递文件，无论什么文件报表都要打印出来呈递给领导们看，因为他们不能掌握网络技术。他们只要不到退休年龄，就会一直占据店级领导的位置，似乎这是干部待遇不能变。这样长期下去，年轻新秀没有机会被提升。而当有一天，上级领导要求他们退出岗位时，饭店没有梯队接班计划，也没有提早培养店级人员，只好从下级管理者中突击提拔，年轻人突然跳上高于本人现岗位的台阶接班，虽然职务上去了，但是工作内容无所适从，不能顺利适应高层的管理工作，不但给新手造成极大的工作压力，而且饭店的运行出现短期的断层状态。

上面的案例告诉我们，为什么要及早从年轻人当中依循20%的比例寻找人才、培养人才。因为，一个人的成长和成功绝不是一朝一夕的事，人不可能在一个星期内成为人才，也不可能在一年两年里就成长为一个顶尖人才。即便是天才也是需要成长过程的，多数情况下，一个人能够出类拔萃，如果从参加工作开始的话（18~22岁），大约30岁以后到50岁之间是逐渐能够成为人才的阶段。所以要从年轻人中培养具有先天特质的人成为人才，继而成为饭店的"人财"。

2.用人标准

谈到用人标准，主要是指人的素养和品行。只要人品和个人基本素养比较好的人才，都是可以大胆培养和使用的。在实践中，我们也接触到过一些具有一定才能的人，或者具有领导才能，或者具有管理才能，或者具有技术才能，或者具有艺术才能等。可是，人无完人。如果遇到具有才能的人，但是其人品不佳，个人素养很差，这样的人要不要重用呢？笔者观点：一是教育使用，二是有限使用，三是坚决不用。

（1）教育使用。在你的企业里，如果有一个具有一定才能的人，但人品有问题的话，要看其存在的人品问题是不是可教育和可改造的情况，如果是轻微的人品较差，那么，可以尝试教育改造这个人。例如，有比较自我的倾向，什么事情都首先要满足个人的需求，不管其他人的感受。这种人可能是家里的独生子女，这种现象在目前80后、90后当中确实有一些。我们作为管理者，可以开设如何与团队中的同事相处、如何在团队中沟通和合作等课程，普遍上大课，或者列入素质教育培训范围内。在普遍教育的同时，有针对性地对具有一定才能但自我的员工再进行"小灶"管理，可以抓住他在某件事情上表现自我不顾别人的场景或具体事例，进行专门的谈话和教育。一次不一定成功，要反复进行多次教育，并设定一些集体活动的场景，在其中观察其表现，如果确实通过教育有好转，自我程度有所控制，便可以继续进行教育和改造，这样的员工还是有可能克服自我心理，照顾全局，并发挥自己特长，成为较好的人才的。如果通过各种手段的教育，都没有效果，感觉这个员工骨子里的自私情节无法战胜的话，恐怕难以克服这种缺陷了。最多可以列为量才使用的人才范畴来适度使用。

（2）有限使用。有的员工基本素质确实比较差，人品不够好，但是身怀绝技，是某个方面的技术能手。例如，地毯织补专业能手，这种人现在比较少见了，虽然他个人素质差，但是可以利用他的个人技能，让他在班组内有限发挥所长，不给他管理别人的权利，不给他个人独立操作的空间。最好安排在班组内，在一班人集体合作当中，给予他工作发挥的余地。为什么呢？因为如果给予他一些小权利，他就会淋漓尽致地表现出个人较差素质来。曾经有这样一个人，年龄比较大了，织补是他的绝活，在饭店里非常需要这样的技术，也想让他培养一些会织补的徒弟，就给予他一个主管的头衔，但是他人品较差，不但不将技术传授给其他人，反而盘剥别人；如果班组内有点小钱的话，他千方百计弄到自己手里，而不是用在大家身上。可见，如果是这样的人，决不能给予他管理别人的权利。再有，不能让他一个人独立操作，因为他在别人视线不到的时候，很可能做手脚，不能够老老实实一板一眼地工作。这就是有限使用的范畴，既要利用他的一技之长，又要管理和控制好他的行为。

（3）坚决不用。有的人确实具有一些个人才能，是个人才，但是人品极差。这样的人，恐怕也是不可改造的，那就要果断决定，不培养使用这样的人。例如，一个很会与别人沟通的员工，善于理解他人意图，文笔也不错。但是他有非常严重的偷拿习惯，无论走到哪里，不偷拿点东西似乎这一天过不去。到了单位也是如此，不但偷拿同事的生活日用品，还偷拿随手可以拿到的生活物品。由于他的口才较好，单位任用他做了管理职位。然而这个管理职位，成为他变本加厉盘剥别人的权利。例如，在检查工作时，他主动找有关人员索要他喜欢的物品，并且还命令别人将他索要的物品送至其办公室内。每逢节日，他就带上自家的小孩子到饭店活动场所，索要各种活动礼品，最后抱着一大推礼品回家。这样的人品，尽管他具有一些才能，但笔者认为，不可以使用。不能让这样的人玷污管理者队伍。

3. 促人成长

在发现人才苗子之后，是不是随其自然成长呢？这里有两种情况，一种情况是有的人才，在没有人发现他，也没有促其成长的土壤中，可能自然成长到一定时候，便能出人头地，被提拔到管理岗位或者成为技术顶尖人才；另一种情况是如果我们管理者一旦发现了人才苗子，应该有扶持其成长的责任和义务，即促人成长。重点谈谈如何促人成长？前面在谈到培养人才时也列举了一些成功的案例。可以通过观察其人品和言行、多岗位培养、挫折锻炼、委以重任、专题点拨、适时提拔、输送培训等途径培养新秀。培养的方法很多，只要达到促其成长、成为人才，进而成为"人财"的目的，各种正确的方法都是可以使用的。这里要提醒的是须注意掌握火候。对一个人的培养太急了不成，太慢了也不成，想一口喂个胖子的做法不成，凭管理者主观臆断地培养人才也不成。促其成长的"促"字是大有学问的。

（1）因人而异。对每一个具有人才特质的员工，都要量才培养，促其成长。在饭店里，所要培养的人才，不外乎三种：管理人才、专业技术人才和优秀服务人才。

当某人具有管理人才特征时，首先将其放在操作岗位实习锻炼，尽可能让其多接触一线服务的岗位。因为饭店管理是精细化管理，不懂具体操作岗位知识和服务特点的管理者，无法管到"点"上。在操作岗位上熟悉了一线服务业务之后，还应放到二线后勤岗位进行锻炼，当其一线二线都比较熟悉之后，可以先放到一线低层管理岗位锻炼，如果适应并有出色表现，才可以将其提升到一线中层岗位，如果发展顺利，再放到二线管理岗位锻炼其后勤服务业务能力。待多岗位都实践过之后，还有上升空间，应该给予其高层管理岗位职务锻炼，使之尽快成为高管人才。当然如果其在某些环节不能胜任，或者本人提升空间不足时，可以适度转为其所能胜任的职位。这里"促"的重点在于多岗位锻炼和逐级提拔使用。

如果是适合培养成为专业人才的员工，那就先放在某专业岗位进行专一学习和提高，然后可以给予其参加社会上专业培训机构学习的机会，还可以安排技术过硬的师傅传授业务技能，帮助其找到学习专业技术的捷径。如果悟性尚好，很快可以成为技术方面的顶尖人才，如果成长空间不大，也可以成为一个专业方面的技术人员（饭店里是需要大量专业技术人员的）。这里"促"的重点在于主攻专业岗位、给予专业培训和选择专业过硬师傅进行传授。

如果是培养优秀服务人才的苗子，就要给予其直接接触宾客的岗位，并在气质、仪表、沟通、表达等方面进行严格训练，按照接待贵宾和上层人士的标准进行多方位训练，同时还要培训国际礼仪常识、优质服务技能和技巧，多给予一些接待服务的典型案例供其参考学习等。这里"促"的重点就是通过专业训练，培养他们具有优雅的气质和纯熟的接待能力，使其成为卓越的、优质服务的服务人才。

为什么优秀服务人才也要列入培养人才的行列中呢？因为在星级饭店里、特别是高星级饭店里，一位气质优雅、言语得当、服务灵巧的服务员，是宾客最为欣赏的风景线，很多宾客为了体验他们的服务，甚至只认可这一家饭店或者多次到本饭店消费。所以，优秀服务员也是饭店经营接待中的人才，饭店在一线服务岗位多几位优秀服务员与没有优秀服务员，其效果是大不相同的。

一般规律是在员工中可能有20%左右的员工会成为优秀人才，但是并不都是同一方向的人才，所以要按照培训的方向，给予不同的关注，从不同的角度培养，才能将人才培养成功。

（2）适度加码。在培养各种人才时，最开始可能是大众化的基础培训，然后多给予一些培训的机会、学习的机会，到了一定程度，要适度增加培养的力度。例如，培养管理人才，在选定了苗子并经过最初的锻炼之后，就要给予其挑大梁的机会，可以尽早让其独立管理一个部门，并给予一些具体的指导和帮助。如果是工程专业技术人才，可以在攻坚克难的题目上给予锻炼的机会，在饭店遇到需要解决的难度较大的技术问题时，要让其参与研究和直接到现场参与解决问题，以便在这样的过程中促使其增长经验。如果是对优秀服务员的培养，可以在接待重特大任务时，委派他担任较为重要的接待角色，亲自服务较为重要的宾客，以锻炼其应变能力和高端服务的经验。适度加码，就是在人才培养到中级阶段时，猛然给力，促其上台阶，促其跳跳脚才能够得着。如果总是平平稳稳地培养一个人，恐怕就会增加时间成本。

4.淘汰机制

在培养人才的道路上并不总是一帆风顺的，即便在20%的苗子中间，也会有被淘汰的人选出局。这个并不是我们的眼光有什么问题，也不是我们选错了苗子，在培养人的问题上，会有各种事先预料不到的情况发生。遇到这种情况时，作为管理者就要果断决策，在没有继续培养和提拔的可能性时，可以根据每个人的情况，平稳转移培养方向，不能成为人才的人，可以成为"人手"。例如，已经列入重点培养的一个管理者，虽然一开始其可塑性比较大，但是经过一段时间的观察，经过在一定岗位的使用，发现其能力上升的空间有限，学习力和控制力没有太大的发挥余地，这样的人才估计不适合提到中层管理岗位的话，那么就可以让其在基层管理岗位发挥其特长，使之成为中层经理的助手，是完全可能的，这就是"人手"的作用，也是必不可少的一种角色。例如，在一家星级饭店里，一位声音非常甜美的电话总机接线员，人品极好，沟通能力不差，本来是看好的培养对象，但是其视野范围有限，管理能力一般，提升空间也有限，饭店将其放在总机岗位做主管多年，直到其50多岁了还是主管，本人干得非常出色，总机班组年年被评为优秀班组，这就是一个非常好的"人手"，用在了恰当的位置。有的人虽然在培养中层的轨道上遭到淘汰，但是下放一级，却是非常适当的位置。还有一位外语非常好的女服务员，与她同期来到饭店的具有外语特长的同学们，大多都成为管理者，甚至高管人员，由于她表现平平，既做不了管理岗位，也无法成为特别出色的接待服务人才，饭店安排她做了部门秘书，管理日常事务，她做得踏踏实实，直到平稳退休。所以，所谓的"淘汰"，并不是这个人就没有用了，也不是辞退其人，而是根据其所能，安排适当的岗位。这样的人，其实也是"人才"，只不过是根据其本人的发展情况对预先培养的方向进行了调整，调整到更适合他发挥的岗位，调整到与他能力匹配的岗位。在实践当中，我们发现一些起初看好的员工，在后来的发展过程中会表现得平平，没有较大上升空间。这样的员工，如果是作为培养对象，可能及时转变其发展方向才是正确的选择，否则可能使其连他所具备的特长也无法发挥。其实，这就是人力资源最本质的东西，因人而异，因才施用。

11.4　对于80%的一般员工如何再细分和具体管理好

在饭店里，除了20%的人才是需要我们关注、培养之外，对于其他80%的员工如何对待其发展前途和因才施用呢？笔者认为，这里又有一个20%（较好）、40%（一般）、20%（较差）的规律可循。笔者在前面已经说过：没有不好的员工，只有不好的管理者。员工都有其适合的岗位，只不过是看管理者会不会识人、用人。

1. 用好较出色员工

在大多数普通员工当中，一定会有一部分较出色的员工。这部分员工基本占到20%左右。其特点是工作态度积极，个人品味向上，安于自己的岗位，踏踏实实，一板一眼，做好每一天的本职工作，从不偷懒，服从命令、听从指挥，是让管理者非常放心的员工，也是员工岗位上的骨干人员。他们可以起到带动和稳定的作用。通常在饭店举办各种活动时，这些员工往往表现得热情高涨、积极参与，能够响应饭店的号召，能够使饭店举办的活动顺利完成。所以，这部分员工是饭店稳定经营、保持服务水平的中坚力量。如何用好他们呢？一是奖励到位，二是关心到位，三是关怀到位。

首先，奖励到位。饭店在经营和服务中，更多地是依靠骨干员工作为一线的服务支柱，骨干员工都是非常好的"人手"，他们是饭店经营中直接赚取营收和利润的主要操作者，骨干员工日复一日地接待着每一位宾客，从每一个细节做起，努力让宾客满意。他们踏实肯干，默默无闻，没有什么过高的要求。因此，作为管理者要保护好这部分人员的积极性，不断激励他们的热情。在多种激励措施中，最为有效的做法就是及时恰当地奖励他们。激励是现代管理中非常推崇的管理手段，在饭店管理中，突出激励机制，用激励机制保护饭店骨干员工的积极性，这是最为简单的人工成本。如何做到及时激励、恰当激励呢？在如下几种情况下，都应该及时激励员工。

（1）在服务质量巡检中，看到某位员工服务出色并赢得宾客好评，可以当场给予小额的奖励。这样的奖励，虽然金额不多，但是会激励和鼓舞这位员工继续热情地服务好每一位宾客，还可以起到举一反三的示范作用，同时也能激励其他服务员主动做好宾客服务工作。

（2）在收到宾客的表扬信时，经过核实，确实属实，应该及时奖励被表扬的员工。在饭店服务中，一些宾客在受到热情接待、周到服务后，在临走时会留下一封表扬信，表扬服务他的员工的行为和做法。收到这样的表扬信后，饭店方面需要经过核实，防止有的员工弄虚作假，为了得到奖励，自己模拟宾客写表扬信。所以必须经过核实后，确认是宾客出自真心地表扬的员工，就可以给予一定的奖励。

（3）在月度评比中受到好评的员工，可以在公示栏中公开表扬并给予一定的奖金。

（4）在年度总结表彰时，可以多设立一些激励优秀员工的奖项，如特别优秀员工、服务能手、技术能手等。被评为优秀、能手的员工，应该同时得到奖励证书和奖金。奖励证书很重要，不要认为是可有可无的，奖励证书可以证明一个员工的优质服务被饭店认可，同时也是员工得到荣誉的证据，还是员工对家人、亲戚、朋友炫耀自己工作出色的资本。如果一名员工每年都得到奖励证书的话，也证明了他在你饭店的价值。如果饭店在员工连续得到10份证书时，再给予一次性嘉奖，恐怕这位员工就会更加优秀，更加忠诚于饭店，更加热爱自己的岗位。这么做，一定能够减少员工跳槽的概率，最大限度地留住骨干员工。

（5）除了上述固定的单次、月度、年度奖励之外，还可以以其他方式奖励优秀员工。如给予员工参加培训的机会、外出旅游的机会、参观有特色酒店的机会等。这些举措都可以起到激励员工的作用。在管理中，运用"奖励到位"

的做法，是培养骨干员工、增加员工忠诚度、减少员工流失率的有效措施。爱才的管理者，首先要爱护员工的积极性，对员工的无私奉献给予回报，凡是能够激励员工的做法，都是可以综合运用的。

其次，关心到位。每个人都有七情六欲，都愿意得到别人的关心。如果一个人处于冷漠的环境中，他即便再有能力，恐怕也会心灰意冷，丧失工作的积极性和主动性；相反，如果一个团队突出爱心，关爱员工，其凝聚力和工作动力就会成倍增加。星级饭店是劳动密集型企业，是人与人密切合作的企业。企业内人与人的关系如何，有没有组织的关心，会直接影响员工的情绪。作为管理者，你的关心，是对员工精神奖励的最佳方式。

（1）关心员工的个人心情和工作氛围。当一个员工得到组织的关心时，其心情是非常激动的，其内心是非常感激的。作为管理者，特别是基层的管理者，心要细，要善于观察和了解员工的工作氛围和个人情绪变化。不要看到员工每日正常上班、正常工作，就以为没事。每一个员工每天都会有各种心情，只是看我们的管理者是否用心观察，是否真心关注他们。笔者在初到工作单位，还是一身孩子气时，被分到了一个比较艰苦的岗位，由于年龄小，不知道其中的利害关系，只知道每天认真地跟着师傅干活，没有其他想法。可是车间的党支部书记是个心细的管理者，看到一个瘦弱的女孩子在这样的岗位卖力地工作，很是心疼，每每在没有旁人时，这位书记都会过来亲切地与笔者聊天，询问怎么样？累不累？有什么想法？每次领导关心自己之后，内心都很感激，即便工作再累、再苦，也不当回事，反而增加了工作的劲头。这就是关心员工的激励作用。要知道员工与管理者之间差着级别，员工对管理者是仰视的角度，你的一点一滴的关心，都是员工工作的动力，开心的源泉。实践中还发现，关心员工是一剂良药，即使员工有什么不好的情绪，只要管理者关心到位，很多不开心都会自然化解。

（2）关心员工的家人情况，并给予一定的帮助。除了关心员工本人的工作情况、情绪外，还应该关心员工的家庭情况，适时给予帮助。特别是在其家人中有生老病死情况时，要及时给予关心和帮助。这种关心和帮助，不仅让员工本人感动，更能感动其家属和亲戚，带来的直接效应就是该员工会更加努力地在饭店做好本职工作，表现得更加优秀。

最后，关怀到位。关怀和关心都是组织对员工的关爱，但是也稍有差别。关心是一般意义上的关爱，而关怀则是更大意义上的关爱。所谓关怀，就是在关心的基础上，做出更加让员工感动的关爱行动。一般来说，作为管理者，能够关心下属和员工，已经就是很令人感动的领导了，如果除了对员工本人的关心之外，还能够关心他们的家庭、子女、父母，在其家庭有困难的时候，给予及时的帮助，这样的管理者，就是一个关怀到位的管理者。在上面的篇章里，曾经提到过一个美国管理者，深入基层，了解到一部分优秀员工的疾苦及其家庭的困难处境，毅然做出给予这几位员工意想不到的特大帮助的案例，这位高层管理者能够拿出几万美金帮助员工解除家庭困苦，能够全程安排一名女员工的再婚旅程，包括飞机、酒店住宿等，却一分钱不用员工本人掏。恐怕这就是典型的关怀到位了。

2.促进一般的员工拔高成长

在80%一般员工中，还有60%左右的员工纯属一般员工，本人没有什么大的志向，来饭店工作就是为了挣钱养家，不太关心各方面的事物，工作态度也是平平的，没有什么激情和更高的追求。可能内心有目标，但是由于自己本人的上升空间有限，追求更高目标的愿望不强烈。对于这些一般的员工，也不应该只看作是劳动力而已，而是要尽量提携他们，让他们能够唤起内心的希望，树立追求目标的信心，燃起做好本职工作的热情。对待这部分员工，管理者要尽可能去关心和帮助，至少可以带动他们成为有工作热情的员工，有信心成长的员工。有几种方法可以尝试。

（1）用各种技能比赛活动，燃起其工作热情。饭店可以每年开展技能比赛活动，一方面是提高员工的技能水平；另一方面可以带动员工学习技能的热情。技能比赛的内容范围可以宽泛到每一个岗位的技能都列入比赛项目，先从部门开始预赛，这种预赛，实际就是让每一位员工都参与进来。通过预赛，选拔参加饭店总体比赛的资格人选。相信在组织技能比赛时，每一位员工都是愿意参与的，其中也会有表现一般的员工在某项技能方面有超人表现的可能，如果他本人某项技能确实过硬，就会唤起他参加比赛的热情，唤起他日常工作的热情，再能够拿个奖项的话，可能就会改变他的工作态度，成为较活跃的、有积极向上倾向的员工，甚至成为优秀员工。

（2）组织各种兴趣比赛活动，带动一般员工的工作热情。在饭店里，为了活跃氛围，可以每年开展文体比赛活动、兴趣爱好制作活动，这些都能促进员工对本职工作的热爱和对工作态度的转变，甚至激活某位员工内心沉静的基因，成为活跃人才。要相信，不管是文体活动还是兴趣制作活动，都能有员工崭露头角。有的员工某个文体项目是拿手好戏，有的员工某个小制作非常出众，尽管这是业余活动，但是非常能够激发他们的热情，甚至成为改变其发展方向的转折点。一个表现平平的厨师，曾经因为围棋特长得到饭店冠军，改变了他闷闷不乐，不愿与人交流的态度，成为活跃的厨师成员，其工作热情高涨了许多。

（3）用丰富的业余生活，带动一般员工的工作热情。在饭店里，每年还应举行员工喜爱的各种业余兴趣活动，如成立登山小组、摄影小组、乐器小组等，来改善员工沉闷的生活节奏，调动有技艺员工的热情，使他们的爱好和特长有发挥的余地、有交流的场所。例如摄影小组，每年可以组织几次郊游活动，到著名的风景点去拍日出、日落，拍花草、动物、山水等，这些摄影发烧友一定会非常愉悦。作为管理者要参与他们的活动，并适时激励他们的热情，赞美他们的作品。不要小看你的几句激励话语，一定会打动他们的内心，一定会拉近你与他们的距离。当他们带着愉快的心情再次投入饭店紧张的工作时，一定会激情饱满，信心十足。

虽然饭店是服务的场所，是经营的场所，每天的工作都是紧张的，节奏是紧凑的，但是，总是处于紧张的状态，员工的情绪会麻痹，热情会消退。

懂管理、会经营的管理者是知道适时调节工作节奏的专家，他们每年都要组织各种活动，活跃文化氛围，活跃员工情绪，从而促进经营和服务工作。事实证明，多开展业余文化生活，并不会影响经营和效益，反而是促进经营和管理的良方。员工在参加了某项业余活动后，会带着激动的心情投入日常工作，这种激动心情就是转化为工作热情的推动力。员工在参与某项活动时，会释放自己最佳的状态、最正面的情绪，许多表现一般的员工往往通过这些刺激，成为热情向上的员工，成为服务、经营的骨干力量。这就是用好60%一般员工的策略。

11.5 对于20%较差员工必须淘汰出局

在一家饭店里，不管饭店管理者如何按照员工需求层次做到仁至义尽，从各个方面关心员工、提携员工，也会有极少数员工是无法提升起来的，这其中有其家庭教育背景的原因、个人成长背景的原因或者个性原因，等等。有的员工从小生长在人文环境不良的家庭中，可能会染上许多不良恶习，无法根本改变；有的员工在成长过程中，品行教育缺失，个人素养极差，待成年后无法根本改变。尽管饭店营造了非常人性化的氛围，营造了积极向上的企业文化，但是个别员工很难改变。他们不但改变不了自己，而且还极容易影响到团队中的其他成员，甚至带来坏的风气，使得团队不安宁。遇到这样的员工，淘汰出局是最佳选择。淘汰的方法有以下两种。

（1）适时解除劳动合同。在问题员工做了影响很坏的事情时，根据其恶劣的事实，予以解除劳动合同。例如，有员工偷拿饭店物品带出饭店时，被门卫查到，这样的员工肯定有偷拿恶习，尽管饭店三令五申不得偷拿饭店物品，并且设立了门卫把关，这样的员工还是有恃无恐，照样偷拿，还有什么可以原谅的呢。根据其偷拿物品事实，给予曝光，张贴告示，解除劳动合同。这样做，也是警示其他不轨员工行为的教育方法之一。

（2）年度考核时适度淘汰。在年度考核中不合格的员工，如果不是技能较差，而是品行较差的话，可以考虑不再聘用。有的员工品质好，但是可能技能不太好，考核分数低，这样的员工可以留用，变换其岗位，给予较为简单劳动技能的岗位即可。如果考核中是因为严重的品行问题而分数低的话，虽然技能不差，也可以考虑将其列为不再聘用的员工处理，特别是那些善于搅得一个部门或者班组如一盆混水、无法平静的员工，可以不再与之签订聘用合同。

总之，在饭店里，不要让少数问题员工有发挥的余地，不要让他们认为饭店规则可以有恃无恐。在必须采取强硬态度时，果断处理，逼其出局。饭店并不发愁招聘不到好的员工，更换掉这些搅局之人，清理其造成的影响，有利于净化员工队伍，减少不良影响，保证饭店良好风气不被玷污，保证大家都有宽松的人文环境。

11.6　20%~80%人才管理的结论

对待"人财"（20%）要高度重视，放到关键的岗位，给予重用。在他们做出特殊贡献，为饭店创造重大效益时，要大大奖赏。这些"人财"是企业的核心人员，是骨干中的骨干，在效益和服务中起决定作用。尽管数量比例较低，但其作用是饭店成功的80%因素。

对待"人才"要加紧文化认同培训、给予其发展方向的培训，帮助其成长。让"人才"尽可能早、尽可能快地转化为"人财"，为饭店创造效益。

对待"人材"，应加强专业化培训，使之尽快转化为"人才"，再进行文化认同培训，创造条件使其转化成"人财"。

对待"人手"，持续强化专业技能培训，培养其越来越高超的熟练技能，加强忠诚度和职业品行教育，使其更好地为"人财"服务。扶助"人才"完成系统工作，为企业带来效益。

"人才"、"人材"、"人手"的总比例为60%~75%，也是饭店不可忽视的有生力量。对待不可救要的"无德之才"坚决淘汰出局。一般来讲，极端的"无德之才"只占5%左右，甚至更少。只要饭店风气正，管理有方，这些极少数人是可以逐步被淘汰掉的。

核心提示

本书写到这里，该是总结全书核心内容的时候了。

1.要对员工做到优质管理

星级饭店是劳动密集型企业，又是直接产生服务质量结果的企业，每一次对客服务时的每一道程序主要依靠员工之间的密切合作来完成。在面对面服务宾客的同时，就决定了服务质量的好与不好，决定了宾客对这家饭店的印象如何。因此，服务员是否发自内心地热情和真诚服务，是能否做到优质服务的关键因素，即对员工需要优质管理。

2.要对员工怀有热情和真诚

宾客所期望得到的热情和真诚服务，说到底，来自于饭店对员工的管理质量。而这个管理质量，来自于管理者是否对员工怀有热情和真诚的关爱之心，是否给予员工不同层次需求的满足。这是饭店能否做好员工管理的核心内容，是员工能否满足宾客需求的动力和源泉。

结论就是：员工管理质量决定宾客服务质量。对于管理者而言：

（1）员工管理是管理中的重要砝码。本书分别阐述了员工10个不同层次的需求和作为管理者应该如何面对这10个不同层次的需求。从笔者多年从事员工管理的体验来总结：员工管理是企业管理的一个重要环节，不亚于对产品的管理和对经营的管理。

（2）员工管理的10个层次的需求是打造好员工的"金链条"。员工管理工作，从低层次到高层次，从生活需求到精神需求，这是一根员工管理的"链条"，在这根"链条"上的每一个环节都密切关系到员工的切身感受，关系到员工是否真的享受到了"内部客人"的待遇。关系到员工满足感的程度如何。因此，有能力做好员工管理的企业，必然认真打造员工管理的"金链条"上的10个环节。

（3）员工管理的真谛是员工快乐。让员工享受到"内部客人"的待遇，并不是要求饭店对员工有多么豪华的居住条件，多么高档的餐厅和伙食标准。这种"待遇"主要体现在员工生活的舒适度，员工心中的快乐感和企业氛围的正能量上。管理者真心关爱员工，就能细心维护这根"金链条"的每一个环节，并把每一个环节连接好。

（4）员工管理水平体现饭店的软实力。员工管理，其实也是星级饭店经营战略、管理战略棋盘上的一个重要棋子，是星级饭店软实力的体现。但是切记，各个不同层次的需求不是一个一个地去做，一个一个地去满足员工，而是全方位启动，全方位管理，这样才能全方位地呈现效果。

（5）员工成长是饭店成长的前提。笔者认为员工管理的深层次或高层次管理内容在于对员工心理健康的管理、成长方向的管理、个人价值观的管理、待客价值观的管理、企业忠诚度的管理、品牌忠诚度的管理。这些管理是对星级饭店管理层想要打造百年饭店、品牌饭店的深度挑战。看一个企业如何成长，关键看企业中的员工如何成长。员工成长的条件优越了，满足了，企业的成长是必然的，无可争议的。

（6）文化管理是员工管理的根本。回到本书的核心主题——"员工是企业，企业是员工"。延伸到星级饭店，即，员工是饭店，饭店是员工。饭店的发展靠员工，员工的发展靠管理，管理的核心是真诚和给予。管理者奉献一颗真诚的心，把员工管理提升为"家文化"来经营，这就是饭店效益与员工收益、管理者与员工双赢的秘诀。

后　记

　　员工管理是一个包含很多内容的题目，它涉及各行各业。本书仅局限于这个书系的需要，写作角度也局限于星级饭店的范围。但是笔者认为其理念和实际做法，应该对所有企业都具有借鉴和参考价值。

　　《星级饭店员工管理》的内容涉及员工在饭店中工作和生活的方方面面，本书选择的角度主要是饭店管理者用什么样的理念和做法管理员工，本书不涉及员工薪酬福利待遇方面的内容，因为那是人力资源专业的范畴和管理内容，国家和人力资源部门都有统一规范的管理规则。

　　根据笔者多年参与员工管理工作的经验和对员工需求的深入了解，本书借鉴马斯洛需求层次论之说的原理，从10个方面谈及了星级饭店管理者如何从员工基本需求出发，以人性化理念管理员工的实践经验和操作方法。其特点在于突出了员工管理细节方面的具体操作内容和方法，具有实操性和借鉴性特点。

　　本书在谈员工管理内容时穿插了较多的务实案例，介绍了一些星级饭店员工管理方面的真实故事，其中也不乏员工管理的失败案例，可以作为管理者比较与鉴别的注脚。

　　笔者在写作的过程中，经常从微信里看到朋友圈发来的各种信息，其中关于饭店管理方面的信息，是笔者非常留意的内容，特别是在有关员工为什么离职的原因分析中，谈到了员工离职的首要原因是因为他们的直接上司待人不公允，做事不公正、打压员工、欺负弱小等。这恰恰是笔者长期以来所关注的员工管理中的焦点问题。在饭店的基层组织中，许多直接上级管理者，虽然官职很小，却派头挺大、一副蛮横态度。例如，在一个小小的管区或班组内，主管或领班自恃权利挺大，任意欺压员工，搞不平等待遇，即便是分派每天的工作任务也不平等，跟自己关系近的，就分派轻松的好干的活，跟自己关系远些的，就分派较累的活，而得罪过自己的，那就处处刁难了，总是把又脏又累的活计分派给这个得罪过自己的员工。在奖金分配时，更是突显权利的重要性，或者不透明地分配，或者公开偏向跟自己要好的员工。还有，在各项评比中，也会打击报复自己不喜欢的员工，这些基层管理者的不公允行为，是伤害员工心理的主要因素，也是员工不得不辞职的主要原因。

笔者在工作岗位时，总想纠正这些不良风气，为员工争得平等的权利，人格的权利。但是由于本人更长的工作经历不在基层，再者即便纠正了某些基层的不公允，还有更多的基层不公允现象存在着。这些基层管理者潜意识中的问题，不是一个人的力量能够扭转过来的。需要总体提高管理者的素养，总体改变管理环境，才能从根本上解决问题。

退休以后，想来想去，还是打算动笔，从正面角度阐述现代员工管理理念，从人性化角度谈谈管理者应该如何去做员工管理工作。撰写本书的目的，就是想从员工最基本的需求谈起，将管理员工生活细节的实践经验和做法进行整理，分章节叙述，给业界管理者以启示。本书多次反复地强调了管理者如何提高现代管理意识，如何提高自身素质的问题；也在每个章节中针对如何争取员工平等待遇和公允权利等问题，提出了自己的观点和建议。

在阐述如何创造员工基本生活条件、改善员工生存环境的同时，笔者还从更高深层次的员工需求，谈到了对员工文体生活、健康心态的管理；企业文化对员工影响的管理；员工个人成长环境的管理；品牌意识和品牌理念对员工的影响和管理，等等。

　　笔者在饭店工作的近20年里，亲历了许多员工成长为饭店中层经理、甚至饭店高管的案例，感觉到饭店基层员工队伍也是藏龙卧虎之地，如果管理者能够具有伯乐眼光，能够早点关注他们的成长需求，很多普通员工也有机会脱颖而出的。许多饭店管理者，也都是一点一点从基层做起，然后成长为管理者的。所以要将心比心，在我们的管辖范围内，多给员工创造成长的条件和机会。

　　本书是笔者用心总结和整理的工作经验，也是本人从18岁走上工作岗位到62岁这44年一路走来的亲身感受的提炼和总结。本书是星级饭店管理书系的第三本实战经验总结，也是本人星级饭店20年管理经验的奉献。

　　在这里，还是要再次感谢锦江给予的平台！感谢锦江北方公司高层管理者管理理念和超前意识对本人的影响和启示！感谢同事们的理解与支持！感谢所属饭店员工的真诚爱戴和配合！

　　撰写星级饭店管理书系付出了本人的心血和精力，特别是在去年旅居英国时，本人也是起早贪黑，在没有任何参考资料的情况下，完全凭自身的经历与经验完成本书稿，字字句句皆源自内心。

　　真诚地把这些管理经验作为对锦江的回报奉献给大家！奉献给业界同仁！仅此而已。

孙晨阳于北京

2015年4月